현직교사가 만든
가장 쉬운 **캔바** 수업 활용!

무엇이든 만들 수 있다

교사를 위한 캔바 수업 활용

이서영 · 유상숙 · 양지현 · 이상현 공저

(주)광문각출판미디어
www.kwangmoonkag.co.kr

도구를 넘어, 교육과정을 디자인하다

Canva는 단순히 멋진 디자인을 만드는 도구가 아닙니다. 이 책은 Canva의 도구적 기능보다 '교육과정 속에서 Canva가 어떻게 살아 움직일 수 있는가'에 초점을 맞췄습니다. Canva는 학생이 스스로 배우고 만들어 가는 힘, 즉 주도성과 실천적 지식을 기를 수 있는 매개체이며, 학생 참여형 수업과 과정 중심 평가를 지원하는 최적의 교육 도구입니다. 특히 Canva의 Visual Suite는 디자인, 문서, 영상, 웹사이트를 유기적으로 연결해 교사가 교육과정을 한눈에 설계하고 학생이 그 과정에 직접 참여하도록 돕는 통합적 학습 환경을 제공합니다.

이 책은 단순히 Canva의 기능을 배우는 책이 아니라, '교육과정을 운영하고 표현하는 방식으로서의 Canva'를 제시하는 책입니다. 따라서 각 장에는 실제 수업 사례와 템플릿을 풍부하게 담아, 읽기만 하는 책이 아니라 직접 만들어 보며 배우고 수업에서 바로 사용할 수 있도록 실천 중심의 구성으로 이루어져 있습니다.

1장은 Canva의 기본 구조와 활용 범위를 폭넓게 소개하며, Canva를 처음 접하는 교사들이 시작의 문턱을 자연스럽게 넘을 수 있도록 구성했습니다.

2장은 Canva AI 도구를 중심으로, 텍스트·이미지·코드 등 다양한 생성형 기능을 활용해 학생들의 창의적 잠재력을 지원하는 사례를 제시합니다. Canva를 단순한 디자인 도구로 익히는 단계를 넘어, AI를 교육의 협력자로 바라보는 사고의 전환을 돕습니다.

3장은 Canva's Visual Suite의 핵심인 Canva Docs를 중심으로 구성되어 있습니다. Magic Write, Padlet 임베딩, 웹사이트 확장 기능 등을 통해 단순한 문서 작성에 그치지 않고 배움의 설계와 실행이 가능한 통합 학습 플랫폼으로서의 Canva를 보여

줍니다. 교사와 학생이 함께 Canva Docs를 활용하며 프로젝트 기반 학습을 자연스럽게 실현할 수 있습니다.

4장은 Canva의 공유 및 과제 수합 기능을 심도 있게 다룹니다. 교육과정에서 에듀테크를 활용할 때 가장 중요한 것은 협력적 의사소통을 위한 공유, 그리고 실천적 지식을 축적하기 위한 포트폴리오 제작과 과제 수합 기능입니다. 4장은 이러한 핵심 요소를 구체적인 수업 사례를 통해 안내하며, 학생 과제의 배포, 제출, 피드백, 공유까지 모든 흐름을 하나의 플랫폼 안에서 완결하는 방법을 제시합니다. 특히 저자가 실제 교실에서 학생들과 수없이 시행착오를 겪으며 쌓은 경험과 노하우가 녹아 있어, 교육과정 중심의 실천적 활용법이 깊이 있게 담겨 있는 것이 이 책만의 특징입니다. 교사와 학생이 함께 성장하는 협력적 수업의 구조, 그리고 포트폴리오형 평가로 이어지는 학습의 깊이가 이 책의 4장에서 가장 선명하게 드러납니다. 이 장은 『Canva로 무엇이든 만들 수 있다』의 핵심이자, Canva를 진정한 교육과정 운영 도구로 완성시키는 결정적인 부분이라 할 수 있습니다.

5장과 6장은 Canva의 디자인 도구인 프레젠테이션, 포스터, 동영상 속에 내장된 AI 기능을 중심으로 구성되어 있습니다. 수업과 학급 행사 등에서 사용할 수 있는 실제적인 AI 활용법을 구체적으로 안내합니다. Magic Studio, Magic Media, Magic Animate와 같은 기능을 활용하면 교사는 학생의 사고를 시각화할 수 있도록 도울 수 있고, 학생은 학습 내용을 디자인으로 표현하는 경험을 할 수 있습니다. 즉 Canva를 통해 교사와 학생이 함께 수업을 디자인하고, AI를 활용해 실천적 지식을 확장하는 실제적인 방법을 담은 장입니다.

7장은 Canva의 화이트보드, 시트, 대량 제작 기능을 중심으로 교사의 수업 준비와 업무 효율을 높이는 실전 기능을 다룹니다. 브레인스토밍, 마인드맵 설계, Magic

Charts를 활용한 데이터 시각화, 메일머지 형태의 대량 문서 제작 등 Canva의 강력한 기능을 통해 교사의 시간을 절약하고 수업을 체계화하는 방법을 소개합니다. 이를 통해 Canva가 단순한 수업 설계 도구를 넘어 학교 행정과 교육 운영까지 확장 가능한 교육 플랫폼임을 확인할 수 있을 것입니다.

부록에서는 Canva를 교육 현장에서 활용할 때 반드시 알아야 할 저작권, 개인정보 보호, 이용 약관의 핵심 내용을 정리했습니다. 이는 저작권 및 개인정보보호법을 다년간 연구한 저자가 Canva의 정책과 법적 조항을 분석해 집필한 내용으로, 교사와 학생이 법적·윤리적으로 안전한 디지털 학습 환경을 조성하도록 돕습니다. Canva의 정책은 수시로 업데이트되므로, 출간 시점을 기준으로 하되 반드시 Canva 공식 홈페이지의 최신 정책을 함께 참고하시기 바랍니다.

이 책은 Canva를 활용해 직접 만들어 보며 배우고 바로 수업과 업무에 사용할 수 있도록 돕는 책입니다. 각 장에 제시된 QR코드와 링크를 통해 템플릿을 열어 보고, 제시된 예시를 참고해 자신의 교실 상황에 맞게 변경하고 재구성해 보시길 바랍니다. Canva의 모든 기능은 교사의 손끝에서 새로운 수업으로 다시 태어납니다.

또한, 에듀테크의 특성상 Canva의 인터페이스와 버튼 구조는 매우 자주 업데이트됩니다. 책이 출간된 후 얼마 지나지 않아 버튼의 명칭이나 위치가 달라질 수 있으므로, 화면 구성이 다를 경우에는 Canva 공식 매뉴얼을 참고하시기 바랍니다. 이러한 변화를 돕기 위해 저자들은 직무연수, 유튜브 라이브 방송 등을 통해 책의 예시와 기능 변화를 지속적으로 안내할 예정입니다. 관련 QR코드는 책 뒤 표지에 함께 수록되어 있으니, 최신 정보와 실습 자료를 확인하시기 바랍니다.

이 책이 선생님들의 교실에 새로운 배움의 장면과 실천의 가능성을 열어 주는 마중물이 되기를 바랍니다.

저자 일동

목차

1장

Canva 톺아보기

2장

매일매일 새로워지는 Canva AI

3장

당신이 상상하는 모든 것이 가능한
Canva Docs with AI

4장

함께 나누고 모으는 Canva
공유 및 과제 수합 꿀 기능

쉽게 따라 하고 수업에 바로 쓰는 Canva 핵심 기능 with AI

개성 넘치는 수업을 만드는 Canva 주요 기능 with AI

Canva쌤 추천 꾸러미

Canva 기본 알아두기

1 이 책의 내용은 2025. 10. 31을 기준으로 만들어졌다.

2 용어 일러두기

1. 디자인과 콘텐츠
   - 콘텐츠는 디자인 안에 들어가는 실제 정보나 자료를 말한다. 예를 들어, 텍스트, 사진, 동영상, 아이콘, 그래프 등이 모두 콘텐츠에 해당한다.
   - 디자인은 콘텐츠들을 어떻게 배치하고, 색상, 폰트, 레이아웃, 스타일을 적용해서 시각적으로 표현하는지에 대한 전체적인 구성을 의미한다.

2. 홈 화면과 에디터 화면

   Canva는 처음 만날 수 있는 홈 화면과 실제적인 편집이 이루어지는 에디터 화면 두 가지로 구성되어 있다. 각각 화면의 기능은 사용하는 사람마다, 언어의 번역에 따라 조금씩 다르지만, 이 책에서는 다음과 같은 용어로 안내한다.

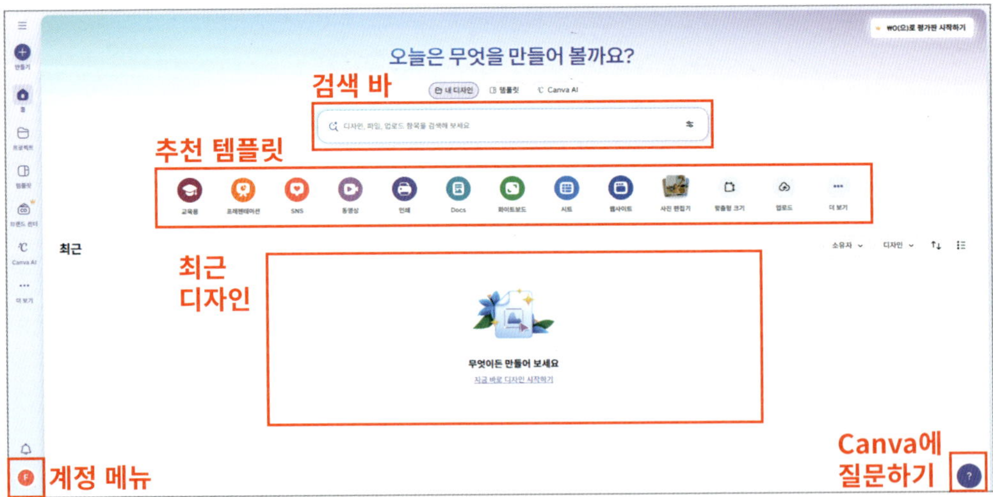

홈 화면

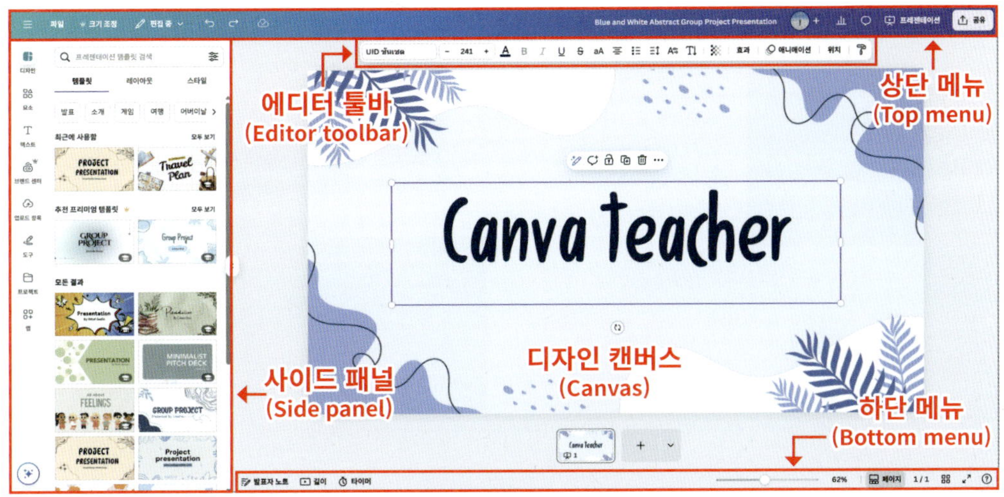

에디터 화면

- **상단 메뉴(Top menu):** 디자인 이름, 파일, 공유, 실행 취소/다시 실행, 자동 저장 상태 등이 있는 맨 위 메뉴이다.

- **사이드 패널(Side panel):** 왼쪽에 있는 템플릿, 요소, 텍스트, 업로드 등 다양한 탭이 모여 있는 곳이다.

- **에디터 툴바(Editor toolbar):** 디자인 위쪽(또는 요소 선택 시)에 나타나며, 글꼴, 색상, 정렬, 애니메이션 등 편집 옵션을 제공한다. (텍스트 선택 시 텍스트 관련 툴바, 이미지 선택 시 이미지와 관련된 툴바가 나타난다.)

- **디자인 캔버스(Canvas):** 실제로 디자인을 만드는 중앙 공간이다.

- **하단 메뉴(Bottom menu):** 페이지 썸네일, 확대/축소, 보기 옵션(그리드, 스크롤 등)이 있는 아래쪽 메뉴이다.

1장

Canva 둘러보기

1.1. Canva랑 인사하기

1 Canva란?

Canva는 누구나 쉽게 디자인하고 공유할 수 있는 온라인 플랫폼이다. 2013년에 공개된 이후, 다양한 도구와 템플릿을 통해 프레젠테이션, 영상, SNS 콘텐츠 등을 제작할 수 있어 꾸준히 사랑받고 있다. 직관적인 사용법과 방대한 자료 라이브러리 덕분에 학생과 교사 모두 손쉽게 활용할 수 있으며, 수업 자료나 업무 문서 제작, 협업 활동 등 학교 현장에서도 널리 활용되고 있다.

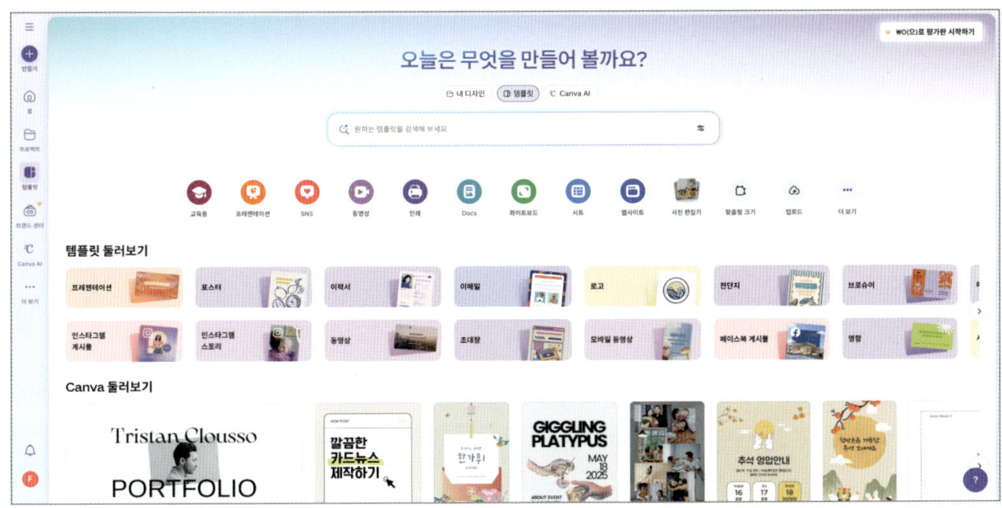

Canva 홈 화면

2 Canva의 장점

- **협업 기능:** Canva는 실시간 공동 작업이 가능해 팀 프로젝트나 수업 자료 제작에 유용하다. 여러 사람이 동시에 디자인을 편집하고, 커서를 통해 작업 내용을 실시간으로 확인할 수 있으며, 댓글을 달아 피드백이나 아이디어를 주고받을 수도 있다. 보기, 댓글, 편집 권한을 설정해 자료를 상황에 맞게 공유할 수 있고, 템플릿을 저장하거나 협업 링크를 활용하면 로그인 없이도 쉽게 작업할 수 있다.

- **클라우드 기반:** Canva는 인터넷만 연결되어 있으면 자동으로 저장되어 어디서든 작업을 이어갈 수 있다. 실시간으로 클라우드에 저장되기 때문에 따로 저장 버튼을 누르지 않아도 작업 내용이 안전하게 보존되며, 삭제나 변경이 생겨도 복구가 가능하다. 또한, 다양한 기기를 지원하여 동일한 계정이면 언제든지 이어서 작업할 수 있다.

- **다양한 디자인 제작:** Canva에서는 프레젠테이션, 학습지, 동영상 등 다양한 디자인을 템플릿으로 손쉽게 만들 수 있다. 교사와 학생 모두를 위한 맞춤형 템플릿이 제공되며, 교사용 템플릿에는 수업 자료, 평가 도구, 학급 운영에 활용할 수 있는 콘텐츠가 포함된다. 학생용 템플릿에는 마인드맵, 발표 자료, 포스터, 동영상 제작 등에 활용할 수 있는 형식이 마련되어 있다.

- **방대한 콘텐츠 라이브러리:** Canva에서는 수백만 개의 이미지, 아이콘, 영상, 템플릿을 무료로 제공한다. 템플릿은 콘텐츠 라이브러리에 있는 다양한 요소, 사진, 영상을 활용해 자유롭게 편집할 수 있으며, 나만의 콘텐츠를 업로드해 사용할 수도 있다. 또한 클라우드에 저장된 자료는 언제든지 다시 불러와 재사용할 수 있어 효율적인 작업이 가능하다.

- **인공지능 도구:** Canva의 AI 도구를 활용하면 디자인을 쉽고 빠르게 완성할 수 있다. 별도의 프로그램 설치 없이 Canva 내에서 바로 사용할 수 있으며, Magic Design은 텍스트나 이미지를 바탕으로 맞춤형 템플릿을 만들어 주고, Magic Media는 입력한 텍스트로 이미지나 영상을 생성한다. 또한, Magic Edit를 이용하면 사진의 일부를 자연스럽게 수정하거나 원하는 요소를 손쉽게 추가할 수 있다.

- **Edu 전용 혜택:** 학교는 인증을 통해 Canva의 고급 기능을 무료로 이용할 수 있으며, Edu 구독을 통해 교사와 학생 모두 프리미엄 기능을 활용할 수 있다. 수업에 맞춘 협업 기능과 자유롭게 편집 가능한 템플릿이 제공되며, 계정 연동을 통해 학생 관리도 손쉽게 할 수 있다.

1.2. Canva로 할 수 있는 모든 것

Canva를 활용하면 수업 자료부터 업무용 문서까지 다양한 콘텐츠를 손쉽게 제작할 수 있으며, 학생들도 개인 또는 협업을 통해 학습 결과물을 제작하고 제출할 수 있다. 다음은 Canva에서 바로 활용할 수 있는 템플릿 예시이다.

1 수업 프레젠테이션

다양한 디자인의 템플릿이 마련되어 있으며, 모든 자료는 직접 수정하여 자유롭게 활용할 수 있다. 그리고 이 템플릿을 학생들에게 배포하면, 학생들이 스스로 발표 자료를 만드는 데에도 유용하게 활용할 수 있다.

2 시간표

Canva에서는 학급 시간표, 수업 시간표, 시정표 등 학교에서 자주 활용되는 다양한 시간표 템플릿을 쉽게 사용할 수 있다. 여러 가지 템플릿 중 원하는 형태를 선택하고 필요에 따라 크기를 자유롭게 조정할 수 있어 편리하게 활용할 수 있다.

3 학교 포스터

Canva에서는 학급 행사나 입학식, 졸업식 같은 학교 행사를 알릴 수 있는 포스터 템플릿도 손쉽게 활용할 수 있다. 또한, 임원 선거와 같이 학생들에게 필요한 포스터 템플릿도 다양하게 마련되어 있어서 필요에 따라 바로 사용할 수 있다.

4 현수막

Canva에서는 학교에서 자주 활용되는 다양한 현수막 템플릿을 제공한다. 입학식
이나 졸업식처럼 주요 행사에 사용할 현수막도 손쉽게 만들 수 있으며, 학교 로고나
필요한 요소를 자유롭게 추가해 나만의 디자인으로 완성할 수 있다.

5 학급 환경 자료

Canva에서는 교실에서 활용할 수 있는 학급 규칙, 안내판, 교실 부착물과 같은 다
양한 템플릿을 손쉽게 활용할 수 있다. 디자인도 다양하게 준비되어 있어 학교급이나
학년에 맞는 템플릿을 골라 수업에 맞게 활용할 수 있다.

6 배너

Canva에는 세로형 배너처럼 길게 사용하는 템플릿도 다양하게 준비되어 있다. 여러 가지 크기의 템플릿을 제공하고 있어서 상황과 필요에 맞게 원하는 형태로 디자인하여 편리하게 활용할 수 있다.

7 행사 영상

Canva에서는 영상 템플릿도 함께 제공하고 있다. 학교 행사에서 자주 활용되는 다양한 영상을 만들 때, Canva의 템플릿을 활용하면 보다 손쉽고 빠르게 완성할 수 있다.

8 상장

상장 용지가 따로 없어도 Canva를 활용하면 완성도 높은 상장을 쉽게 만들 수 있다. 전통적인 디자인의 상장부터 기발한 아이디어가 담긴 창의적인 상장까지, 다양한 템플릿이 준비되어 있어 용도에 맞게 자유롭게 활용할 수 있다.

9 이름표

Canva의 템플릿을 활용하면 사물함이나 책상처럼 학생 이름이 필요한 곳에 예쁜 이름표를 손쉽게 만들 수 있다. 완성한 이름표는 출력하여 부착하거나 다양한 활동에 활용할 수 있어 교실 환경을 더욱 따뜻하게 꾸미는 데 도움이 된다.

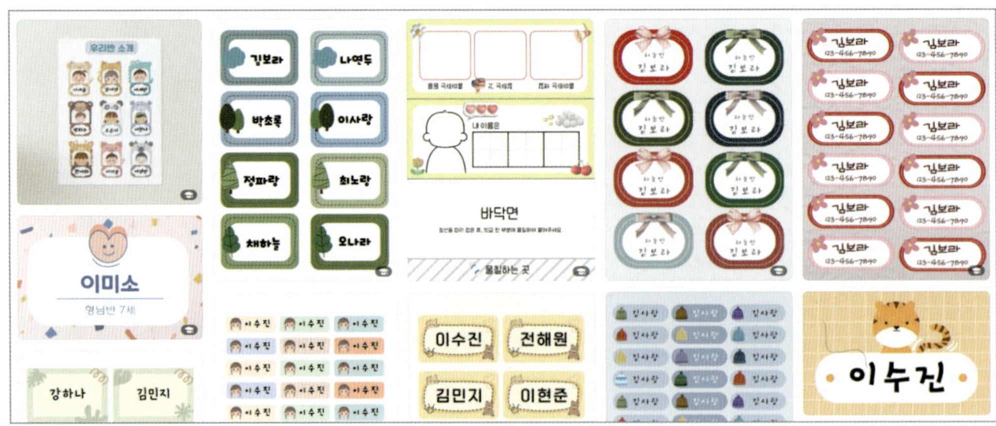

1.3.
Canva랑
관계 맺기

1 Canva 회원 가입

1. 브라우저에서 "캔바"를 검색한 후, Canva 홈페이지에 접속한다.

(https://www.canva.com) 오른쪽 상단의 [가입]을 클릭한다.

> 📢 **Canva 쌤의 팁**
>
> Canva는 구글 크롬 브라우저, 사파리, 마이크로소프트 엣지 사용을 권장한다.

2. Canva 이용 약관을 확인한 후, [동의 및 계속하기]를 클릭한다.

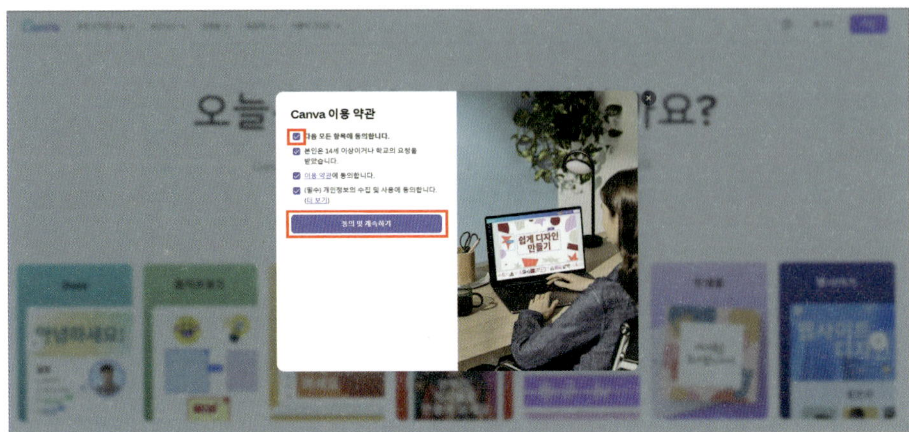

3. 원하는 방법을 선택하여 회원 가입한다.

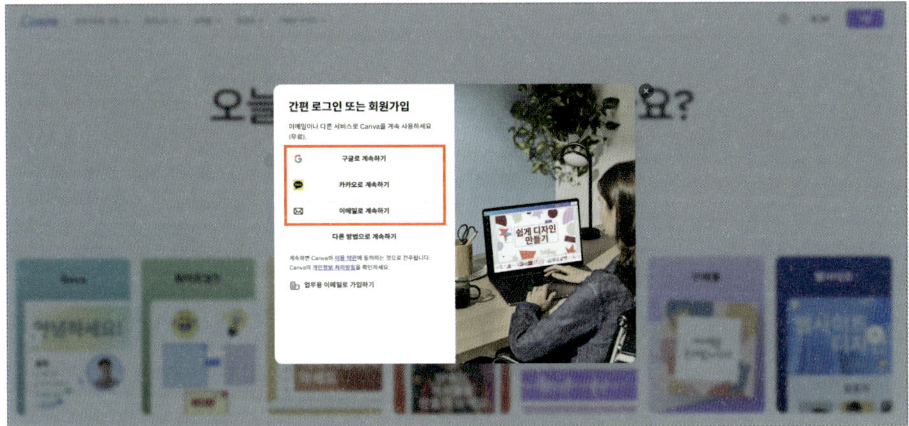

4. [교사]를 선택한다.

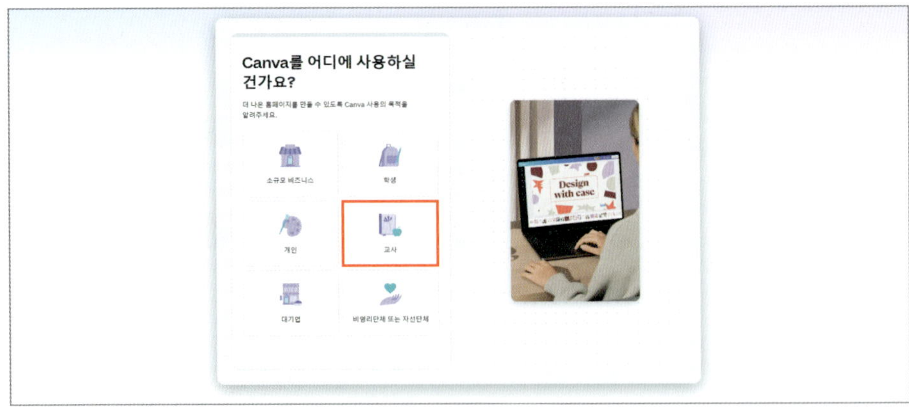

5. **[건너뛰기]**를 선택한다. 만약 교육용 Canva를 바로 가입하려면 해당하는 학교
   를 클릭하여 인증 절차를 완료할 수 있다.

교육용 Canva를 가입하지 않아도 바로 무료 Canva를 이용할 수 있으며, 이후 언제든지 간
단한 인증 절차를 통해 교육용 Canva를 신청할 수 있다.

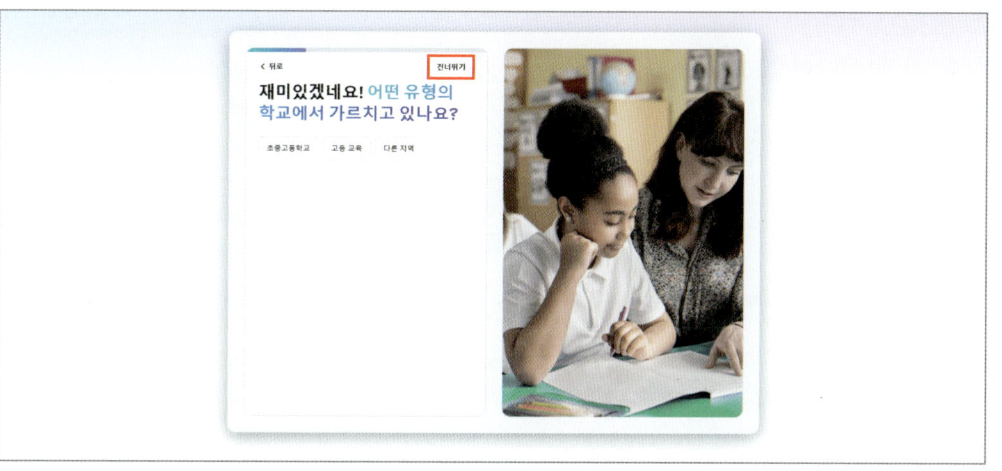

여러 웹사이트를 사용하다 보면 비밀번호가 헷갈릴 때가 있다. Canva는 기존 계정으로 간
편하게 가입하고 로그인할 수 있으며, 구글, 카카오, 페이스북, 애플, 마이크로소프트 등 다
양한 로그인 방식을 지원한다.

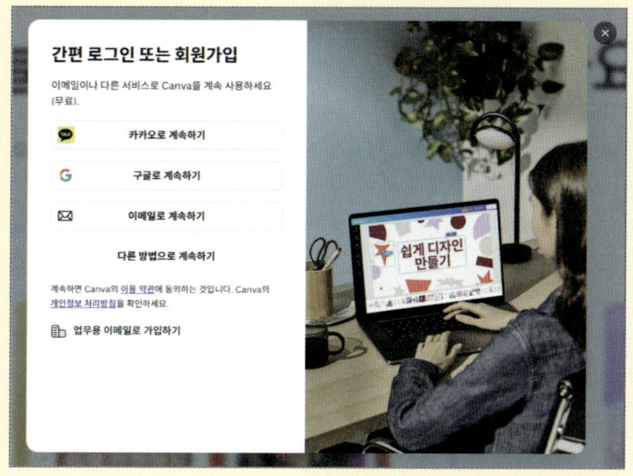

Canva는 회원 가입만 하면 대부분의 기능을 무료로 이용할 수 있다. 무료 Canva에서는 100만 개 이상의 템플릿과 300만 개 이상의 사진 및 그래픽을 자유롭게 활용할 수 있으며, 5GB의 클라우드 저장 공간도 제공된다. 더 많은 기능이 필요한 경우에는 유료로 Canva Pro 또는 Business를 이용할 수 있으며, 월간 요금과 제공되는 기능은 아래와 같다. (2025년 11월 기준)

Canva 요금제 (2025년 11월 기준)

하지만 학교에서 Canva를 활용하기 위해 별도로 결제할 필요는 없다. Canva는 초·중·고등학교 교사와 교육기관에 프리미엄 기능을 무료로 제공하고 있어 학교에서 부담 없이 다양한 기능을 자유롭게 활용할 수 있다.

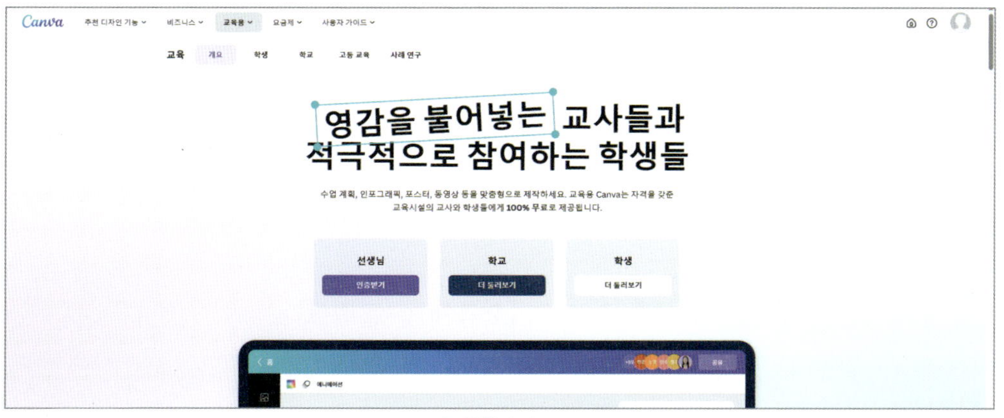

교육용 Canva

현재 교육용 Canva는 초·중·고등학교 교사와 해당 교육기관을 대상으로 제공되고 있다. 다만, 전문대학이나 4년제 대학 등 고등교육 기관과 교육자는 지원 대상에 포함되지 않는다. (2025년 11월 기준) 교육용 Canva를 이용하려면 현재 다음 역할 중 하나로 활동하고 있어야 하며, 교원 자격증을 보유하고 있더라도 현재 재직 중이지 않다면 교육용 Canva는 이용할 수 없다.

- 정식 인가를 받은 초·중·고 학교에서 현재 교사로 재직 중인 교원 자격증 소지자
- 자격증을 소지한 초·중·고 학교의 사서
- 교원 자격증을 소지한 초·중·고 학교의 보조교사 또는 교사
- 교원 자격증을 소지한 초·중·고 학교의 커리큘럼 전문가
- 기술학교나 직업학교에서 초·중·고 학생을 가르치고 있는 교원 자격증 소지 교사

교육용 Canva는 최초 인증 후 3년마다 자격을 다시 확인받는 재인증 절차를 거쳐야 한다. 보다 자세한 내용은 아래 링크에서 확인할 수 있다.

QR Check!

joo.is/canva1201

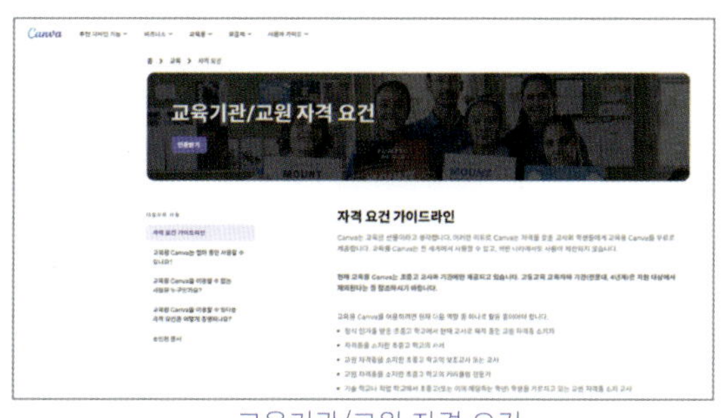

교육기관/교원 자격 요건

3 교육용 Canva 인증

교육용 Canva를 이용하기 위해서는 Canva에 증빙 서류를 업로드한 후 승인을 받아야 한다.

1. 왼쪽 하단의 [계정 메뉴]를 클릭 후, [요금제]를 클릭한다.

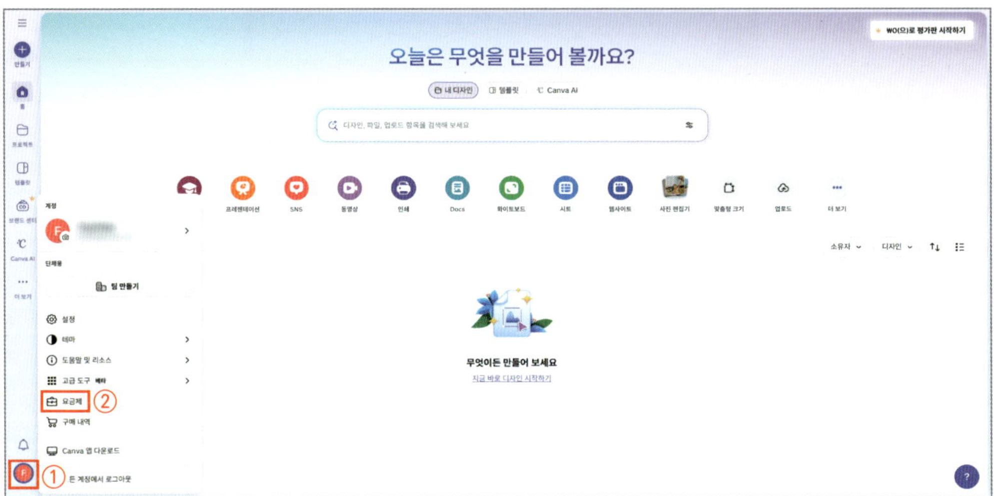

2. 중간의 [교육용]을 클릭 후, [인증받기]를 클릭한다.

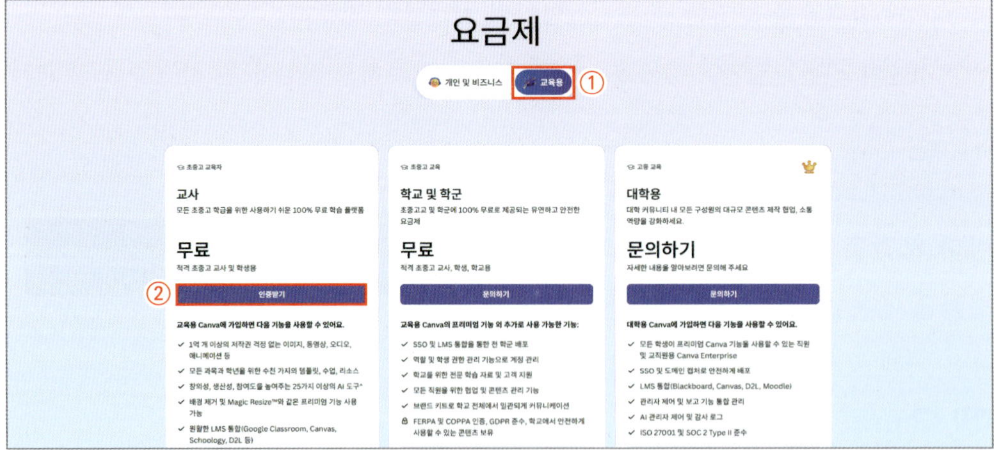

3. 재직 중인 학교 정보를 입력 후 증빙 서류를 제출한다.

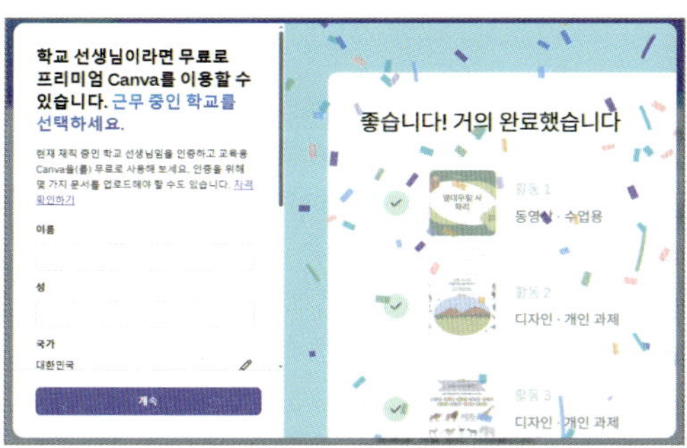

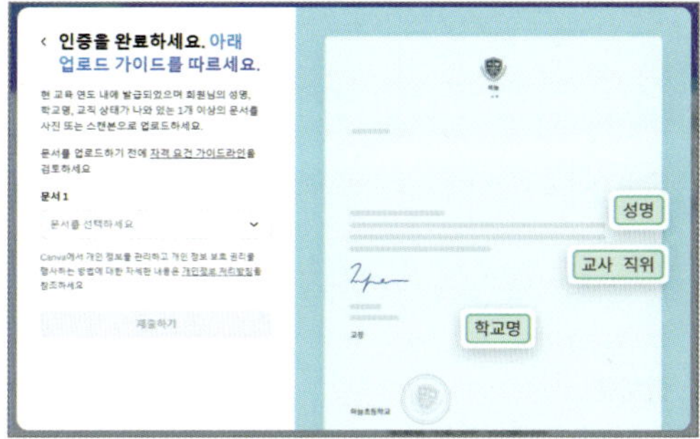

Canva에서 인정하는 증빙 서류는 다음과 같다. 현재 재직 중인 교사의 경우, 아래 서류 중 재직 증명서를 통해 신청하는 방법이 가장 간편하므로 이 서류로 제출할 것을 추천한다.

- 교원 자격을 입증하는 자격증/증명서 사진 또는 스캔본
- 현재 재직 상태를 입증하는 학교 신분증 사진 또는 스캔본
- 정부가 인정하고 초중고 교육기관으로 공식 인가를 받은 조직임을 입증하는 문서

재직 증명서는 정부24(http://www.gov.kr)에서 '재직 증명서'를 검색하여 발급받을 수 있다. 사이트 검색창에 '재직 증명서'를 입력한 후, **[교원 등 재직 증명서 발급]**을 클릭하면 온라인으로 서류를 바로 발급받을 수 있다.

　교육용 Canva를 신청하면 보통 24시간 이내에 검토 결과를 받아볼 수 있다. 다만, 신청이 몰리는 시기에는 최대 7일 정도 소요될 수 있다. 신청 결과는 화면 왼쪽 하단에 있는 나의 프로필에서 확인할 수 있고, 승인이 완료되면 팀 목록에 **[학교 팀]** 또는 **[클래스]** (또는 [수업]) 항목이 표시된다. 교육용 Canva를 제대로 이용하려면 왼쪽 하단 나의 프로필에서 팀이 올바르게 선택되어 있는지 꼭 확인해야 한다.

📢 **Canva 쌤의 팁**

만약, 인증에 실패했다면 **[부록2]**를 확인해 보자.

1.4. Canva랑 친해지기

1 홈 화면

Canva는 홈 화면과 에디터 화면으로 구성되어 있다. 홈 화면은 Canva를 열었을 때 가장 먼저 만나게 되는 공간이며, 에디터 화면은 실제로 디자인 작업이 이루어지는 작업 공간이다. 홈 화면은 왼쪽 상단의 [홈] 버튼을 누르거나, Canva에 처음 접속했을 때 자동으로 열리는 기본 화면이다. 이제 홈 화면의 왼쪽 메뉴부터 하나씩 차근차근 살펴보도록 하자.

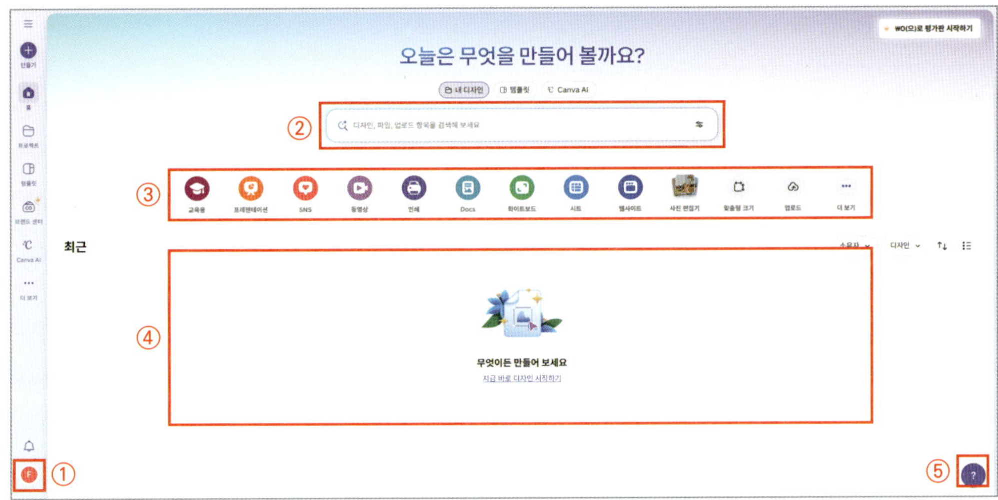

홈 화면

① **계정 메뉴:** 현재 로그인되어 있는 계정과 팀을 한눈에 확인할 수 있는 공간이다. Canva는 여러 계정과 팀을 오가며 작업하는 경우가 많기 때문에 디자인을 시작하기 전에 올바른 계정과 팀이 선택되어 있는지 꼭 확인하는 것이 중요하다. 계정 메뉴를 클릭하면 연결된 계정과 팀 정보를 확인할 수 있으며, **[설정]**, **[도움말 및 리소스]**, **[요금제]**, **[로그아웃]** 등의 기능도 함께 이용할 수 있다.

② **검색 바:** 내가 만든 콘텐츠는 물론, Canva에서 제공하는 다양한 템플릿, 디자인, 요소 등을 검색할 수 있는 공간이다. 원하는 키워드를 입력하면 관련된 그래픽, 사진, 동영상 등 다양한 자료를 빠르게 찾아볼 수 있다.

③ **추천 템플릿**(카테고리)**:** 새로운 디자인을 만들거나, 원하는 주제의 템플릿을 모아서 살펴볼 수 있는 영역이다. 주제별로 구성된 카테고리를 통해 다양한 템플릿을 쉽게 찾아 활용할 수 있다.

④ **최근 디자인:** 최근에 작업했던 디자인을 빠르게 다시 열 수 있는 공간이다. 가장 최근에 열어 본 디자인이 상단에 표시되므로, 이어서 작업할 때 매우 편리하다.

⑤ **Canva에 질문하기**(도움말)**:** Canva 사용 중 궁금한 점이 있을 때 활용할 수 있는 도움말 기능이다. AI 기반 답변 시스템을 통해 기능에 대한 질문을 입력하면 필요한 정보를 빠르게 제공해 주며, 사용 중 겪는 어려움도 손쉽게 해결할 수 있다.

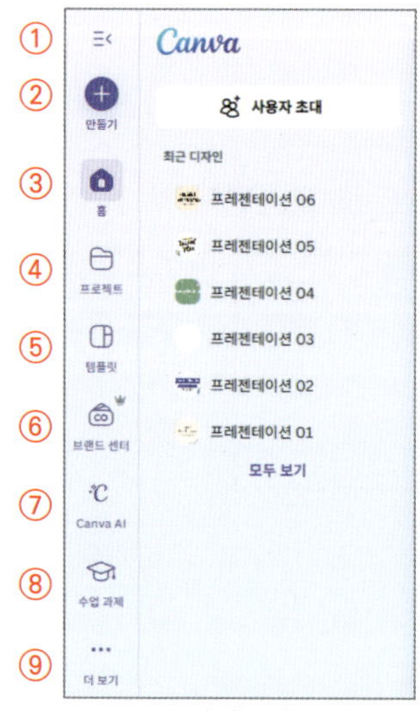

사이드바

이번에는 홈 화면의 왼쪽 영역, 즉 사이드바를 함께 살펴보도록 하자. Canva 홈페이지 왼쪽에는 다양한 기능(앱)들이 모여 있는 메뉴가 위치해 있다. 이 영역은 보통 사이드바, 내비게이션 메뉴, 탭 메뉴 등 여러 이름으로 불리지만, 이 책에서는 이해를 돕기 위해 '사이드바'라는 용어로 통일하여 사용한다. 사이드바의 기능(앱)은 드래그 앤드 드롭(Drag and Drop)으로 위치 변경이 가능하며, 일부 기능은 **[더 보기]**로 숨길 수 있다. 만약 일부 앱이 보이지 않는다면 **[더 보기]**에서 확인할 수 있다.

① **메뉴 열기/닫기:** 사이드바를 펼치거나 접을 때 사용하는 기능이다. 필요한 경우 메뉴를 접어 화면을 넓게 사용할 수 있다.

② **만들기:** 새로운 디자인을 시작할 때 사용하는 버튼이다. 원하는 디자인 형식을 선택해 작업을 바로 시작할 수 있다.

③ **홈:** Canva의 첫 화면인 홈 화면으로 이동할 수 있다. 작업 중 언제든지 홈으로 돌아가고 싶을 때 클릭하면 된다.

④ **프로젝트:** Canva에서 작업한 모든 디자인과 업로드한 파일을 한눈에 확인하고 관리할 수 있는 공간이다. 이곳에서는 디자인 정리, 업로드한 파일 찾기, 폴더 구성, 공유된 항목 확인, 즐겨찾기 설정 등 다양한 작업이 가능하다.

⑤ **템플릿:** Canva에서 제공하는 다양한 템플릿을 둘러보고 활용할 수 있는 메뉴이다. 디자인 유형, 스타일, 색상 등을 기준으로 검색하거나, 프레젠테이션, 문서, 소셜미디어 등 카테고리별로 탐색할 수 있다. 필터 기능을 활용하면 원하는 템플릿을 더욱 쉽게 찾을 수 있다.

⑥ **브랜드 센터:** 팀의 디자인을 통일감 있게 유지할 수 있도록 도와주는 기능이다. 로고, 색상, 글꼴, 사진, 아이콘, 음성 등을 등록해 브랜드 키트를 만들 수 있으며, 팀원들이 디자인할 때 등록된 브랜드 요소를 쉽게 활용할 수 있다.

⑦ **Canva AI:** Canva에서 제공하는 다양한 AI 도구를 사용할 수 있는 메뉴이다. 이미지 생성, 문서 초안 작성, 코드 생성 등 여러 기능이 포함되어 있으며, 꾸준히 새로운 기능이 추가되고 있다. 학교 업무는 물론 수업 자료 제작에도 활용할 수 있어 매우 유용하다.

> **◀▮ Canva 쌤의 팁**
>
> ★ Canva에서는 글, 이미지, 템플릿를 만들어 주는 AI를 사용할 수 있다.
>
> ○ **Canva AI 어시스턴트:** Canva의 대화형 AI 어시스턴트로, 아이디어 시각화, 텍스트 생성, 디자인 제작 등을 한 곳에서 수행할 수 있다.
>
> ○ **Magic Studio:** Canva의 다양한 AI 도구들을 통합한 공간으로, Magic Write, Magic Design, Magic Edit 등 여러 기능을 제공한다.
>
> ○ **Magic Design:** 텍스트나 이미지를 기반으로 디자인 템플릿을 자동으로 생성해 주는 기능이다.

○ **Magic Write:** AI 기반 글쓰기 도구로, 블로그 글, SNS 게시글, 이메일 문구 등을 자동으로 생성한다.
○ **AI 이미지 생성기:** 텍스트 프롬프트를 입력하면 AI가 이미지를 생성한다.
○ **AI 사진 편집기:** 이미지 내의 특정 요소를 수정하거나 삭제할 수 있는 AI 기반 사진 편집 도구이다.

⑧ **수업 과제:** 교육용 계정에서만 제공되는 전용 기능으로, 학습 자료를 공유하고 과제를 체계적으로 관리할 수 있다. 과제를 배포하고, 학생들이 제출한 결과물을 검토할 수 있으며, 폴더를 활용해 자료를 정리하거나 기존 자료로 새로운 과제를 만드는 것도 가능하다. 또한, 제출된 과제에 대해 피드백을 제공하는 기능도 함께 제공되어, 수업과 과제 운영에 매우 유용하게 활용할 수 있다.

⑨ **더보기:** Canva를 더욱 다양하고 풍부하게 활용할 수 있도록 돕는 기능과 도구들이 모여 있는 공간이다. 이 메뉴에서는 AI 기반 이미지 생성, 데이터 시각화, 디자인 확장, 텍스트 음성 변환 등 다양한 앱을 통해 기능을 손쉽게 확장할 수 있다.

2 에디터 화면(상단 메뉴)

에디터 화면은 직접 디자인을 만들고 편집하는 공간이다. 프레젠테이션, 문서(Docs), 동영상 등 다양한 형식의 디자인에서 텍스트, 이미지, 요소 등을 추가하거나 조정할 수 있으며, 색상, 글꼴, 크기 등도 자유롭게 변경할 수 있다. 홈 화면과 전체적인 구성은 비슷하지만, 디자인 작업에 필요한 세부 기능들이 더 정교하게 준비되어 있다. 이제 화면 상단에 위치한 파일과 공유 관련 기능부터 하나씩 살펴보도록 하자.

① **메뉴 열기:** 디자인 화면의 왼쪽에 위치한 메뉴를 열거나 닫을 수 있는 기능이다. 메뉴를 열면 사이드바(왼쪽 메뉴)와 최근 디자인 목록이 함께 표시되어, 다른 디자인을 참고하거나 여러 작업을 동시에 할 때 유용하게 활용할 수 있다. 다만, 메뉴가 열려 있는 경우에는 작업 공간이 좁아질 수 있으므로, 필요에 따라 메뉴를 닫고 넓은 화면에서 작업하는 것도 좋다. 아래는 메뉴가 열려 있을 때와 닫혀 있을 때 각각의 작업 화면 크기를 비교한 모습이다.

메뉴가 닫힌 화면

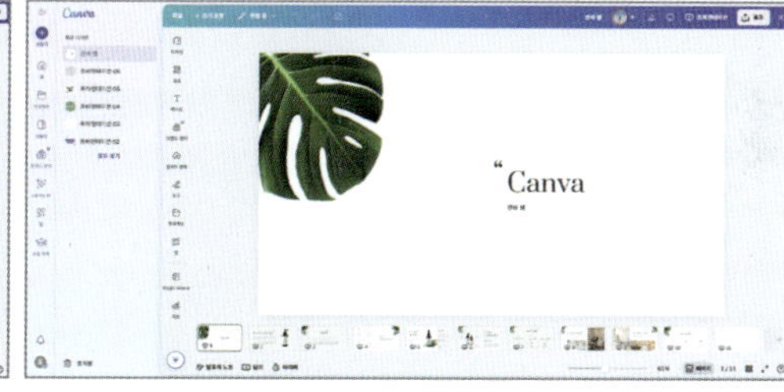

메뉴가 열린 화면

② **파일:** 디자인과 관련된 다양한 설정과 기능을 사용할 수 있는 메뉴이다. 여기에서는 현재 작업 중인 디자인을 다운로드하거나, 복사하여 사본을 만드는 기능 등을 활용할 수 있다. 그 외에도 디자인 이름 바꾸기, 페이지 설정, 저장 위치 지정 등 작업 관리에 유용한 기능들이 모여 있다.

파일

- **설정:** 눈금자와 가이드를 표시하거나 여백을 조정할 수 있으며, 동영상 재생 화질이나 템플릿 어시스턴트 설정 등 디자인에 필요한 다양한 옵션을 조절할 수 있다.

- **복사:** 현재 작업 중인 디자인을 그대로 복사하여 사본을 만들 수 있는 기능이다. 같은 형식의 디자인을 반복적으로 사용할 때 유용하다.

- **다운로드:** 디자인을 PNG, JPG, PDF 등 원하는 파일 형식으로 선택하여 내 컴퓨터로 저장할 수 있다.

- **버전 기록:** 자동으로 저장된 디자인의 이전 버전들을 확인할 수 있다. 실수로 내용을 변경했거나 이전 상태로 되돌리고 싶을 때 이 기능을 활용하면 된다. 이 기능은 교육용 Canva에서 제공되는 고급 기능 중 하나이다.

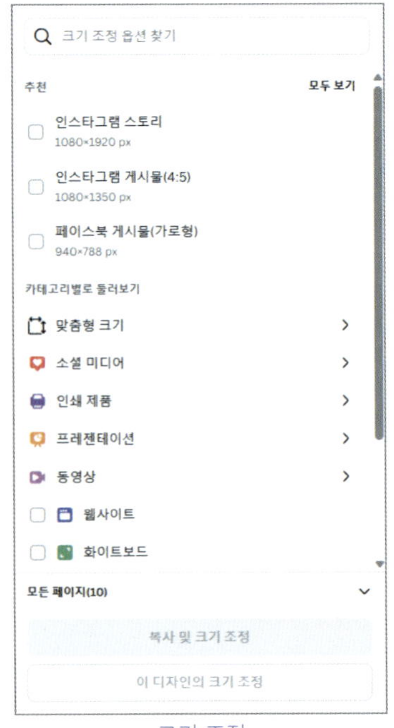

크기 조정

③ **크기 조정:** 디자인의 크기, 레이아웃, 형식을 원하는 대로 변경할 수 있는 기능이다. 예를 들어, 프레젠테이션의 화면 비율을 16:9에서 4:3으로 바꾸거나, 직접 입력한 사용자 지정 크기로 조정할 수 있다. 또한, 다양한 플랫폼에 맞는 추천 사이즈도 미리 제공되어 있어 상황에 따라 손쉽게 선택할 수 있다. 이 기능은 교육용 Canva에서 제공되는 프리미엄 기능 중 하나로, 보다 유연한 디자인 작업을 가능하게 해 준다.

④ **모드:** 디자인을 작업할 때 어떤 방식으로 화면을 사용할지 설정하거나, 현재 사용 중인 모드를 확인할 수 있는 기능이다. [**편집 중**] 모드에서는 텍스트, 이미지, 요소 등을 자유롭게 추가하거나 수정할 수 있다. [**댓글 달기**] 모드에서는 디자인에 직접 수정은 하지 않고, 각 요소에 대해 의견이나 피드백을 댓글로 남기는 협업 작업이 가능하다. [**보기 모드**]는 말 그대로 디자인을 편집 없이 보기만 할 수 있는 상태다. 디자인을 공유할 때, 사용자마다 다른 모드(권한)를 설정하여 자료를 안전하고 효율적으로 공유할 수 있다.

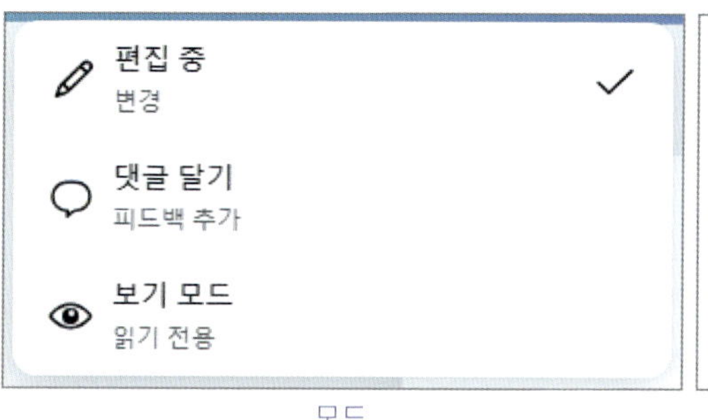

모드

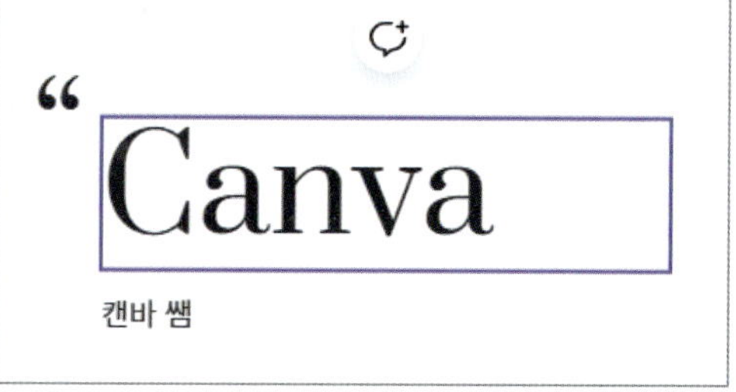

[댓글 달기] 모드

⑤ **실행 취소/다시 실행:** 디자인 작업 중 이전 단계로 되돌아가거나, 방금 실행한 작업을 다시 적용하고 싶을 때 사용하는 기능이다. 무언가를 실수로 지웠거나, 잘못 편집한 경우 [**실행 취소**] 버튼을 누르면 바로 이전 상태로 돌아갈 수 있다. 반대로, 취소한 작업을 다시 적용하고 싶을 때는 [**다시 실행**] 버튼을 사용하면 된다.

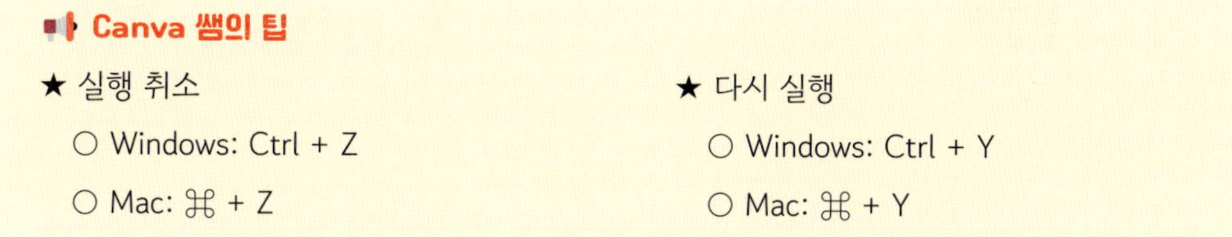

⑥ **디자인 이름:** 현재 작업 중인 디자인의 제목이 화면 상단에 표시된다. 디자인 이름을 클릭하면, 직접 새로운 이름으로 손쉽게 수정할 수 있어 작업 내용을 구분하거나 정리할 때 편리하게 활용할 수 있다.

⑦ **프로필 아이콘:** 현재 디자인에 접속 중인 사람들을 실시간으로 확인할 수 있는 기능이다. 상단에 표시되는 원형 아이콘은 각 사용자들을 나타내며, 해당 아이콘을 클릭하면 누가 함께 작업 중인지 자세히 확인할 수 있다. Canva에 로그인하지 않은 익명 사용자의 경우에는 '상어', '토끼'와 같은 동물 프로필로 표시된다. 여러 사람이 함께 작업할 때 서로의 접속 상태를 확인할 수 있어 협업에 유용하게 활용된다.

프로필 아이콘	프로필 아이콘을 클릭했을 때

각 프로필 아이콘을 클릭하면 해당 사용자가 가지고 있는 권한을 확인할 수 있다. 팔로우 기능을 활용하면, 그 사용자가 현재 디자인에서 어떤 작업을 하고 있는지 실시간으로 따라가며 확인할 수 있어 협업 시 매우 편리하다. 단, 디자인을 직접 편집하려면 반드시 Canva 계정으로 로그인한 상태여야 한다.

📢 **Canva 쌤의 팁**

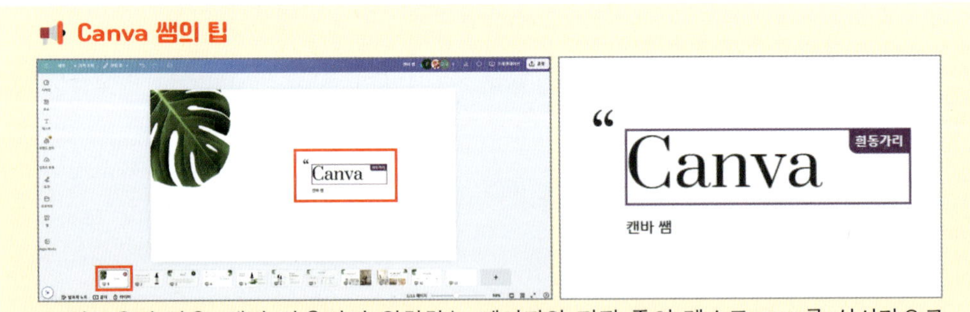

★ 팔로우된 경우, 해당 사용자가 위치하는 페이지와 편집 중인 텍스트(개체)를 실시간으로 확인할 수 있다. 사용자의 마우스 커서의 위치로 다른 사람의 작업 위치를 바로 알 수 있어 협업할 때 편리하다. 현재 팔로우 기능은 데스크톱에서 이용할 수 있다.

⑧ **분석:** 방문 수, 투표 및 퀴즈 답변 기능을 이용할 수 있다. 방문 수에서는 어떤 사용자가 방문하였는지에 대한 상세한 통계 자료를 제공한다. 공개 보기 링크와 웹사이트 기능을 이용하면 누가 언제 방문하였는지 확인할 수 있으며, 개인정보 보호 기능을 설정하거나 해제할 수 있다.

⑨ **댓글:** 디자인에 댓글을 달아 다른 사용자와 소통하고 협업할 수 있다. 확인하지 않은 댓글이 있는 경우에는 빨간색 숫자로 표시되며, 수정이 필요한 부분에 대해 의견을 제시하거나 표시를 남길 수 있다. 필터링 기능을 이용하면 해결된 댓글과 진행 중인 댓글을 손쉽게 구분하여 확인할 수 있다.

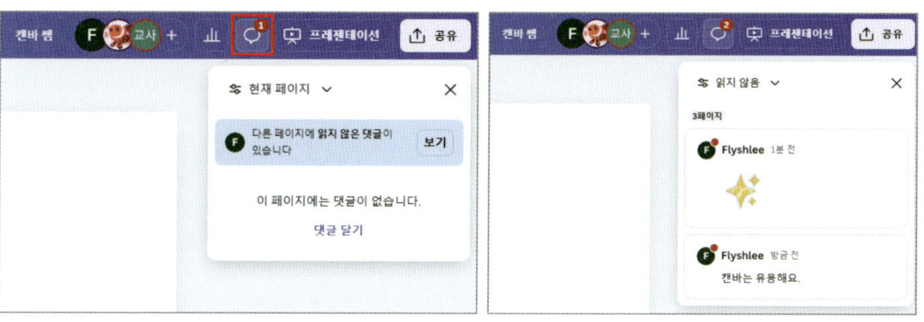

⑩ **프레젠테이션:** 발표할 때 전체 화면으로 디자인을 보여 줄 수 있는 기능이다. 애니메이션 효과를 함께 적용하여 보다 생동감 있는 발표가 가능하다. **[전체 화면 프레젠테이션]**, **[발표자 보기]**, **[프레젠테이션 녹화]**, **[자동 재생]** 등 다양한 방식으로 프레젠테이션을 진행할 수 있다.

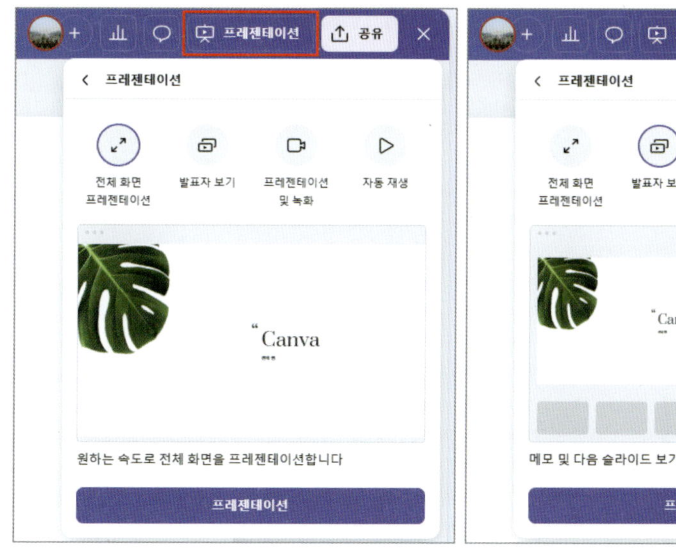
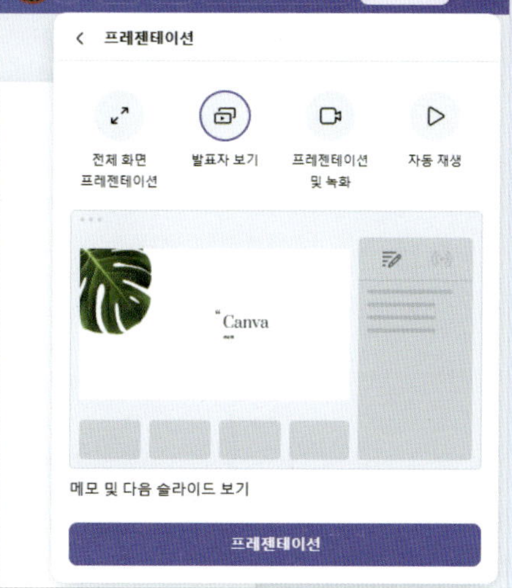

⑪ **공유:** 파일을 다른 사람에게 공유하거나 저장할 수 있는 기능이다. Canva에서는 협업과 자료 저장을 위한 다양한 방법을 제공하고 있다. 공유는 협업이나 수업에 활용할 때 매우 유용한 Canva의 핵심 기능 중 하나이다.

 사이드 패널은 Canva 에디터 화면의 왼쪽에 위치한 영역이다. 이곳에는 디자인, 요소, 텍스트 등 디자인 작업에 필요한 다양한 기능이 모여 있으며, 디자인을 편집하거나 새로운 요소를 추가할 때 활용할 수 있다. 사이드 패널에서 탭을 선택하면 디자인 탭, 요소 탭 등 각 기능에 해당하는 탭이 열리게 된다. 아래 화면은 디자인 탭을 클릭했을 때, 사이드 패널과 디자인 탭이 함께 열린 모습이다. 또한, 사이드 패널은 작업 중인 템플릿의 종류에 따라 사용할 수 있는 기능이 일부 다르게 나타난다. 이번 장에서는 프레젠테이션을 기준으로 설명하며, 템플릿 종류별 세부 기능은 각 파트에서 상세하게 확인할 수 있다.

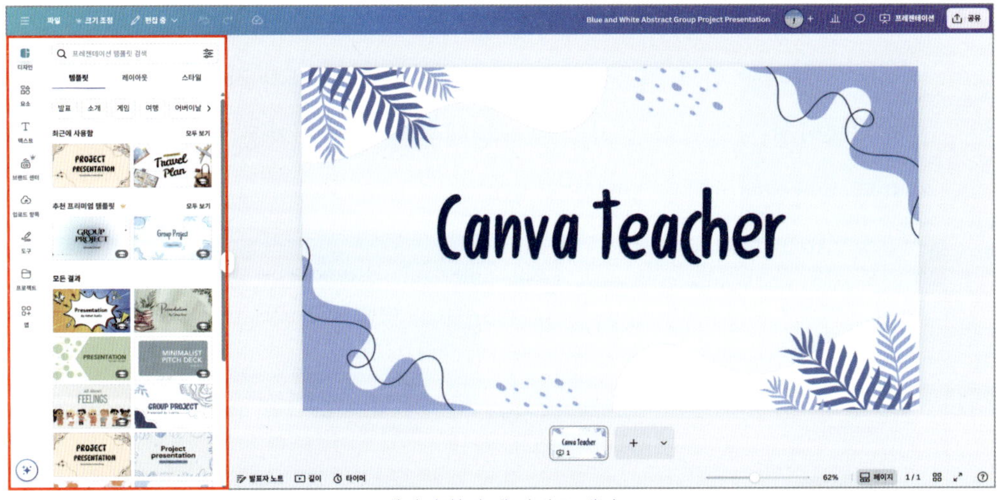

에디터 화면 내 사이드 패널

디자인 탭

① **디자인 탭:** 디자인 작업을 더욱 쉽게 도와주는 다양한 기능이 제공된다. 검색 기능을 통해 바로 사용할 수 있는 디자인 템플릿, 레이아웃, 스타일 등을 손쉽게 찾을 수 있으며, 키워드를 중심으로 한 검색도 가능해 원하는 디자인을 빠르게 적용할 수 있다.

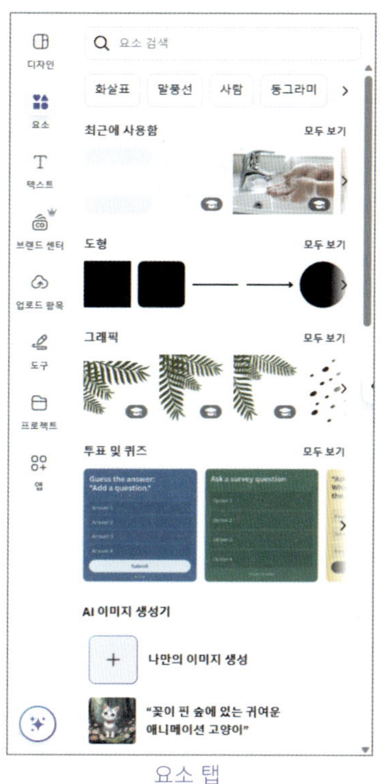

요소 탭

② **요소 탭:** 디자인에 다양한 시각 요소를 추가할 수 있는 탭이다. 그래픽, 도형, 사진, 동영상, 오디오, 선, 프레임, 그리드, 표, 시트, 차트 등 여러 가지 요소를 자유롭게 삽입할 수 있으며, 투표 및 퀴즈, AI 이미지 생성기를 활용한 요소도 함께 사용할 수 있다.

📢 Canva 쌤의 팁

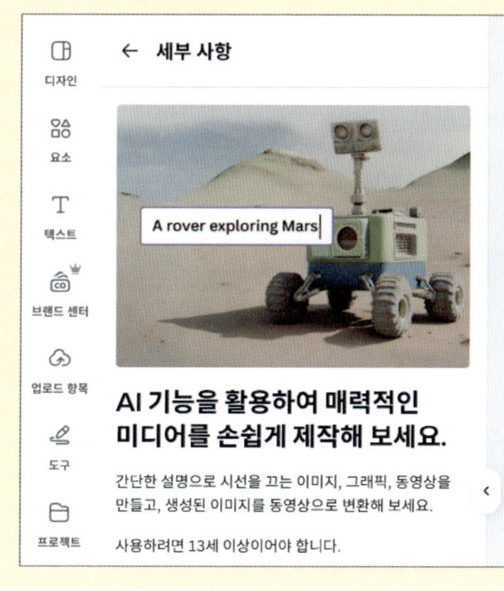

★ **생성형 AI 사용 시 유의 사항**
Canva에서 제공하는 생성형 AI 기능은 이용 연령과 계정에 따라 사용 가능 여부가 달라진다. 교육용 Canva를 이용하는 경우 아동 보호를 위하여 특정 AI 기능은 학생용 계정에서 나타나지 않을 수 있다.

텍스트 탭

③ **텍스트 탭:** 디자인에 텍스트(글자)를 추가하고 꾸밀 수 있는 기능이 제공된다. 디자인에 어울리는 다양한 글꼴 조합을 바로 적용할 수 있어 편리하며, [Magic Write] 기능을 활용하면 글을 빠르게 작성하거나 요약, 수정하는 작업도 간편하게 할 수 있다.

📢 Canva 쌤의 팁

텍스트의 글꼴, 크기, 색상 등 세부적인 내용을 설정할 때는 상단에 나타나는 에디터 툴바를 사용한다. 텍스트를 선택할 경우 상단에 텍스트 툴바가 나타나며, 해당 툴바에서 글꼴, 크기, 색상, 정렬, 효과, 애니메이션 등 다양한 도구를 사용할 수 있다. 각각의 도구 아이콘 위에 마우스 커서를 올리면 어떤 도구인지 이름이 나타난다. 다음은 텍스트를 선택했을 때 나타나는 텍스트 툴바이다.

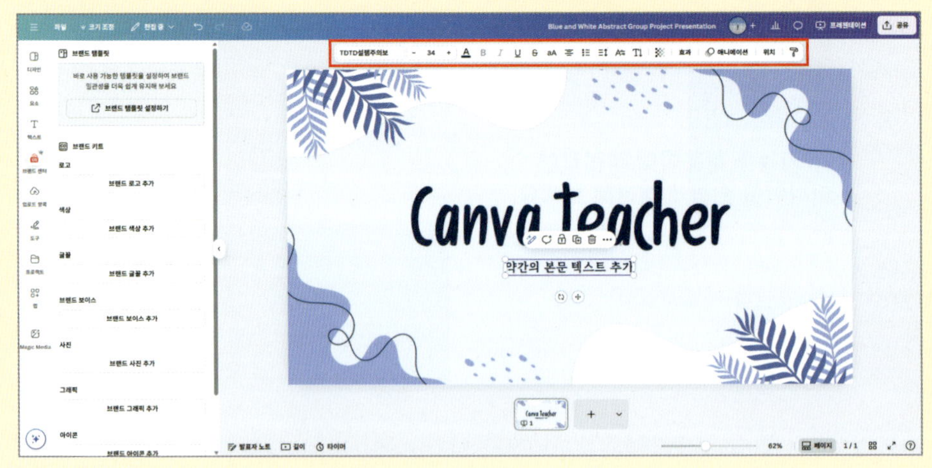

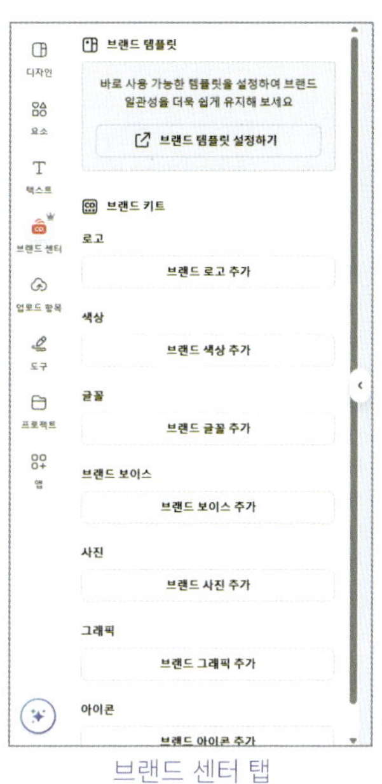

브랜드 센터 탭

④ **브랜드 센터 탭:** 브랜드 센터에서는 브랜드 템플릿과 브랜드 키트를 사용할 수 있다. 이 기능은 팀의 디자인을 일관성 있게 유지할 수 있도록 도와주는 도구이다. 자주 사용하는 로고, 색상, 글꼴, 사진 등을 한곳에 모아 두고 바로 활용할 수 있어 통일된 디자인을 만드는 데 큰 도움이 된다.

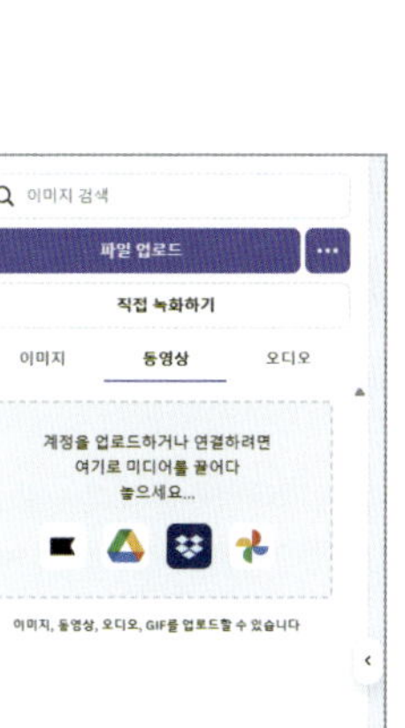

업로드 항목 탭

⑤ **업로드 항목 탭:** 자신이 가지고 있는 이미지, 동영상, 오디오 파일 등을 Canva에 업로드하여 디자인에 활용할 수 있도록 도와주는 기능이다. 내 컴퓨터나 다른 기기에 있는 다양한 파일을 Canva에 업로드할 수 있으며, 업로드한 파일은 Canva에 저장되어 디자인 작업 중 필요할 때 언제든지 바로 불러와 사용할 수 있다.

도구 탭

⑥ **도구 탭:** 그림을 그리거나 간단한 개체를 추가할 수 있는 탭이다. 펜, 마커, 형광펜 등 다양한 도구를 이용해 디자인 위에 직접 그림을 그릴 수 있어 손 글씨 느낌의 디자인을 만들기에 적합하다. 또한, 도형, 선, 스티커 메모, 텍스트 등을 추가하여 디자인을 더욱 다양하고 풍부하게 꾸밀 수 있다.

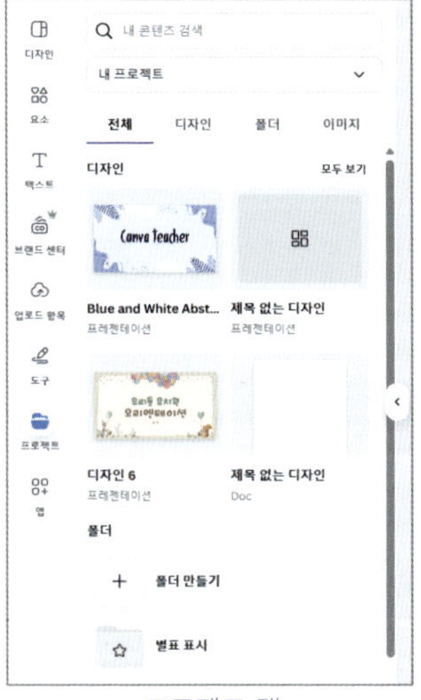

프로젝트 탭

⑦ **프로젝트 탭:** 자신의 작업물을 한곳에서 관리할 수 있는 탭이다. 디자인, 폴더, 이미지별로 작업한 디자인과 요소들을 정리하고 관리할 수 있다. Canva로 만든 다양한 디자인을 최근 순서대로 바로 확인할 수 있으며, 검색과 필터링 기능을 활용하면 이전에 작업한 자료도 쉽게 찾아볼 수 있다.

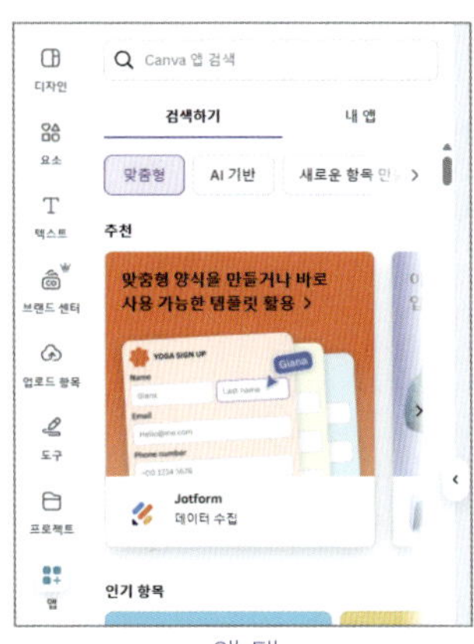

앱 탭

⑧ **앱 탭:** Canva에 다양한 도구를 연결하고 활용할 수 있는 탭이다. 여러 카테고리에 걸쳐 제공되는 수많은 앱을 통해 Canva를 더욱 다채롭게 활용할 수 있다. 특히 최근에는 AI를 활용한 다양한 앱들도 함께 제공되고 있어 필요에 따라 기능을 확장하며 편리하게 사용할 수 있다.

2장

매일매일 새로워지는 Canva AI

1 Canva AI란?

Canva AI는 세계 최초로 디자인 언어를 진정으로 이해하는 AI로, 원하는 디자인을 설명하면 편집 가능한 템플릿, 이미지, 콘텐츠, 문서, 인터랙티브 웹사이트 등을 만들어 주는 혁신적이면서도 쉬운 디자인 전문 대화형 AI이다. Canva의 다양한 생성 도구를 하나의 직관적인 인터페이스에 통합하여 누구나 디자인 전문 지식 없이도 즉시 멋진 디자인을 제작할 수 있도록 지원한다.

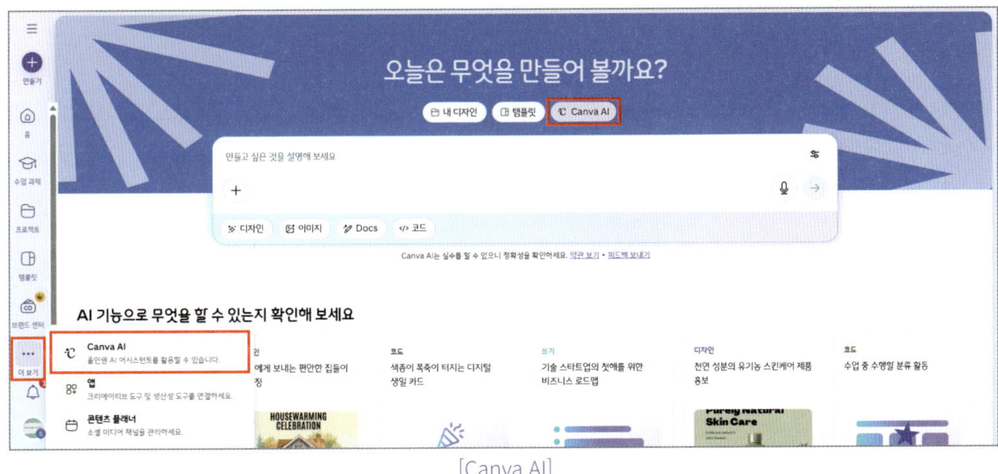

[Canva AI]

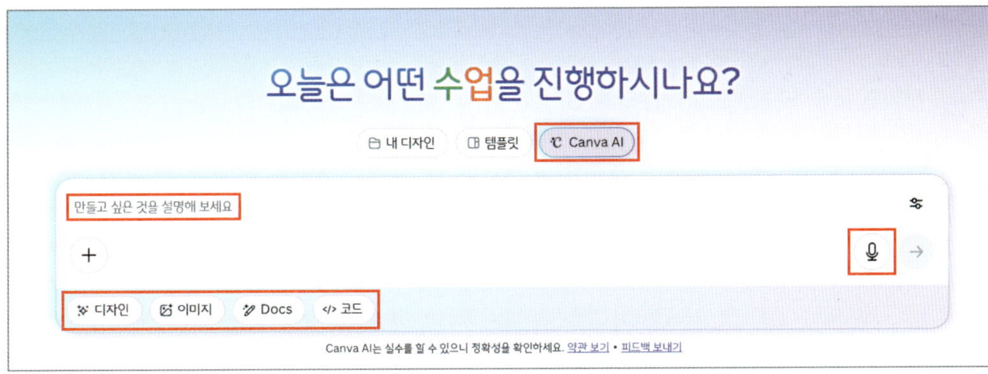

[Canva AI]-[텍스트, 음성(프롬프트) 입력]

+ 을 눌러 이미지를 업로드해 새로운 미적 감각이나 질감을 가진 비주얼을 제작할 수 있고, 다양한 템플릿으로 창의력을 발휘할 수도 있다. Magic Write 기반의 Draft a doc 기능으로 문서의 초안을 작성하거나 기존 문서에서 인사이트를 얻어

더욱 빠르게 블로그, 기사, 스크립트, 게시물 등을 작성할 수도 있다. 코딩 없이 디자인이나 웹사이트에 필요한 인터랙티브 위젯과 요소를 빠르게 제작해 동적인 콘텐츠를 제작할 수도 있다.

가장 획기적인 기능은 **[Canva AI에게 물어보기]**다. 편집하고자 하는 부분을 클릭하거나 댓글에 '@canva'를 태그하면 진짜 디자인 공동 작업처럼 AI와 대화하며 아이디어를 나누고, 제안을 요청하고, 작업을 다듬을 수 있고, AI가 창작 과정의 시작부터 끝까지 도와준다.

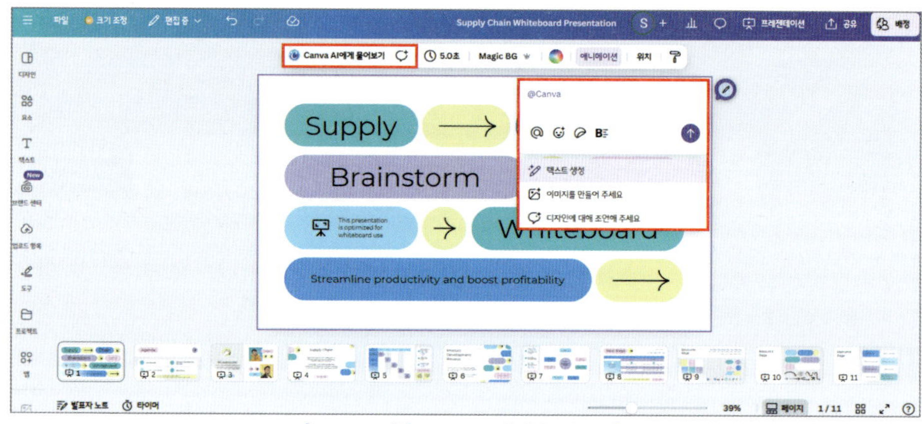

[Canva AI]-[Canva AI에게 물어보기]

2 디자인

☑ 프롬프트를 입력하거나 자료를 업로드하여 새로운 디자인을 생성한다.

1. 홈 화면 상단 검색 바에서 **[Canva AI]**를 클릭해 관련 템플릿을 탐색하거나 스타일을 선택한다.

[Canva AI]-[디자인]-[템플릿 선택]

[Canva AI]-[디자인]-[스타일]

2. ＋을 눌러 이미지, PDF 등을 업로드하고 음성 또는 텍스트로 프롬프트를 입력한다.

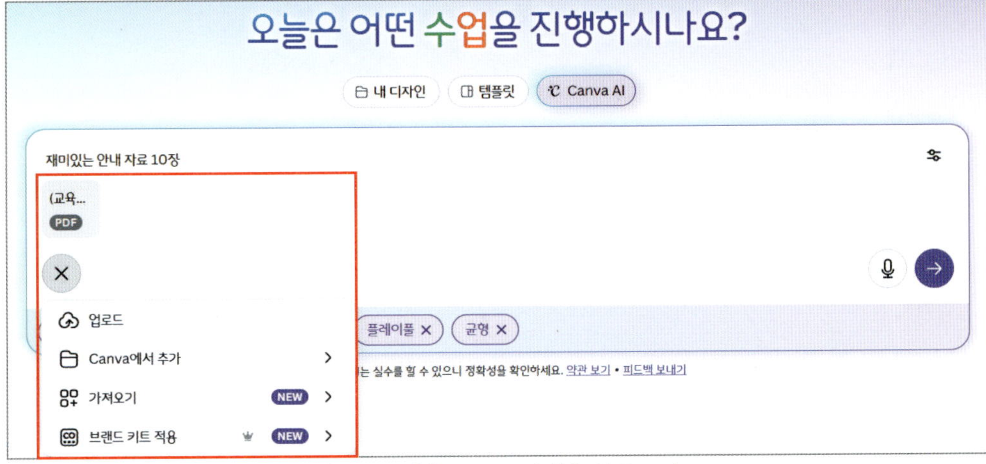

[Canva AI]-[프롬프트 입력]-[pdf 업로드]

3. 디자인이 완성되면 개요를 살펴보며 섹션을 추가하고 디자인 생성을 클릭하여 완성된 디자인을 살펴본다.

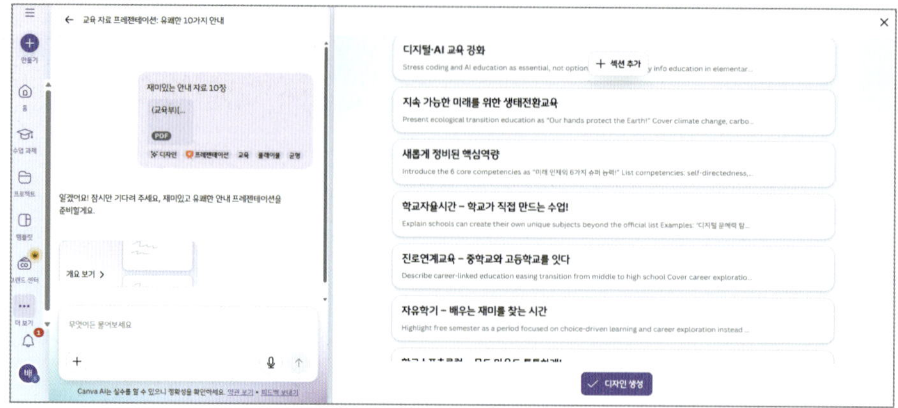

[Canva AI]-[디자인 개요 생성]

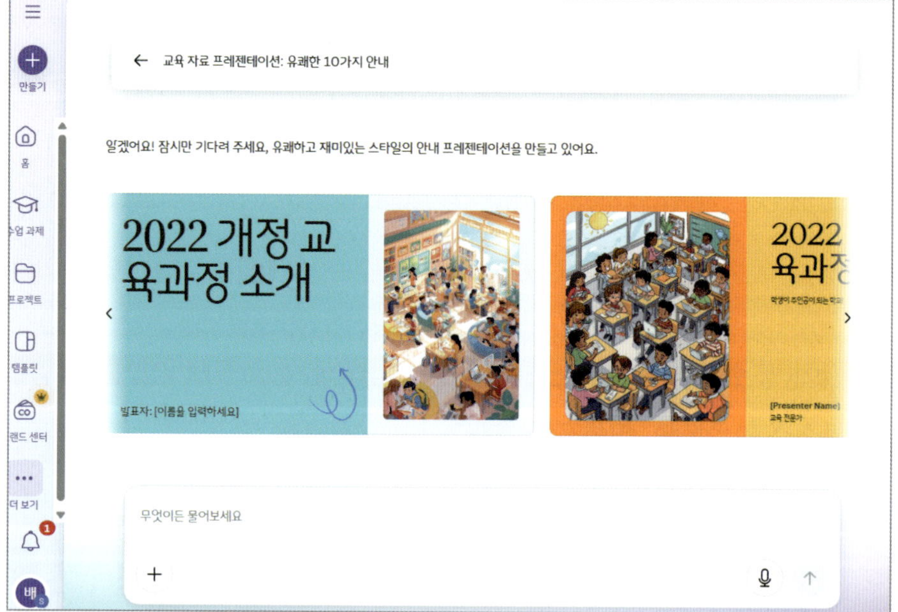

[Canva AI]-[디자인 선택]

[Canva AI]-[디자인 선택]-[디자인 편집기 사용]

4. [Canva 편집기 사용]을 클릭하고 선택한 디자인을 수정한다. 이때 [Canva AI 에게 물어보기]를 활용하여 디자인의 완성도를 높인다.

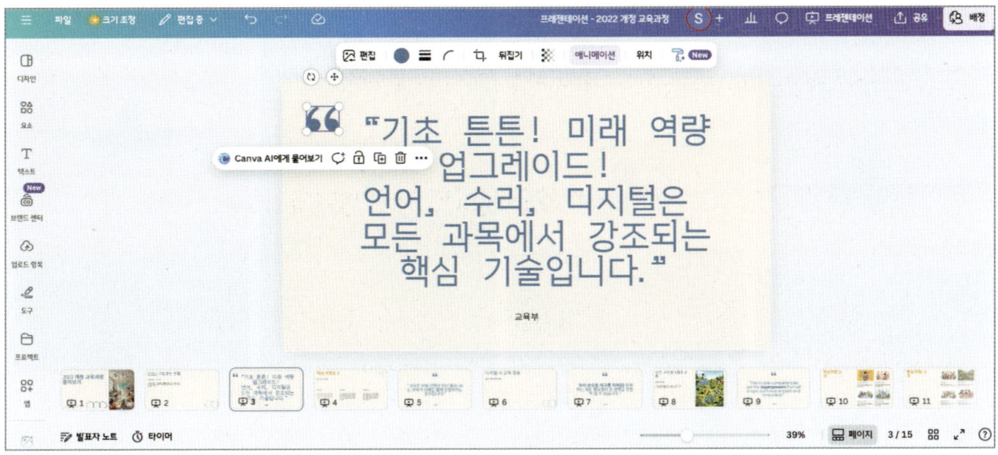

[Canva AI에게 물어보기]

4 이미지

☑ 프롬프트를 입력해 새로운 이미지를 생성한다.

1. 홈 화면 상단 검색 바에서 [Canva AI]를 클릭하고 이미지를 선택하여 관련 템 플릿을 탐색하거나 스타일을 선택한다. 음성 또는 텍스트로 프롬프트를 입력하 고 이미지를 생성한다.

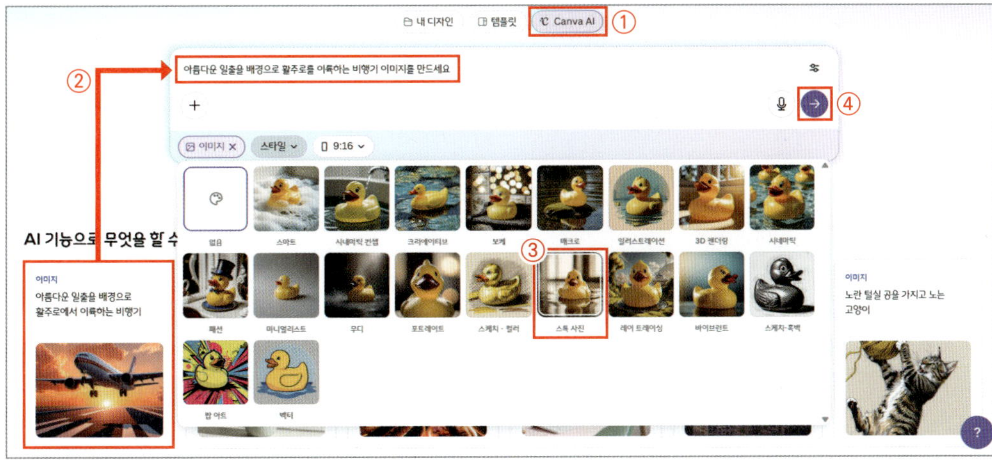

[Canva AI]-[이미지]-[템플릿]-[스타일]

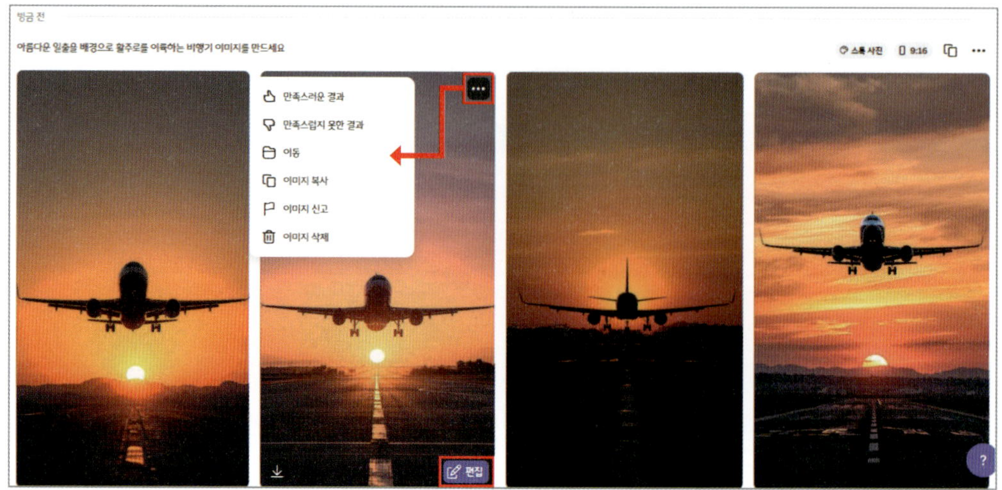

[Canva AI]-[편집]

2. 생성된 이미지를 선택하고 변경 사항을 요청하여 더 나은 이미지로 변경하거나 편집기로 가져와서 이미지를 편집한다. 이미지의 해상도를 높이거나 Canva AI 에서 편집하여 SNS 게시물을 바로 생성할 수도 있다.

[Canva AI]-[이미지]-[편집]

5 **Docs**

☑ Docs를 클릭한다.

1. [Docs]를 클릭해 관련 템플릿을 탐색하거나 **[유형]**을 선택해 다양한 글쓰기 형
   태를 탐색한다.

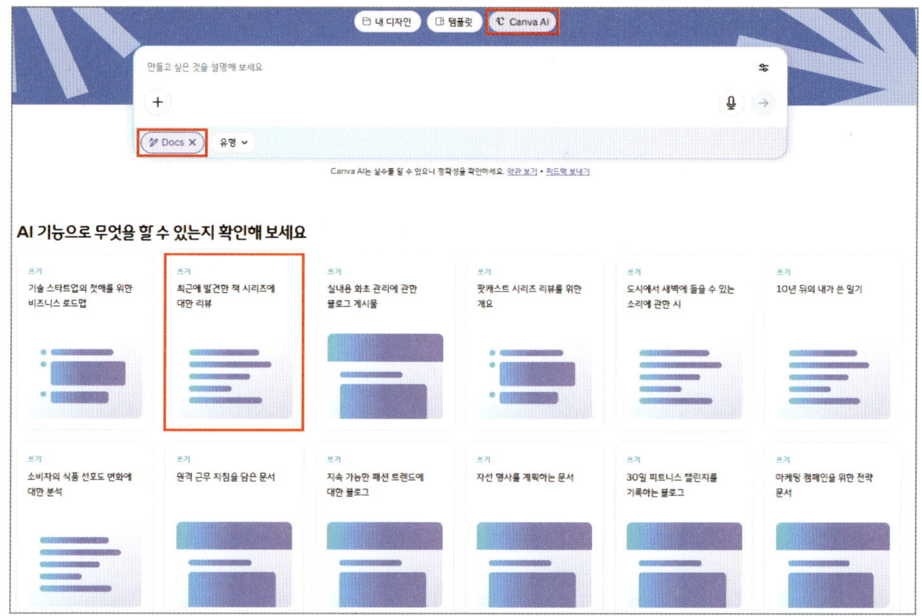

[Canva AI]-[Docs]-[템플릿 선택]

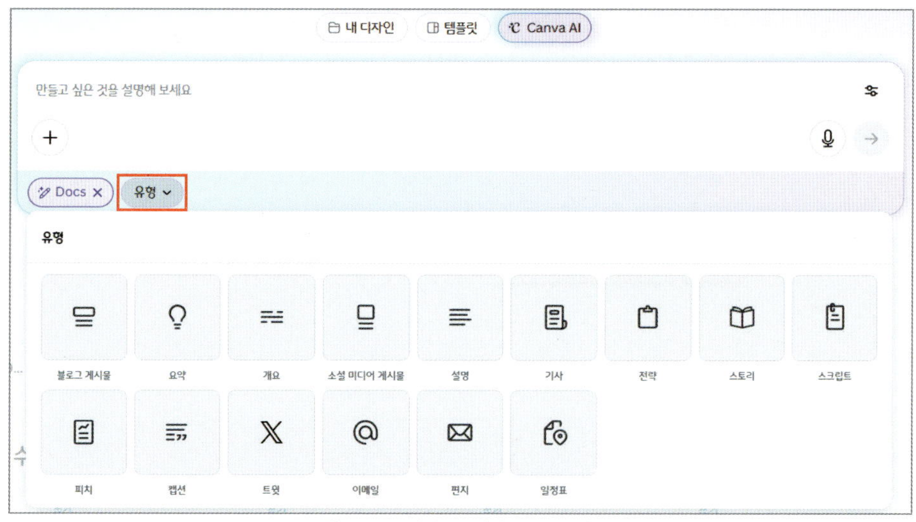

[Canva AI]-[Docs]-[유형 선택]

2. [Docs]를 클릭하고 음성 또는 텍스트로 프롬프트를 입력한다. [유형]을 선택하면 디자인이 더욱 구체적으로 반영된 문서 작성이 시작된다.

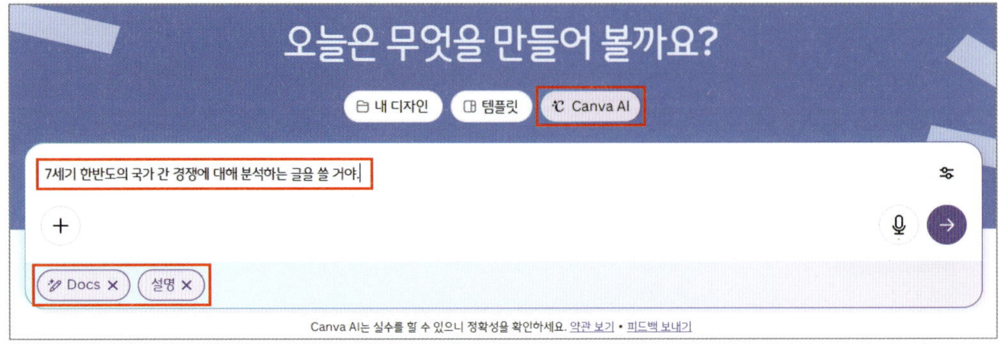

[Canva AI]-[Docs]-[프롬프트 입력]

3. 초안을 살펴보고 프롬프트를 다시 입력하여 변경하거나 편집기로 이동하여 글을 완성한다.

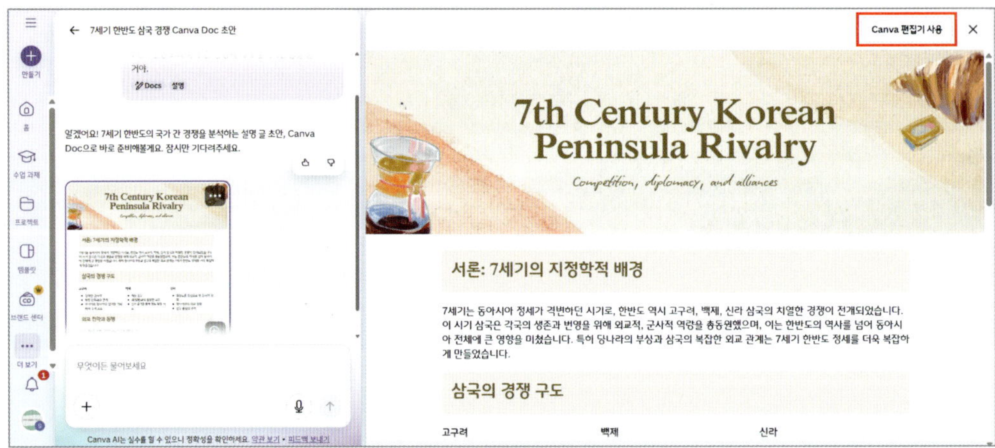

[Canva AI]-[Docs]-[문서 초안 작성]

6 코드

☑ 코드</>를 클릭한다.

1. [코드]를 클릭해 관련 템플릿을 탐색하여 코드를 생성한다. 음성 또는 텍스트로 프롬프트를 입력한다. 즉시 코딩이 시작된다.

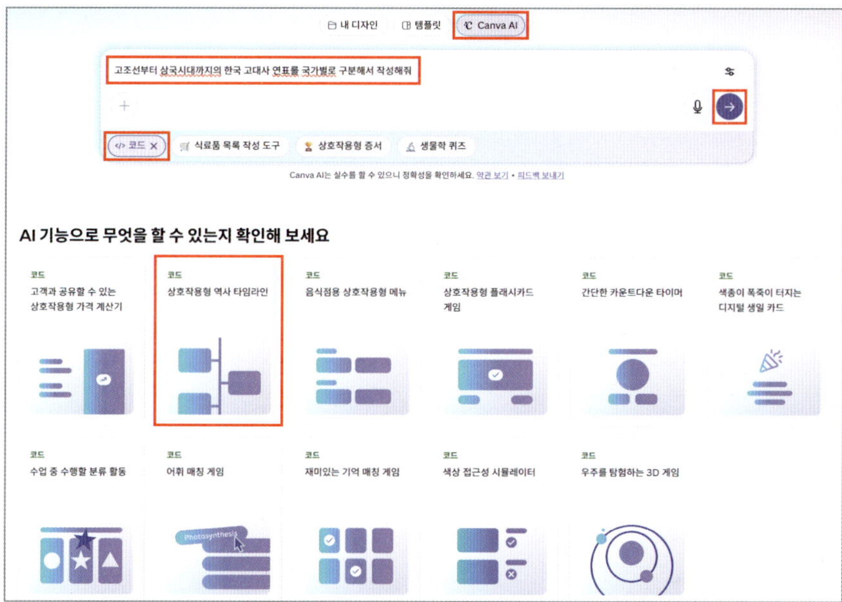

[Canva AI]-[</>코드]-[템플릿 선택]

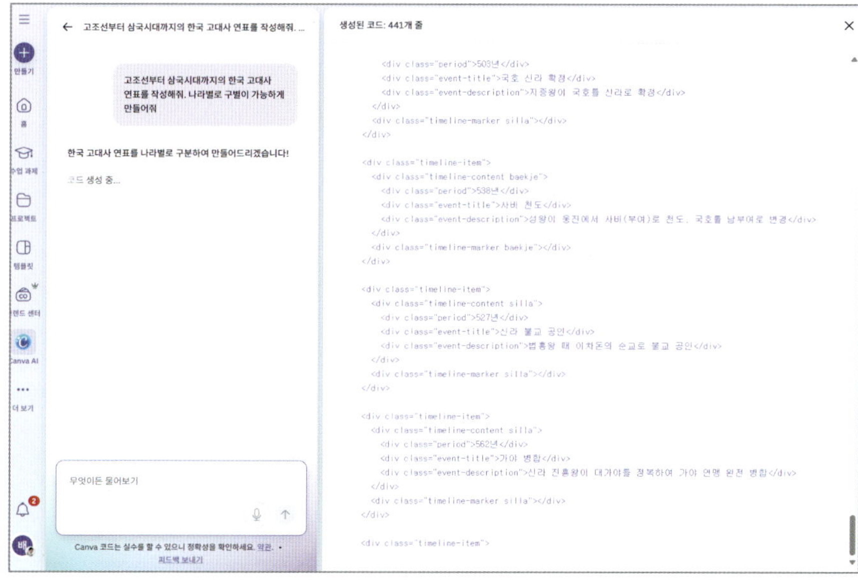

[코드 생성]

2. 완성된 버전을 선택하거나 다른 버전을 생성한다. 프롬프트를 구체적으로 작성하여 디자인을 세부적으로 변경하며 디자인을 완성한다.

3. 웹사이트의 인터랙티브 위젯이나 요소로, 프레젠테이션 등의 디자인으로 사용할 수 있다. 코드를 표시하고 싶으면 코드 표시를 활성화 한다.

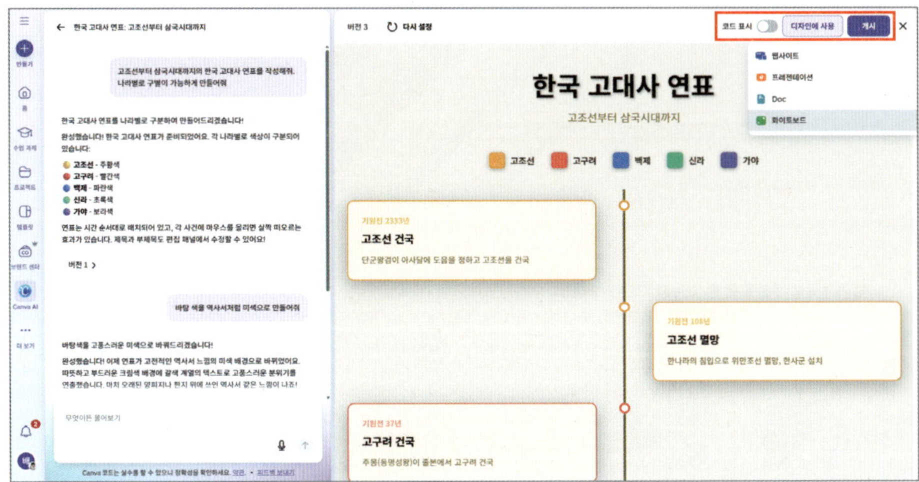

[디자인 완성]-[디자인 사용]

교육용 Canva의 Magic 및 AI 사용 권한(2025. 10. 31 기준)

교육용 Canva에서 Magic 및 AI 사용 권한은 역할(관리자/교사/학생)과 팀 설정에 따라 달라진다.

☑ 권한 관리 위치

프로필 아이콘을 선택 → 설정 → 사용 권한 → Magic 및 AI 탭 선택 → 각 기능별로 누가 사용할 수 있는지 확인 및 선택하기

☑ 교육 계정에서의 기본 접근 권한

· 관리자/교사: 대부분의 Magic과 AI 기능에 접근이 가능하다.
· 학생: 기본적으로 Magic Media, Dream Lab, Magic Insights만 켜져 있고, 나머지는 관리자/교사가 허용해야 사용이 가능하다.

☑ 자주 쓰는 Magic 및 AI 기능과 권한 요약

· Magic Design, Magic Write, Magic Media, Magic Edit, Magic Morph, Magic Grab, Magic Expand 등: 팀(학급) 단위로 켜고 끌 수 있다. 접근 권한은 위 경로에서 역할별로 지정할 수 있다.

· Magic Design for Presentations: 교육용에서는 관리자와 교사만 사용이 가능하며 학생은 사용할 수 없다.

· Magic Design for Video: 교육 관리자와 교사만 사용이 가능하며 학생은 사용할 수 없다.

· Magic Write: 교육 관리자/교사가 학생 사용을 켤 수 있다.

☑ 추가 팁

· 팀에서 특정 기능이 보이지 않으면, 대개 팀 소유자/관리자의 제한 때문이다. Magic 및 AI 탭에서 기능을 켜면 바로 반영된다.

· 언어 설정에 따라 일부 팀원에게 Magic 기능이 보이지 않을 수 있다. 팀원별로 Canva 언어 확인이 필요하다.

· 학생 계정에는 기본적으로 AI 사용 및 안전 설정이 더 엄격하게 적용된다. 필요 시 기능별로 단계적으로 허용하는 것이 필요하다.

3장

당신이 상상하는 \ 모든 것이 가능한 /

Canva Docs
with AI

수업 시간이나 학급 운영에서 꼭 필요한 소통 문서와 활동 자료는 매우 다양하다. 하지만 문서마다 형식이 다르고, 자료를 따로 관리하다 보면 번거로울 뿐 아니라 많은 시간이 소요된다.

Canva Docs의 AI 기능을 활용하면 누구나 손쉽게 디자인이 살아 있는 문서를 만들 수 있다. Padlet과 연동하거나 웹사이트 형태로 확장하면 보다 풍부하고 효율적인 자료 활용도 가능하다. Magic Write 기능을 사용하면 글의 초안부터 문단 구성까지 AI가 자동으로 생성해 준다. 여기에 디자인 요소를 더하면 시각적으로도 매력적인 문서를 완성할 수 있다. 또한, Padlet 임베딩 및 웹사이트 게시 기능을 통해 학생들과의 상호 작용과 학습 결과 공유도 훨씬 간편해진다.

이번 장에서는 Canva Docs with AI 기능을 다양한 수업과 학급 활동에 어떻게 적용할 수 있는지 함께 알아보자.

☑ 스마트하고 스타일리시한 가정통신문 만들기

Magic Write와 다양한 디자인 요소를 활용하여 세련된 소통 문서를 제작하는 방법을 익혀본다.

☑ 앱 전환 없이 문서 하나로 해결하는 Canva Docs + Padlet 임베딩

문서 안에 Padlet 보드를 바로 임베드하여 감상, 발표, 피드백까지 한 번에 운영하는 방법을 살펴본다.

☑ 모둠별 협업부터 포트폴리오 완성까지 Canva Docs + 웹사이트

Docs를 웹사이트로 확장하여 모둠별 학습 결과물을 자연스럽게 정리하고, 포트폴리오 형태로 공유하는 활용법을 배운다.

3.1.
스마트하고 스타일리시한 가정통신문 만들기

Canva Docs + Magic Write

joo.is/canva3101

Magic Write는 텍스트만 입력하면 AI가 자동으로 문장, 단락, 목록, 개요 등을 생성해 주는 AI 글쓰기 도우미이다. Canva Docs와 Magic Write 기능을 활용하면 학교와 가정 간의 효율적이고 매력적인 가정통신문을 간편하게 제작할 수 있다.

- 간편한 Docs 시작하기
- Magic Write로 초안 작성
- 스타일리시한 디자인 편집
- 시각 자료 추가하기
- 공개 보기 링크 활용하기

Canva의 스마트한 기능을 통해 더욱 쉽고 세련된 가정통신문을 만들어 보자.

당신이 상상하는 모든 것이 가능한 Canva Docs with AI

1 Docs 만들기

☑ ➕ 디자인 만들기를 클릭한다.

1. 왼쪽 **사이드 패널**의 [Docs]를 선택한다.

2. 상단의 [**빈 문서**]를 선택하여 새로 작성한다.

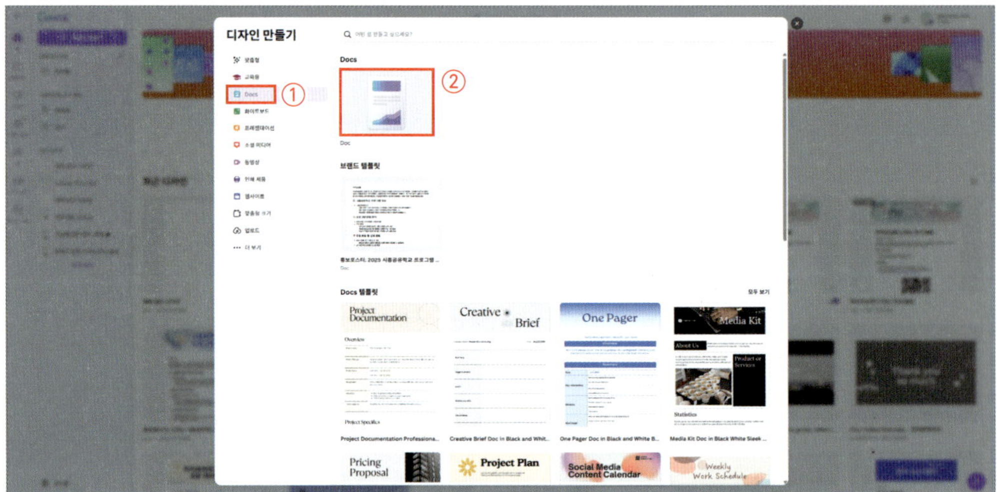

2 Magic Write로 초안 작성하기

☑ 텍스트 프롬프트를 입력으로 생성한다.

1. 상단 **에디터 툴바**의 [Magic Write] 아이콘을 클릭하거나, 본문에 "/"를 입력하여 Magic Write를 실행한다.

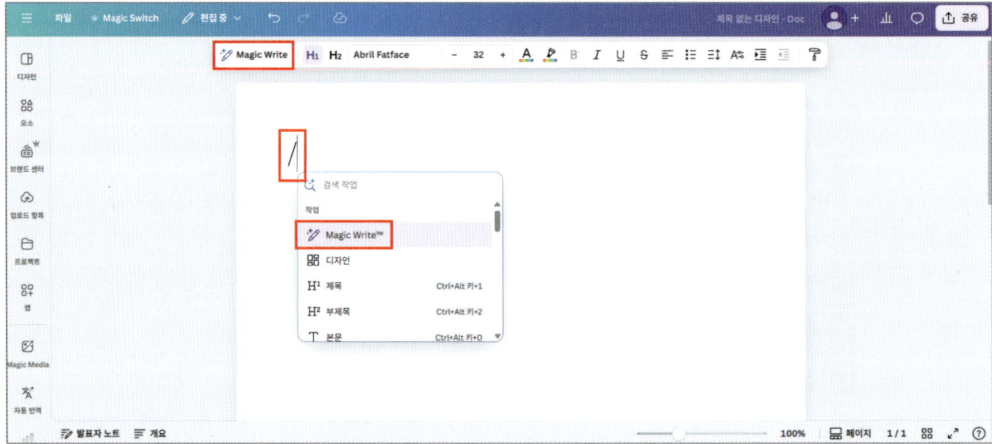

2. 다음 **예시***와 같이 생성하고자 하는 텍스트를 입력한다.

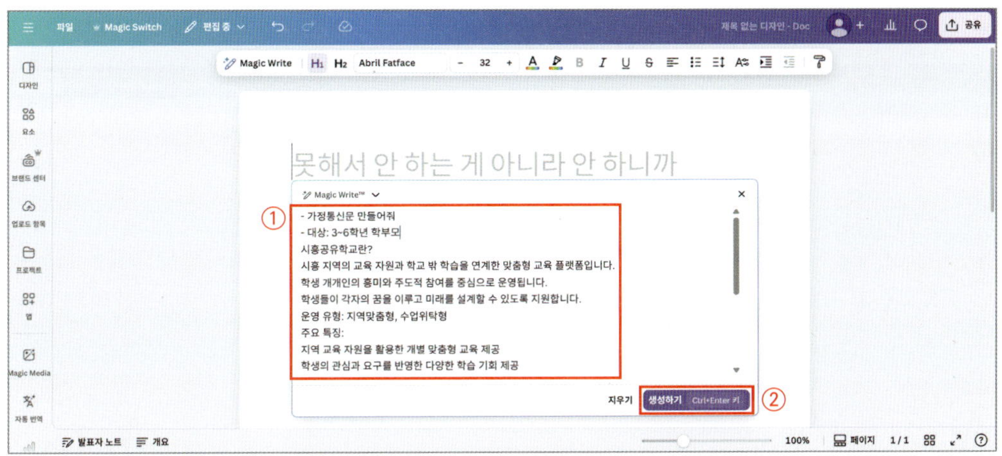

3. [Magic Write]가 작성한 초안을 확인하고, 필요한 내용을 추가하거나 수정한 후 [삽입]을 선택한다.

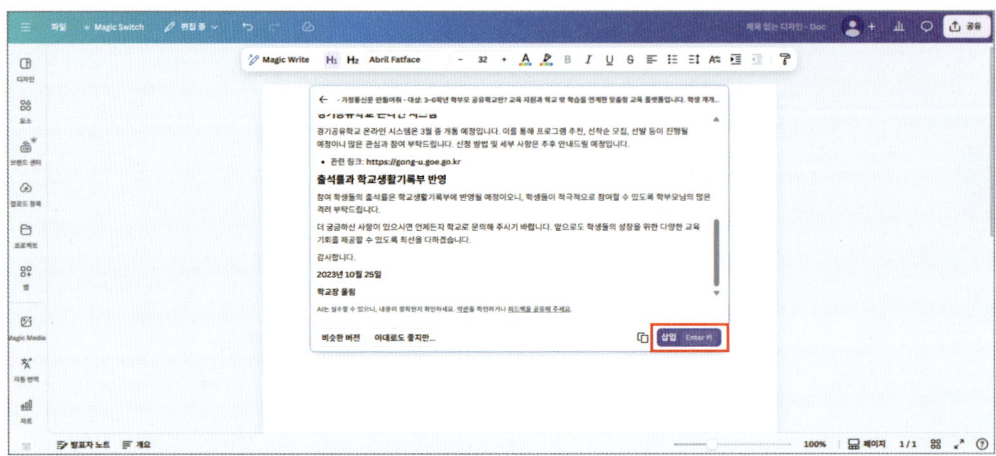

🛠 Canva 쌤 Skill up! Magic Write

★ 무료 사용자는 50회, 교육용 Canva 사용자는 최대 500회까지 사용할 수 있다.

★ 생성된 초안은 수정도 가능하다.

ㅇ[비슷한 버전]: 생성된 결과와 비슷한 스타일이나 내용의 새로운 버전을 만들어 준다. 여러 가지 버전을 비교해 보고 원하는 느낌에 더 가까운 결과를 고를 수 있다.

ㅇ[이대로도 좋지만…]: 기존 결과에서 조금 더 바꾸고 싶은 점이나 추가하고 싶은 내용을 직접 입력할 수 있다. 예를 들어, "조금 더 간결하게" 또는 "더 친근한 어투로"와 같은 내용을 입력하면, 명령어에 맞게 다시 만들어 준다.

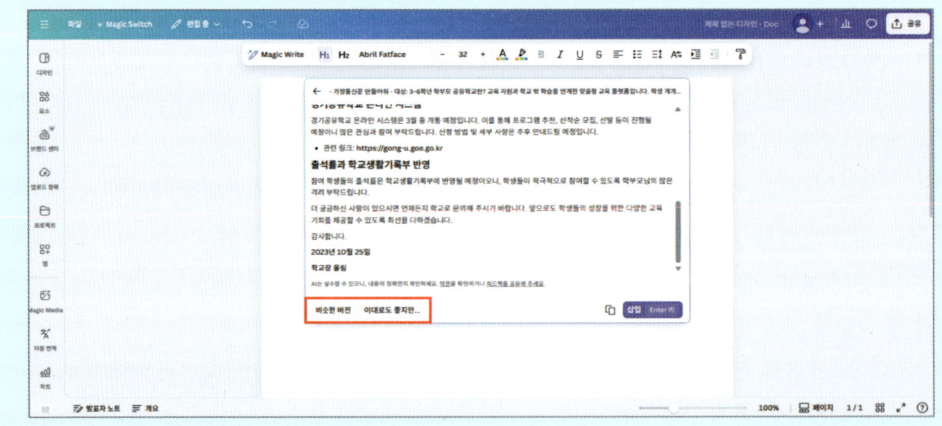

3 **디자인 편집하기**

☑ 글꼴과 디자인을 편집한다.

1. 상단 **에디터 툴바**에서 제목과 본문의 글꼴, 크기, 정렬, 색상을 조정하여 가독성
   을 높인다.

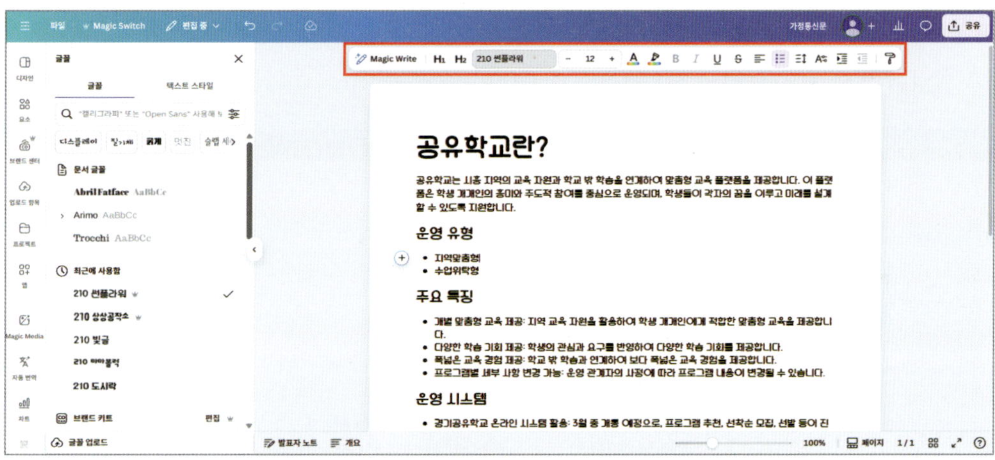

2. 왼쪽 **사이드 패널**의 [디자인] 탭에 자동으로 추천된 배너를 선택하여 적용한다.
   적용한 배너를 클릭하여 배너 디자인을 수정한다.

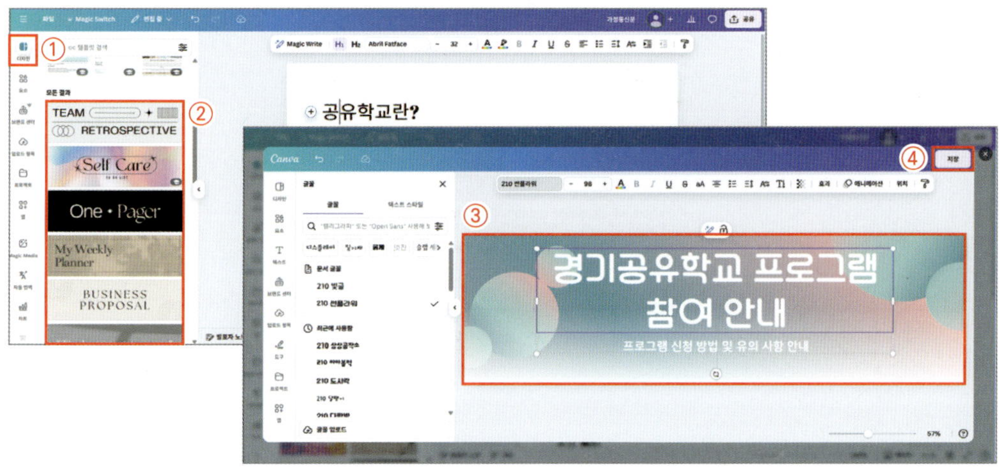

4 시각 자료 삽입하기

☑ 링크, 이미지, QR코드로 정보 전달을 강화한다.

1. 왼쪽 **사이드 패널**의 [요소] 탭에서 어울리는 이미지를 삽입한다.

   ✨ 예) 교실, 아이들 활동 사진 등

2. 신청 링크가 있는 경우, 관련 문구를 선택한 후 [링크] 아이콘을 클릭하여 하이
   퍼링크를 삽입한다.

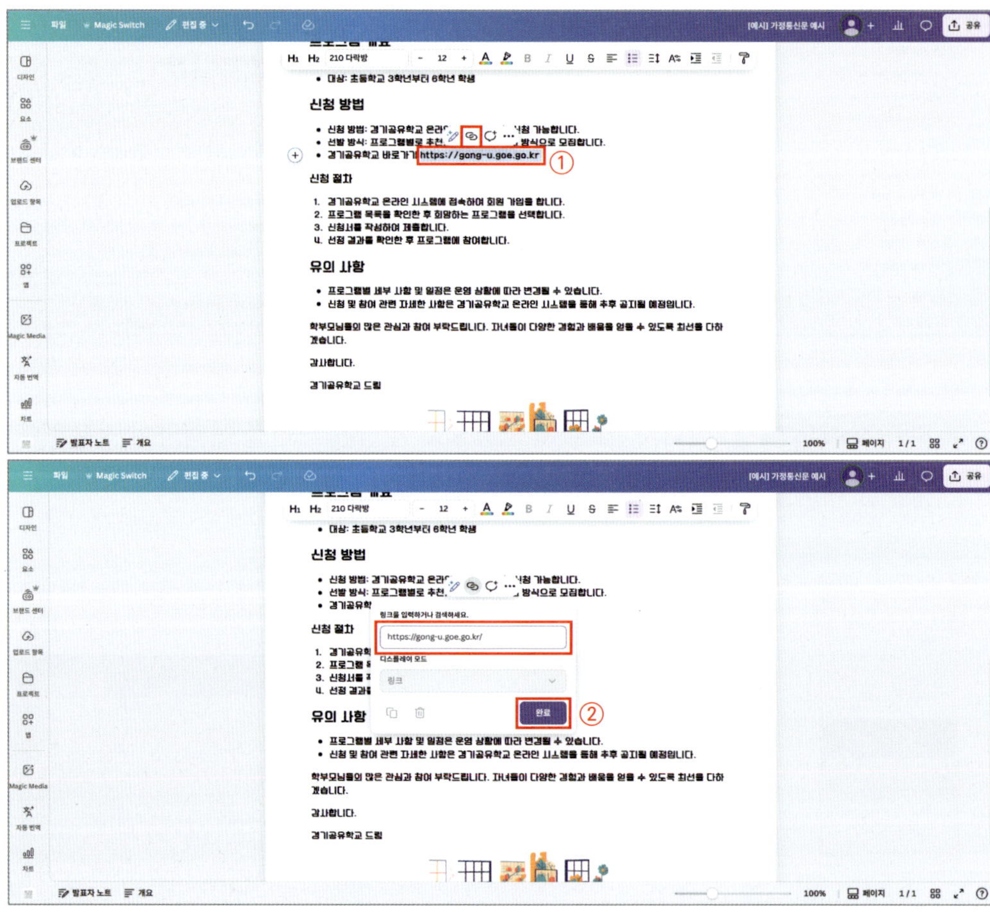

3. 가정통신문을 열람하는 상황에 따라 접근성을 높이기 위해 **사이드 패널**의 **[앱]** 탭을 선택하여 QR코드를 추가한다.

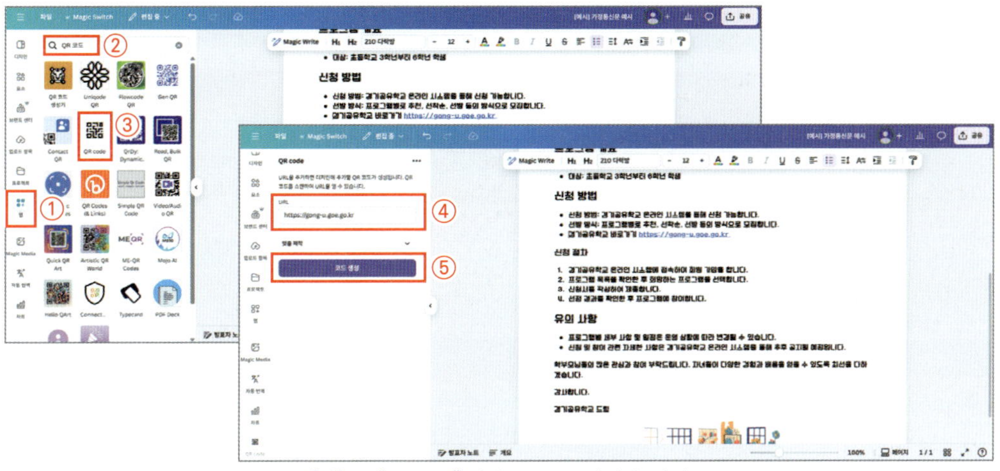

[앱] → "QR코드" 검색 → URL 입력 후 삽입

5 공유하기

☑ 반응형 문서로 손쉽게 배포한다.

> **Canva 쌤의 팁**
>
> **[공개 보기 링크]**로 공유하면 모바일 환경에서도 화면 크기에 맞게 자동으로 조정되어 보여, 요즘처럼 모바일로 자료를 확인하는 경우에 특히 유용하다.

1. 오른쪽 상단의 **[공유]**를 클릭하여 **[공개 보기 링크]**에서 **[공개 보기 링크 만들기]** 를 선택한다. 버튼이 보이지 않으면 **[모두 보기]**를 선택한다.

2. **[복사]**를 클릭하여 생성된 링크를 복사하고 배포한다.

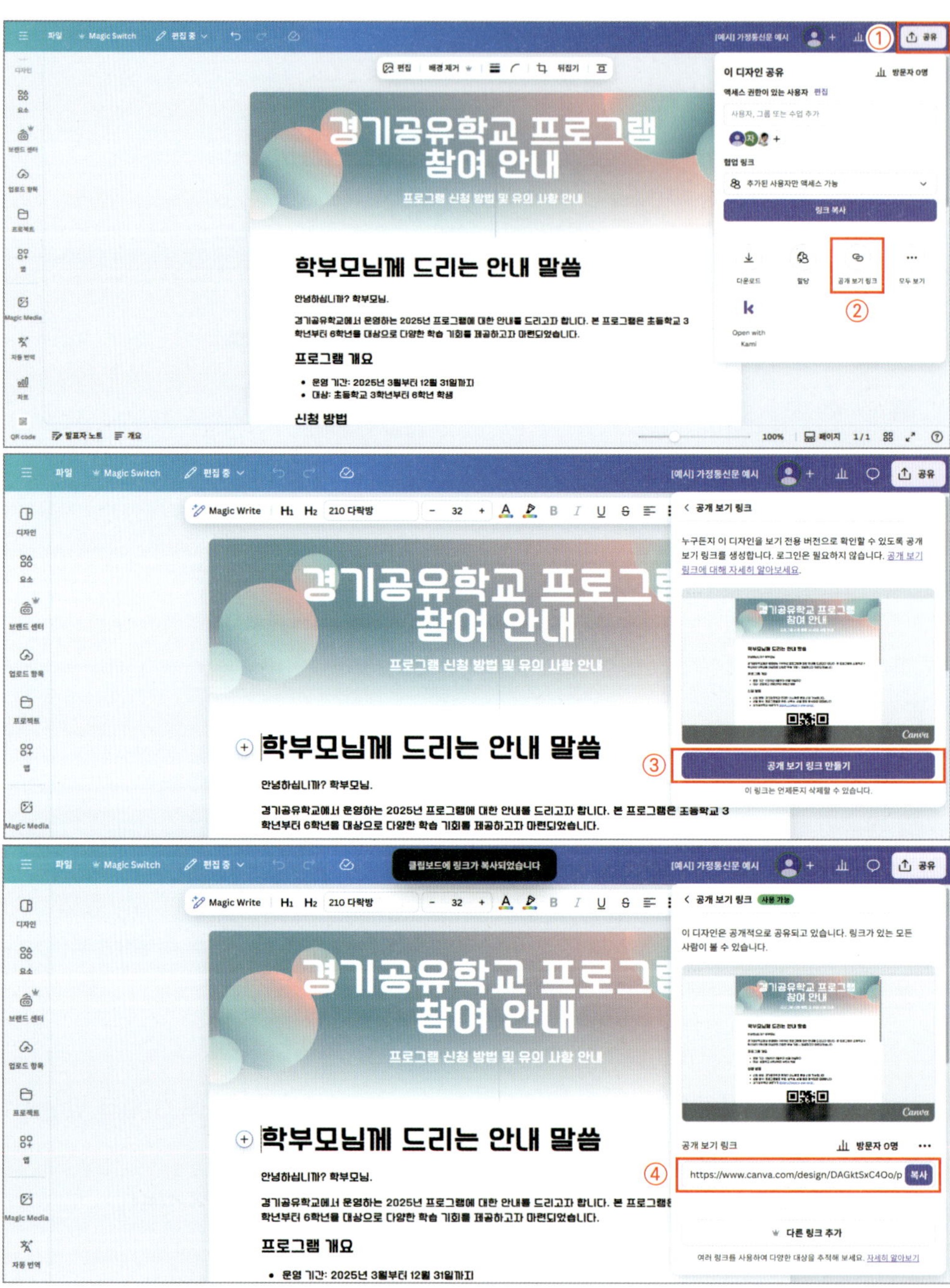

📦 수업 활용 꾸러미

☑ 학급 안내장

마음껏 편집해서 사용하세요!

joo.is/canva3102

마음껏 편집해서 사용하세요!

joo.is/canva3103

★ Canva Docs **[보기 가능]** 링크 공유 자료 활용 방법

Canva Docs 디자인은 템플릿 링크 공유가 안 되어서 **[보기 가능]**으로 디자인 링크를 공유한다.

[보기 가능] 디자인 링크는 파일 메뉴에서 복사해서 사용할 수 있다.

1. 공유받은 링크에 접속한다.

2. 오른쪽 상단 **[파일]** 메뉴에서 **[복사]**를 누르면 내 Canva 계정으로 복사되어 편집해서 사용 할 수 있다.

   ＊[파일] 메뉴를 선택했는데 [복사] 버튼이 안 보이면, Canva에 로그인하지 않은 상태일 수 있다. 먼저 Canva 에 로그인한 뒤 [복사] 버튼을 누른다.

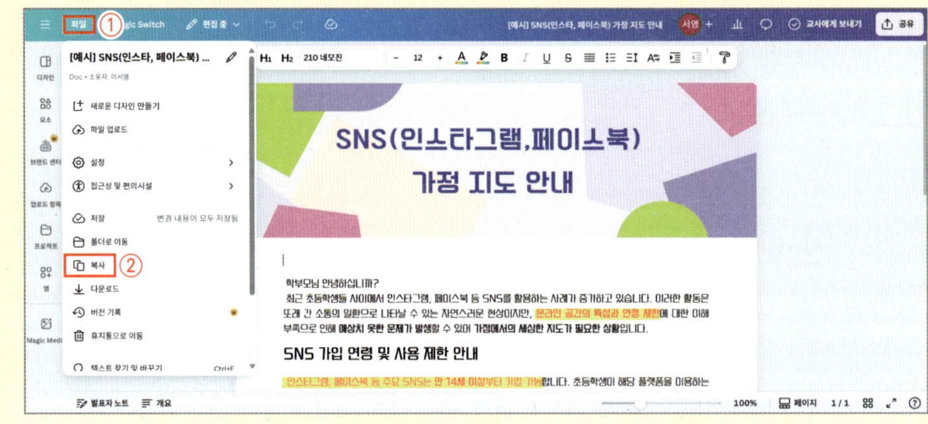

3.2.
앱 전환 없이
문서 하나로 해결하기
Canva Docs + Padlet 임베딩

joo.is/canva3201

클릭할 때마다 앱을 전환하지 않고, 하나의 Canva Docs 문서 안에서 감상, 발표, 피드백까지 모든 활동을 간편하게 진행해 보자. Magic Write와 Padlet 임베딩을 활용하면 프로젝트 중심 수업에서도 더욱 매끄러운 흐름을 만들 수 있다.

- Docs 만들기 & Magic Write 활용
- Padlet 임베딩
- 하이라이트 블록 사용
- 피드백 및 성찰 예시 문장 제시
- 공개 보기 링크 활용하기

Canva Docs와 Padlet 임베딩으로 수업 자료를 한눈에 보고, 학생 참여를 높이는 스마트한 문서 활용 방법을 경험해 보자.

1 Docs 만들기

☑ ➕ 디자인 만들기를 클릭한다.

1. 왼쪽 **사이드 패널**의 [Docs]를 선택한다.

2. 상단의 [**빈 문서**]를 선택하여 새로 작성한다.

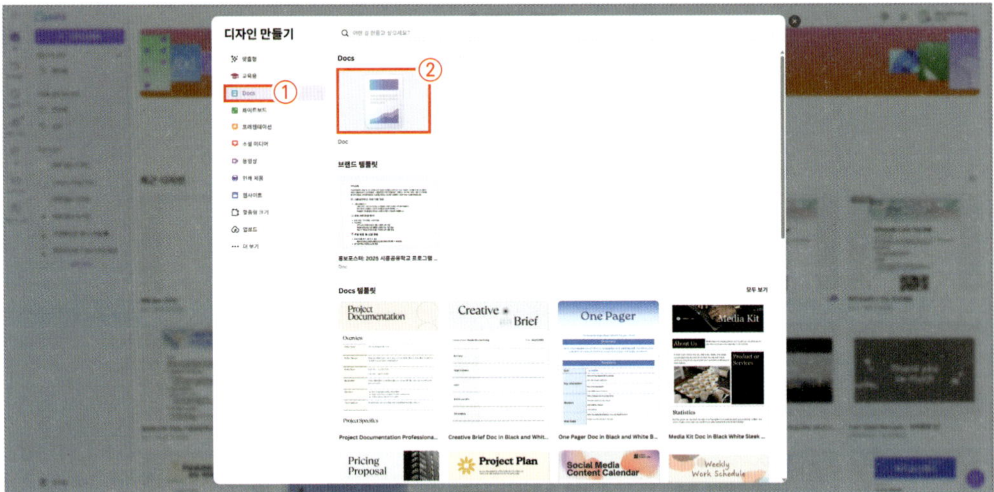

2 Magic Write로 초안 작성하기

☑ 텍스트 프롬프트를 입력하여 생성한다.

1. 상단 **에디터 툴바**의 [Magic Write] 아이콘을 클릭하거나, 본문에 "/"를 입력하여 [Magic Write]를 실행한다.

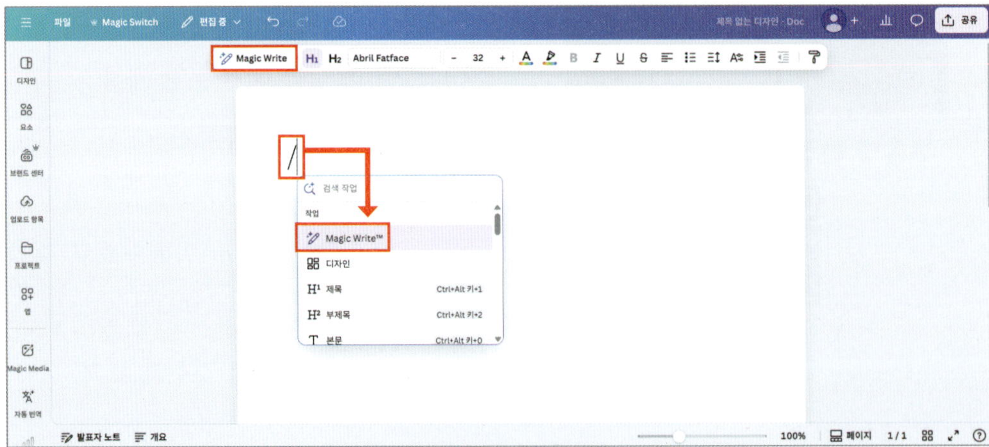

2. 다음 **예시***와 같이 생성하고자 하는 텍스트를 입력한다.

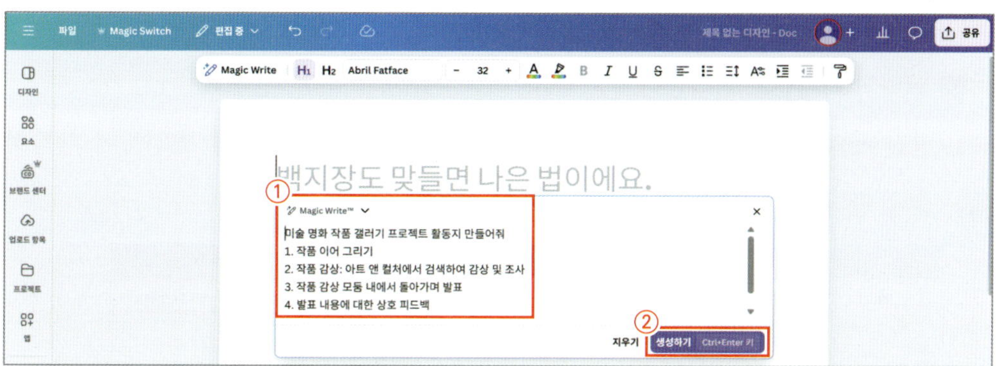

예시*

미술 명화 작품 갤러리 프로젝트 활동지 만들어 줘.

1. 작품 이어 그리기

2. 작품 감상: 아트 앤 컬처에서 검색하여 감상 및 조사

3. 작품 감상 모둠 내에서 돌아가며 발표

4. 발표 내용에 대한 상호 피드백

5. 자기 성찰: 프로젝트 하면서 배운 점, 느낀 점, 성장한 부분 한 문장으로 정리

3. [Magic Write]가 작성한 초안을 확인하고, 필요한 내용을 추가하거나 수정한 후 [삽입]을 선택한다.

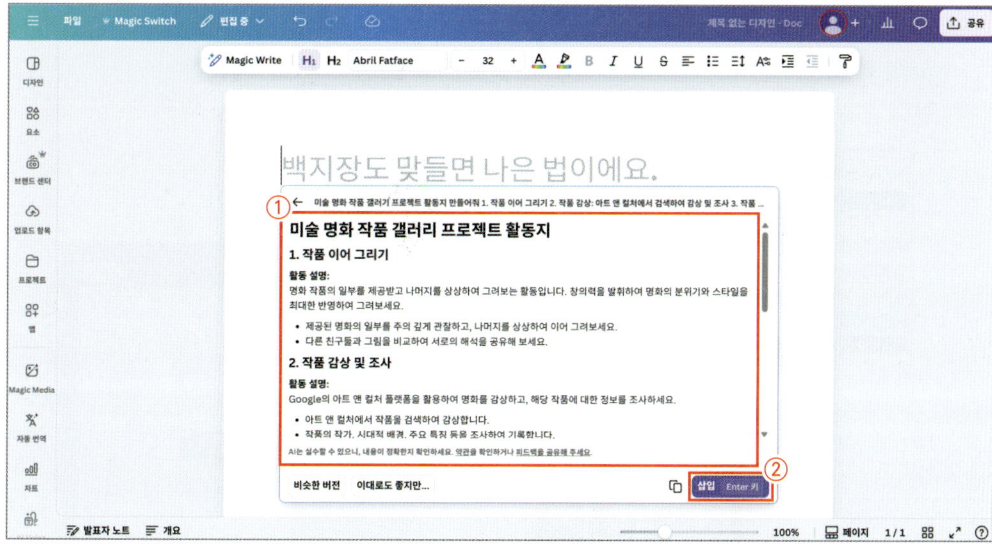

당신이 상상하는 모든 것이 가능한 Canva Docs with AI

☑ 글꼴과 디자인을 편집한다.

1. 상단 **에디터 툴바**에서 제목과 본문의 글꼴, 크기, 정렬, 색상을 조정하여 가독성을 높인다.

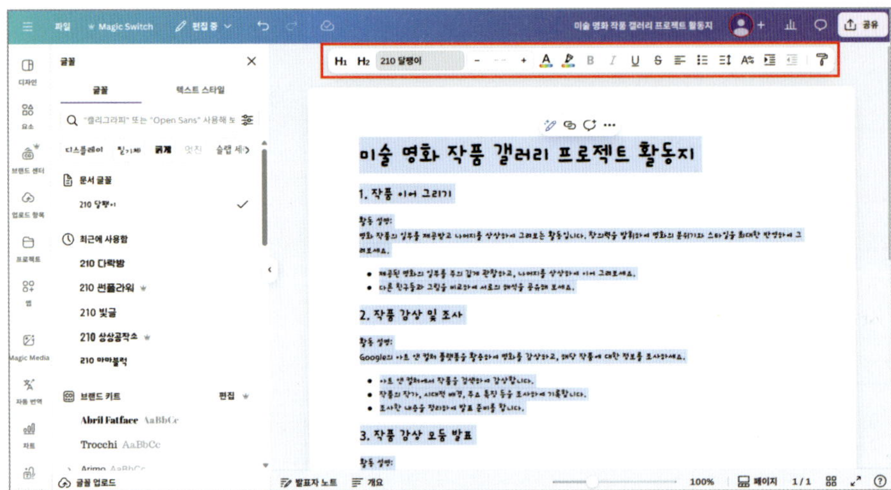

2. 왼쪽 **사이드 패널**의 [디자인] 탭을 클릭하면 자동으로 추천된 배너 디자인이 표시된다. 원하는 배너를 선택하여 적용하거나, 배너를 클릭하여 다른 디자인으로 변경하고 편집한다.

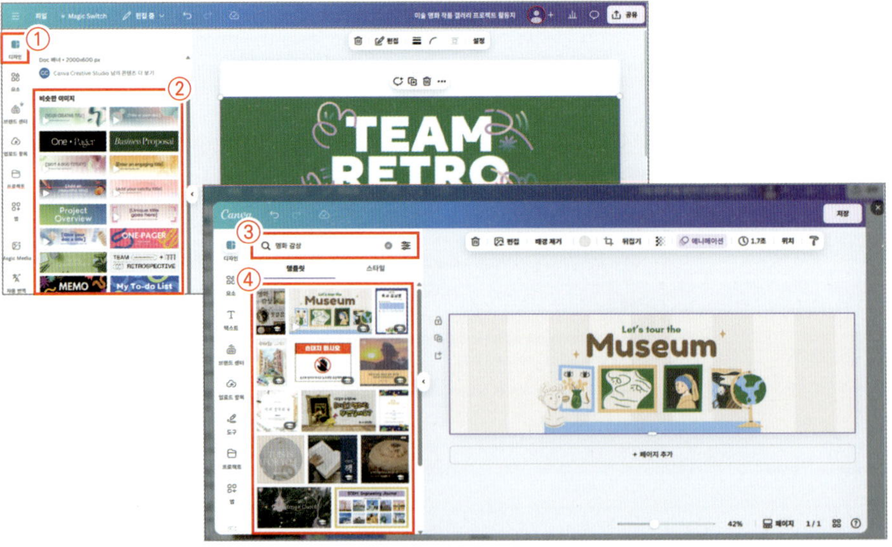

☑ Padlet을 임베드한다.

1. Padlet에서 공유할 보드를 연 뒤, 상단 메뉴에서 [**공유**] → [**공유**] → [**게시판으로 링크 복사**]를 클릭한다.

2. Canva Docs에서 본문에 "/"를 입력한 후 [**삽입**] 옵션을 선택한다. 복사한 Padlet 링크를 붙여 넣으면 문서 안에 삽입된다.

3. 또는, 복사한 링크를 본문에 직접 붙여 넣으면 자동으로 삽입된다. Canva Docs 에서 본문에 "/"를 입력한 후 [**삽입**] 옵션을 선택한다. 복사한 Padlet 링크를 붙 여 넣으면 문서 안에 삽입된다. 또는, 복사한 링크를 본문에 직접 붙여 넣으면 자동으로 삽입된다.

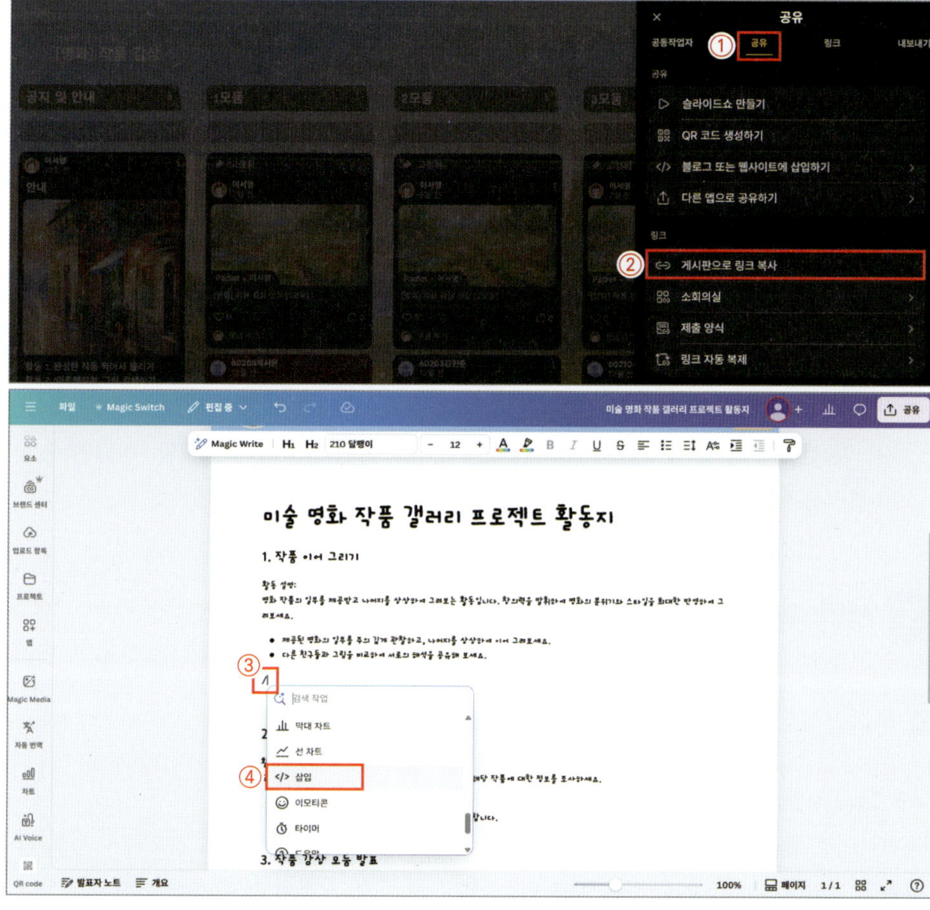

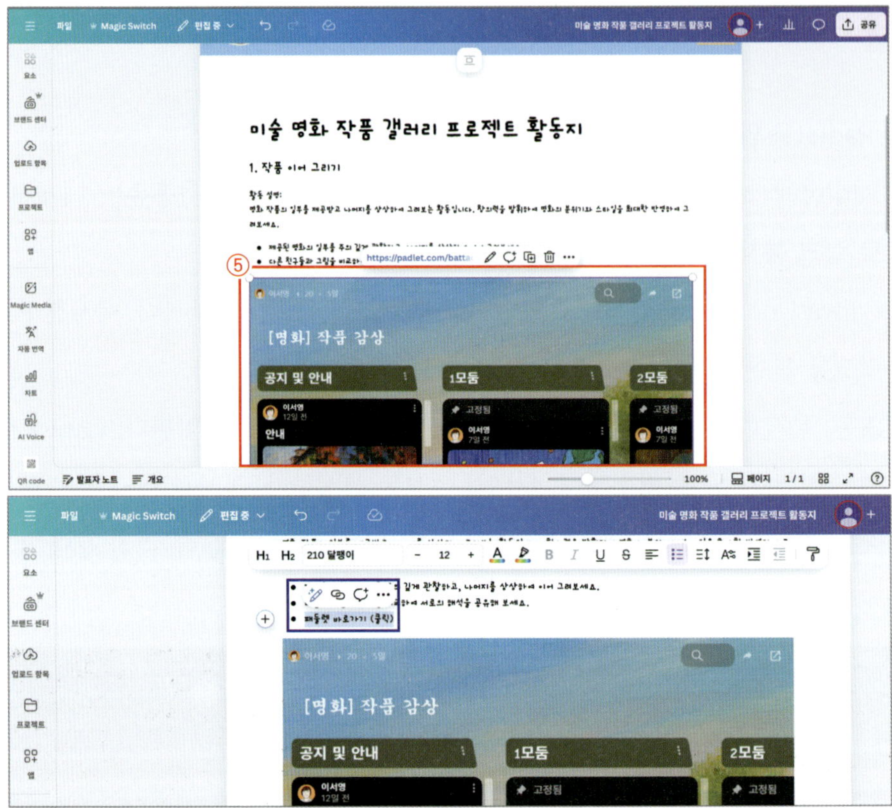

📢 Canva 쌤의 팁

Padlet, 임베딩보다 링크가 편할 때도 있다.

★ Padlet 보드를 Canva Docs에 직접 임베딩하면 문서 안에서 바로 확인할 수 있지만, 창 크기가 작아져 입력이나 읽기가 다소 불편할 수 있다.

★ 이럴 땐 Padlet 주소를 하이퍼링크 형태로 삽입하고, 클릭 시 새 창에서 '크게 보기'가 열리도록 안내해 보자. 학생들이 기기나 사용 환경에 따라 자유롭게 선택할 수 있어 수업의 편의성과 몰입도를 모두 높일 수 있다.

5 시각 자료 삽입하기

☑ 하이라이트 블록으로 활동 설명을 강조한다.

📢 Canva 쌤의 팁

하이라이트 블록을 활용하면 중요한 활동 안내나 피드백을 시각적으로 강조해서 정보 전달력을 높일 수 있다. 활동 안내, 발표 팁, 주의 사항 등을 강조할 때 활용해 보자.

1. 본문에 "/"를 입력하여 [하이라이트 블록]을 선택한다.

2. 블록이 생성되면 텍스트를 입력하고, 상단 **에디터 툴바**에서 글꼴, 크기, 색상 등의 서식을 편집한다.

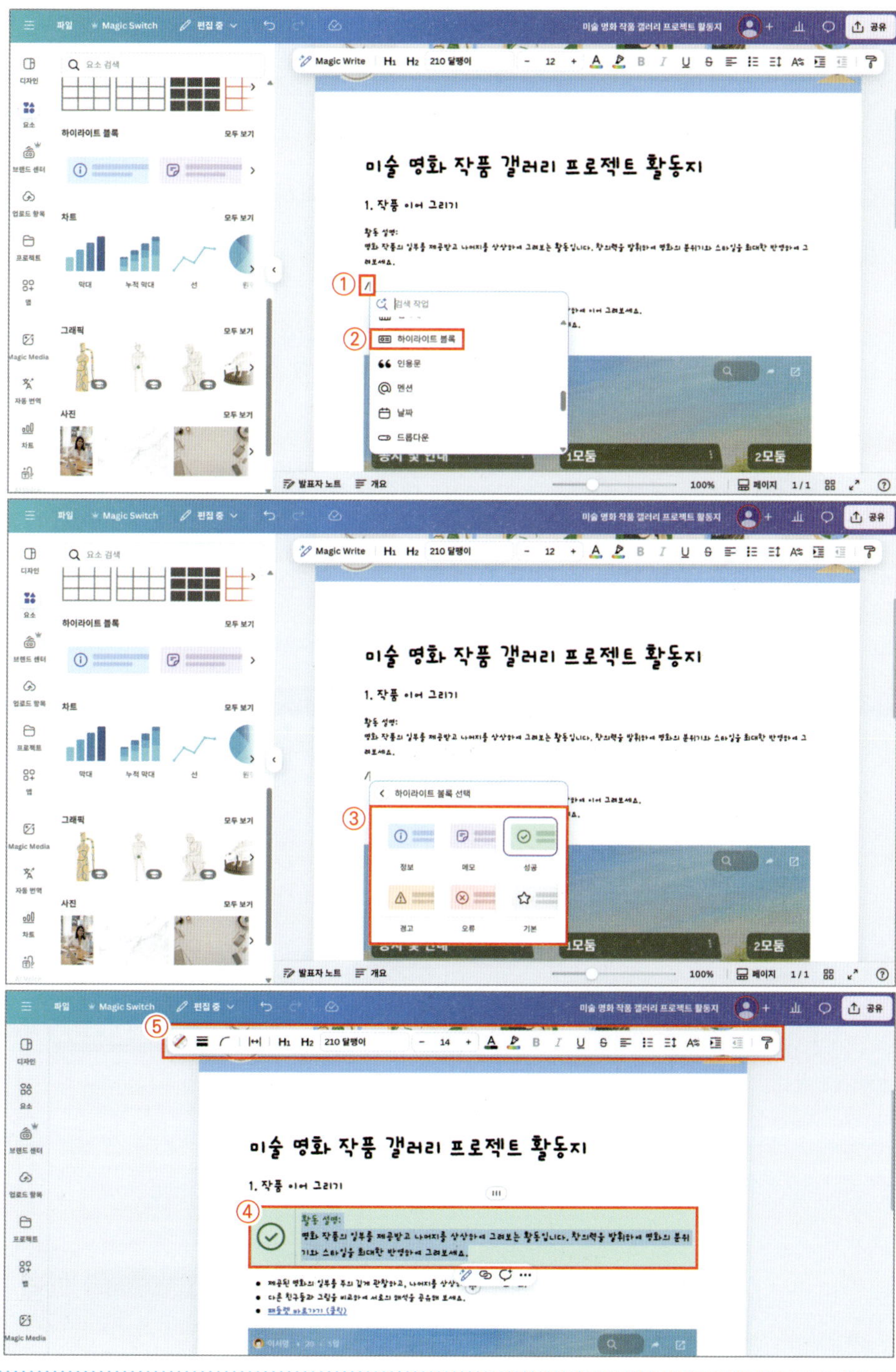

6 피드백 및 성찰 예시 문장 제시하기

☑ Magic Write로 예시를 생성한다.

> 📢 **Canva 쌤의 팁**
>
> 학생들이 피드백 및 성찰을 작성할 때 막막해하지 않도록, 교사가 [Magic Write] 기능을 활용해 예시 문장을 미리 만들어 Canva Docs에 함께 제시해 보자.

1. 상단 **에디터 툴바**의 [Magic Write] 아이콘을 클릭하여 [Magic Write]를 실행한다.

2. 다음 예시*와 같이 생성하고자 하는 텍스트를 입력한다.

3. [Magic Write]가 작성한 내용을 확인하고 [삽입]을 선택한다.

> **예시***
>
> ★ 개인별 감상 발표가 끝난 후, 각 발표에 대해 칭찬할 점, 궁금한 점, 더 알고 싶은 점 등을 포함한 상호 피드백 예시 5개 작성해 줘.
>
> ★ 이번 프로젝트를 통해 배운 점, 느낀 점, 성장한 부분을 한 문장으로 정리하는 성찰 예시 5개 작성해 줘.

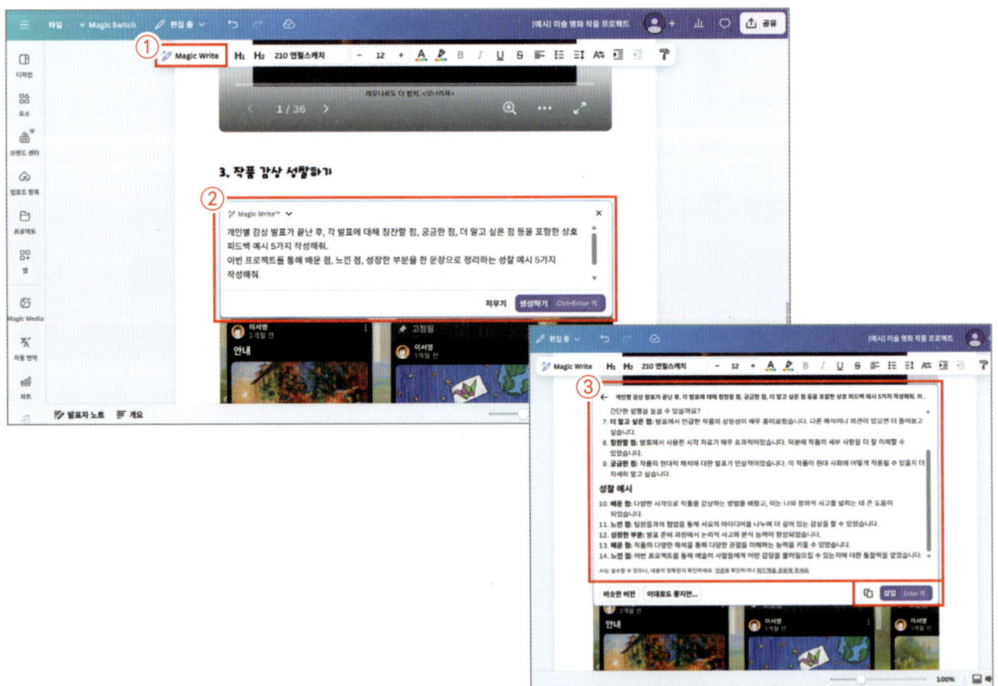

☑ 완성된 프로젝트를 반응형 문서로 손쉽게 배포한다.

1. 오른쪽 상단의 [공유]를 클릭하여 [공개 보기 링크]에서 [공개 보기 링크 만들기]
   를 선택한다. 버튼이 보이지 않으면 [모두 보기]를 선택한다.

2. [복사]를 클릭하여 생성된 링크를 복사하고 배포한다.

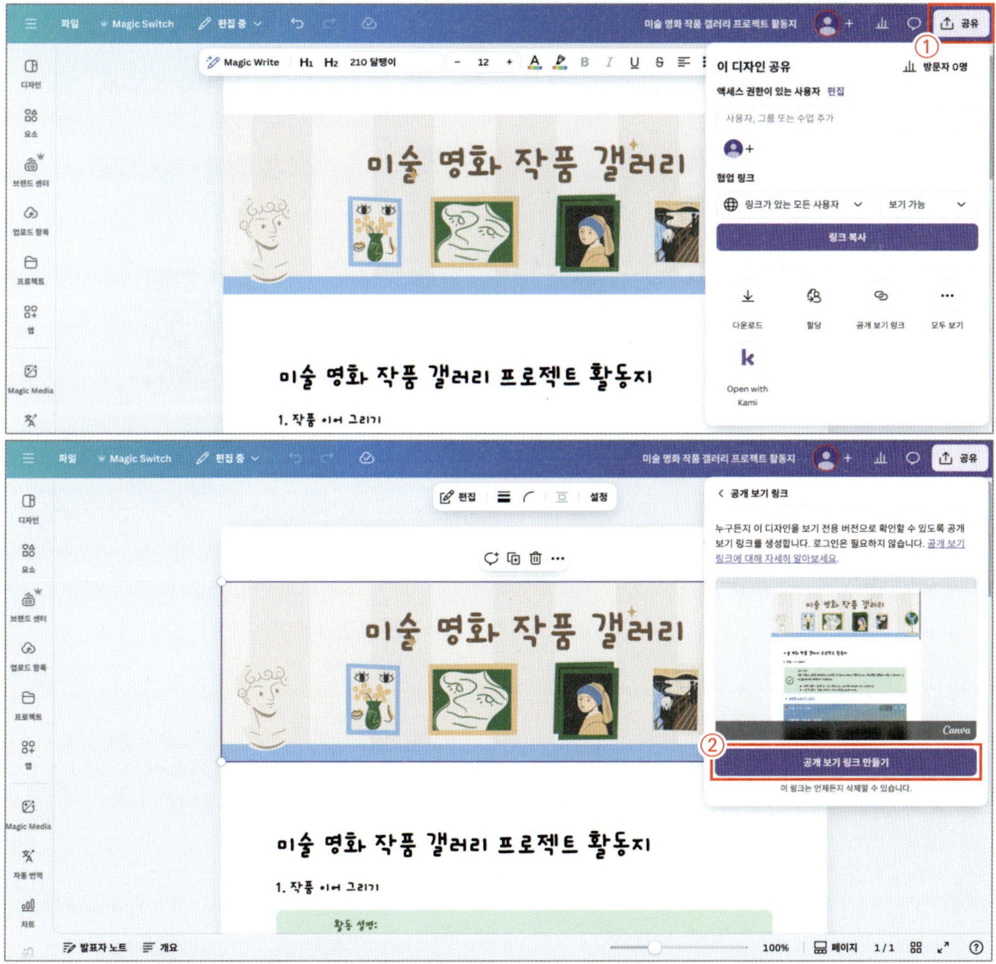

📦 수업 활용 꾸러미

☑ Padlet 감상 보드

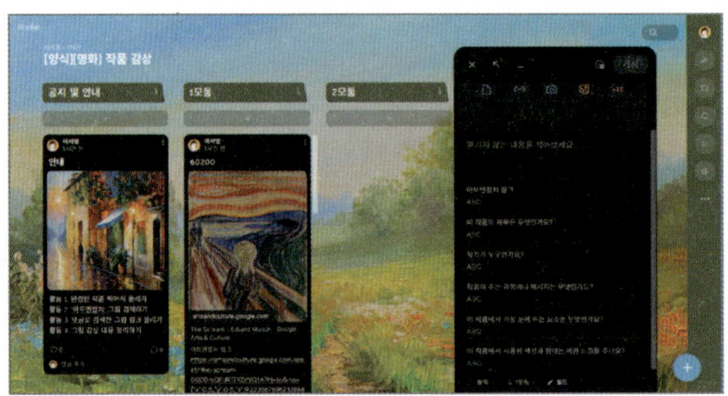

joo.is/canva3202

joo.is/canva3203

📢 Canva 쌤의 팁

Padlet 자료 활용 방법

Padlet 소유자가 복사 허용으로 공유해 주면 복사해서 사용할 수 있다.

1. 공유받은 링크에 접속한다.
2. 오른쪽 사이드 패널에서 **[이 Padlet 복제]** 아이콘을 선택한다.
3. 복사 옵션을 고른 다음, 오른쪽 상단의 **[복사]** 버튼을 누르면 내 Padlet 계정으로 복사되어 편집해서 쓸 수 있다.

** 복사 메뉴가 안 보이면, Padlet에 로그인하지 않은 상태일 수 있다. 먼저 Padlet에 로그인한 뒤 복사 버튼을 누른다.*

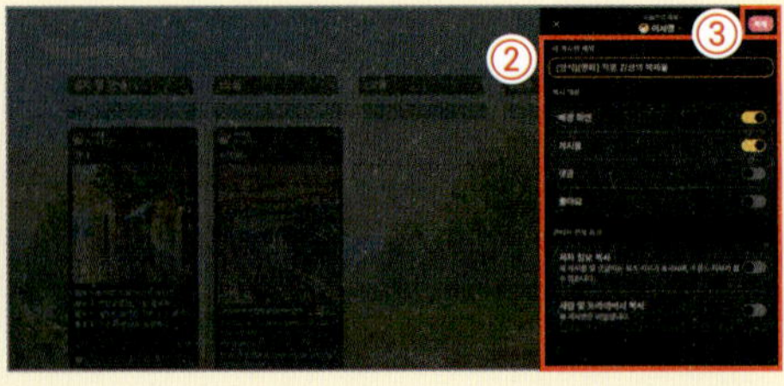

3.3.
모둠별 협업부터 포트폴리오 완성까지
Canva Docs + 웹사이트

마음껏 편집해서 사용하세요!

joo.is/canva3301

Canva Docs를 활용해 학습 결과물을 모둠별로 협업하고, 웹사이트로 세련되게 구성해 보자. 다양한 페이지와 콘텐츠를 한 문서 안에서 자연스럽게 연결하여 수업 흐름과 결과 정리가 한층 더 편리해진다.

· Docs 만들기 & Magic Write 활용

· 디자인 편집과 배너 활용

· Padlet 임베딩과 시각 자료 삽입

· 페이지 나누기 & 추가

· 콘텐츠 연결과 멀티디자인 활용

· 웹사이트 게시로 배포

Canva의 강력한 협업 기능과 웹사이트 게시 기능으로 수업 자료와 학생 결과물을 더욱 감각적이고 효율적으로 활용해 보자.

1 Docs 만들기

☑ + 디자인 만들기를 클릭한다.

1. 왼쪽 사이드에서 [Docs]를 선택한다.

2. 상단의 [빈 문서]를 선택하여 새로 작성한다.

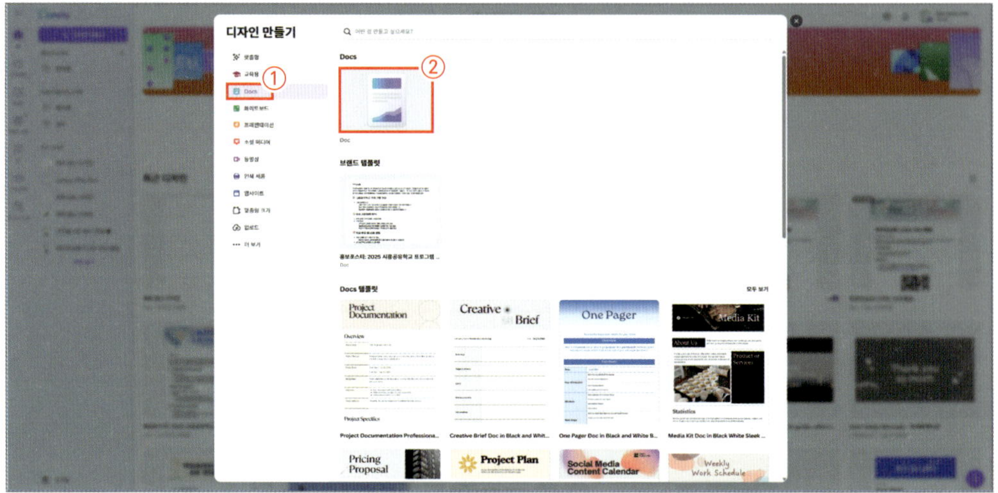

2 Magic Write로 초안 작성하기

☑ 텍스트 프롬프트를 입력하여 생성한다.

1. 상단 **에디터 툴바**의 [Magic Write] 아이콘을 클릭하거나, 본문에 "/"를 입력하여 [Magic Write]를 실행한다.

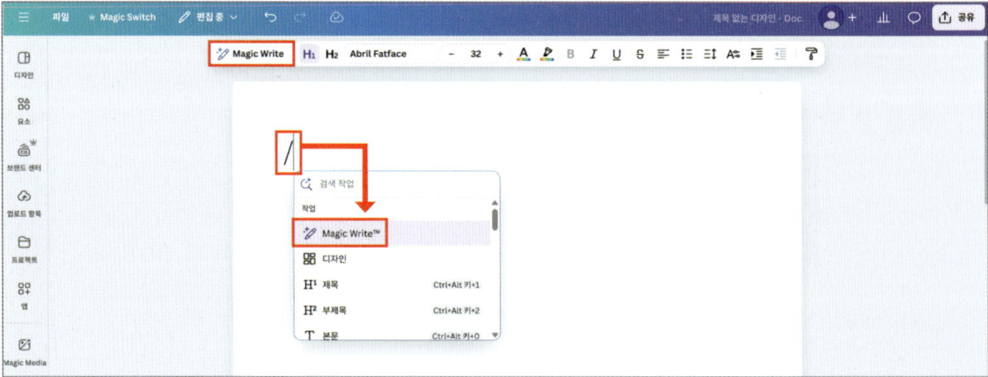

2. 다음 **예시*** 와 같이 생성하고자 하는 텍스트를 입력한다.

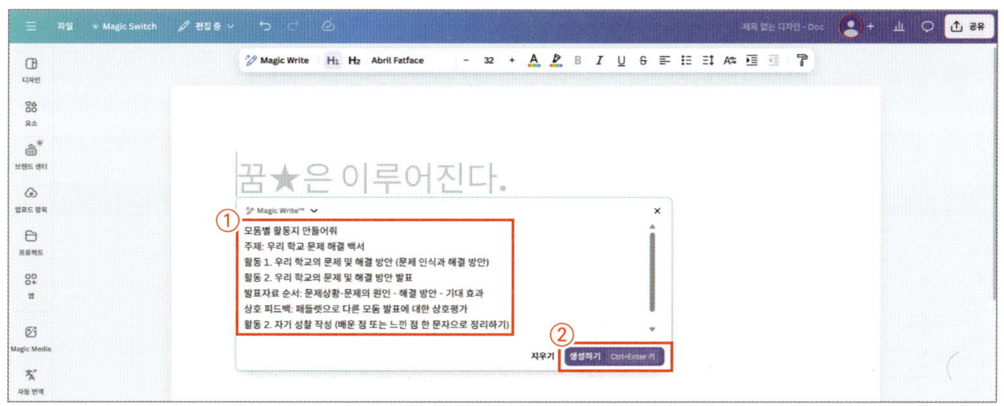

예시*

모둠별 활동지 만들어 줘.

★ 주제: 우리 학교 문제 해결 백서

★ 활동 1. 우리 학교의 문제 및 해결 방안 (문제 인식과 해결 방안)

★ 활동 2. 우리 학교의 문제 및 해결 방안 발표

　○ 발표자료 순서: 문제 상황 - 문제의 원인 - 해결 방안 - 기대 효과

　○ 상호 피드백: 패들렛으로 다른 모둠 발표에 대한 상호평가

★ 활동 2. 자기 성찰 작성 (배운 점 또는 느낀 점 한 문장으로 정리하기)

☑ 글꼴과 디자인을 편집한다.

1. 상단 **에디터 툴바**에서 제목과 본문의 글꼴, 크기, 정렬, 색상을 편집한다.

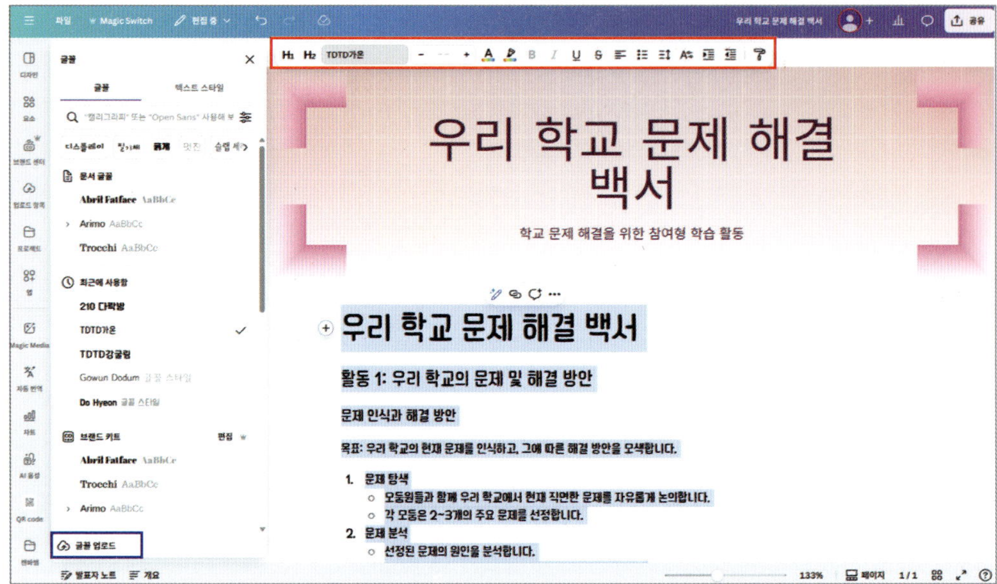

🛠 **Canva 쌤 Skill up! 글꼴 업로드**

Canva에서는 이제 사용자가 직접 원하는 글꼴(Font)을 업로드해 사용할 수 있다. 학교에서 자주 쓰는 교내 전용 서체나, 학급만의 개성 있는 폰트로 문서 디자인을 완성해 보자.

★ 업로드하는 글꼴은 반드시 상업적 이용 가능 여부와 사용 범위(저작권)를 확인하자.

★ 출처가 명확한 무료 폰트 또는 학교 안심 폰트 사용을 권장한다.

　○ 교육용 문서라도 출처가 명확한 무료 폰트 사용을 권장한다.

☑ 페이지 분위기에 어울리는 배너로 편집한다.

1. 왼쪽 **사이드 패널**의 [디자인] 탭에 자동으로 추천된 배너를 선택하여 적용한다.

2. 배너를 클릭 후 원하는 디자인을 다시 검색하여 [현재 페이지 대체]로 배너 디자인을 변경하여 편집한다.

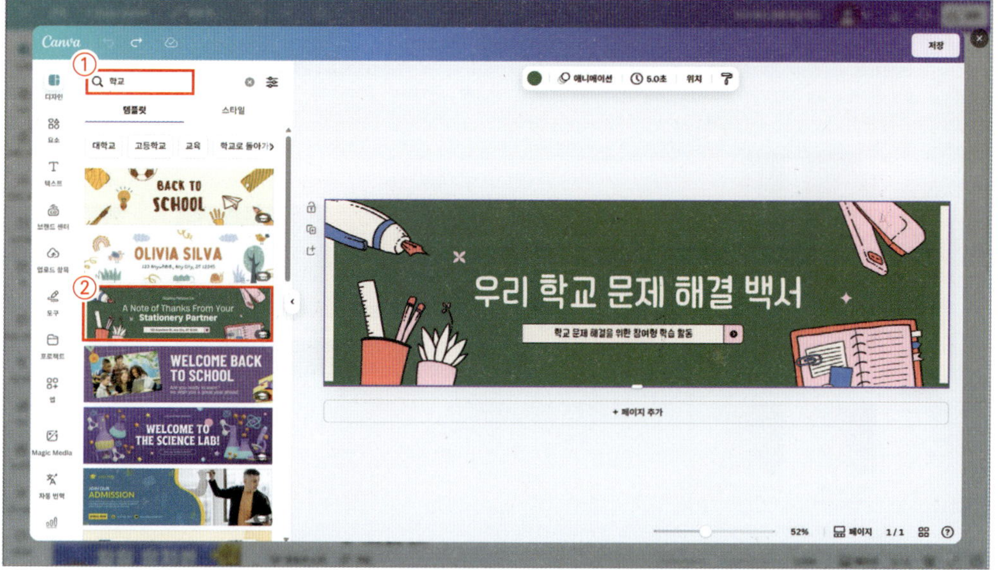

🛠️ Canva 쌤 Skill up! 배너

🟥 배너 디자인 후, 템플릿 스타일로 감각 더하기

Canva Docs에서 배너를 설정한 뒤, 상단 메뉴의 [스타일] 탭으로 이동하여 컬러 팔레트와 폰트 조합을 적용해 보자. 이렇게 하면 문서 전체가 더 세련되고 통일감 있게 정리된다.

★ 클릭 한 번으로 컬러 + 폰트 조합이 자동 적용된다.

★ 전체 페이지에 같은 분위기를 유지할 수 있어 문서 완성도가 높아진다.

★ 스타일 섬네일 위에 [셔플]을 누르면 다양한 감각적 조합을 쉽게 탐색할 수 있다.

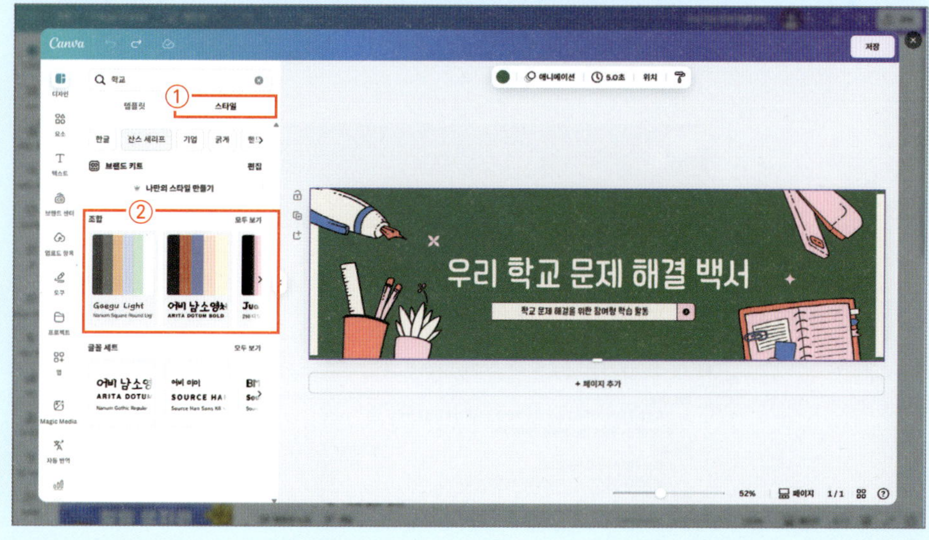

◼ 배너는 그냥 추가하지 말고, [배너로 설정] 하자!

Canva Docs에서 배너를 삽입한 뒤, 배너 우클릭 메뉴의 **[배너로 설정]**을 활성화해 보자.
이렇게 하면 웹사이트로 게시했을 때 다음과 같은 장점이 생긴다.

★ 페이지 상단에 고정되어 배너가 항상 눈에 띄게 유지된다.

★ 양옆과 위 여백 없이 꽉 차게 배치되어 시각적으로 더 깔끔하고 정돈된 느낌을 준다.

★ 전체 문서에 통일감과 전문성이 더해져 마치 한 장의 웹페이지처럼 보인다.

★ 모바일/태블릿/PC 어디서나 반응형으로 완벽하게 호환되어 흐트러짐 없이 전달된다.

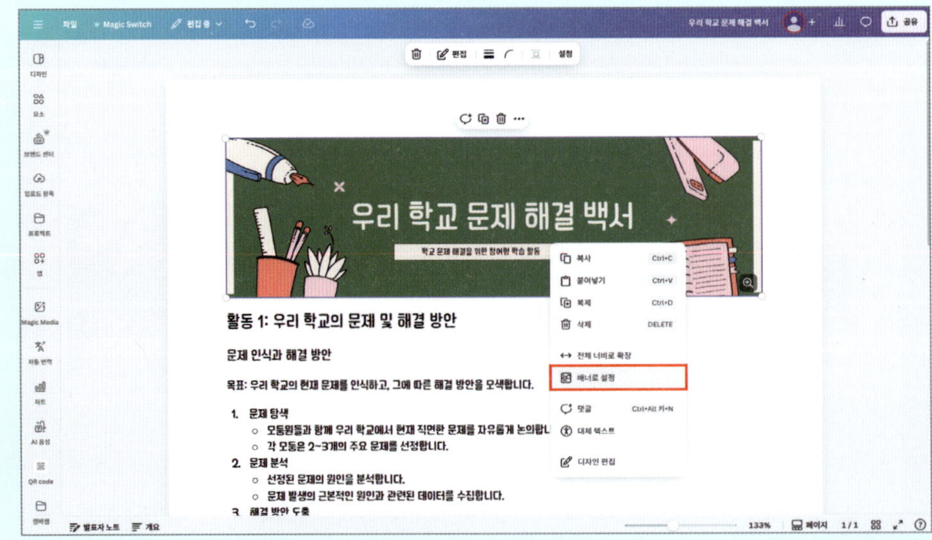

4 시각 자료 삽입하기

☑ 하이라이트 블록으로 활동 설명을 강조한다.

1. **사이드 패널**의 **[요소]** 탭을 선택한 후, **하이라이트 블록**의 **[모두 보기]**를 선택한다.

2. 블록을 선택하여 삽입 후, 텍스트를 입력한다. **에디터 툴바**에서 글꼴, 크기, 색상 등의 서식을 편집한다.

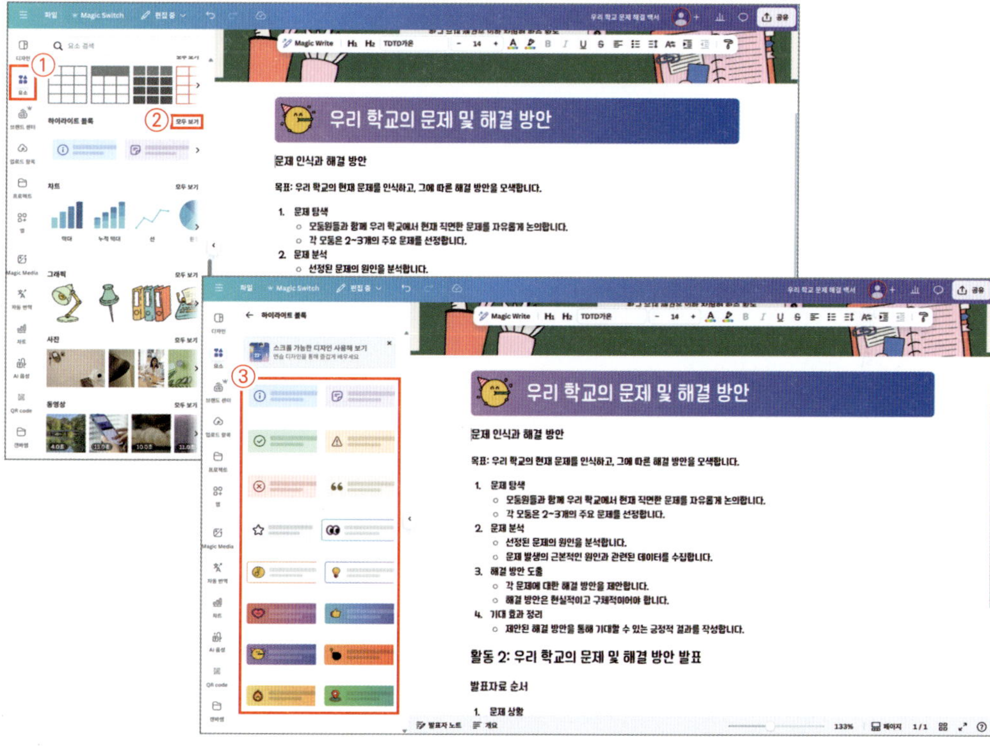

5 Padlet 임베드하기

☑ Padlet을 임베드한다.

1. Padlet에서 공유하고 싶은 보드를 연 뒤 상단 메뉴에서 [공유] → [공유] → [게시판으로 링크 복사]를 클릭한다.

2. 복사한 Padlet 링크를 Canva Docs 본문에 직접 붙여 넣으면 문서 안에 임베드된다.

6 페이지 나누기

☑ 활동별로 페이지를 나눈다.

📢 **Canva 쌤의 팁**
[페이지 나누기] 기능을 활용해 문서를 활동 단위로 깔끔하게 분리할 수 있다. 페이지를 나누면 각 활동이 독립된 단원처럼 정리되어 웹사이트로 게시할 때도 훨씬 보기 좋고, 찾기도 쉬워진다.

1. 본문에 "/"를 입력한 후 [페이지 나누기] 옵션을 선택하면 해당 지점을 기준으로 새 페이지가 생성된다.

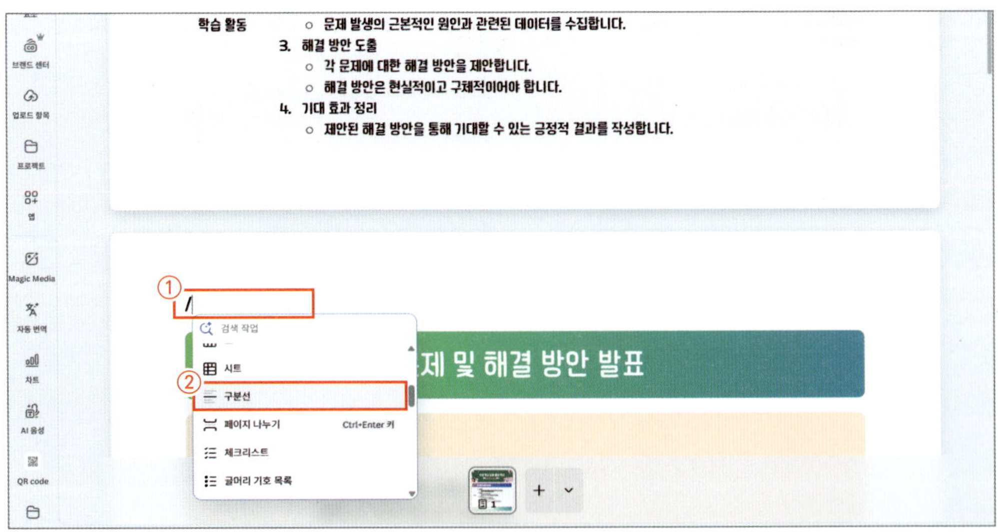

☑ 모둠별 협업 페이지를 만든다.

> **▶ Canva 쌤의 팁**
>
> 한 문서 안에 여러 페이지를 추가해 모둠별로 구분된 협업 공간을 만들 수 있다. 모둠마다 주제가 다를 때, 각자 페이지를 나눠 자유롭게 기록하도록 구성해 보자.

1. 하단 메뉴에서 **[페이지]** 버튼을 클릭한다.

2. 생성한 기본 페이지의 **[…]** 버튼을 선택한 후, **[페이지 복제]** 버튼을 클릭하여 모둠 수만큼 복사한다.

3. 각 페이지의 **[…]** 버튼을 클릭하여 페이지 이름을 변경한다.

4. 완성된 각 페이지를 모둠별로 안내하고, 학생들이 자신의 모둠 페이지로 들어가 기록할 수 있도록 협업 위치를 미리 지정한다.

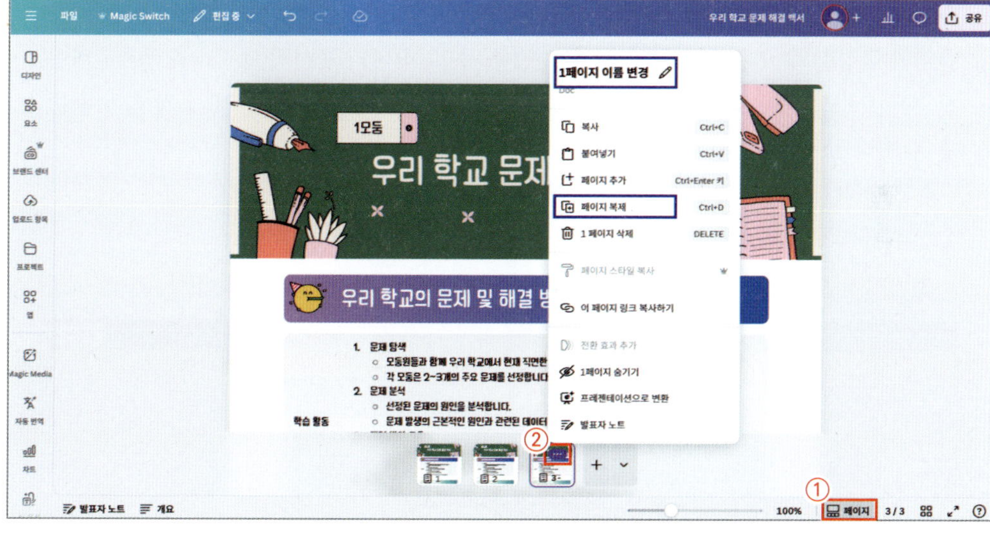

1장　2장　3장　4장　5장　6장　7장

🟥 페이지 링크 복사로 원하는 위치 바로 안내하기!

Canva의 페이지 링크 복사하기 기능은 디자인 안의 특정 페이지로 바로 이동할 수 있는 직접 링크(URL)를 만드는 기능이다. 이 기능을 활용하면, 모둠원, 동료 교사, 학생에게 "이 페이지만 봐주세요!"라는 의미로 대상과 페이지를 바로 지정해서 공유할 수 있어서 협업 시 매우 유용하다.

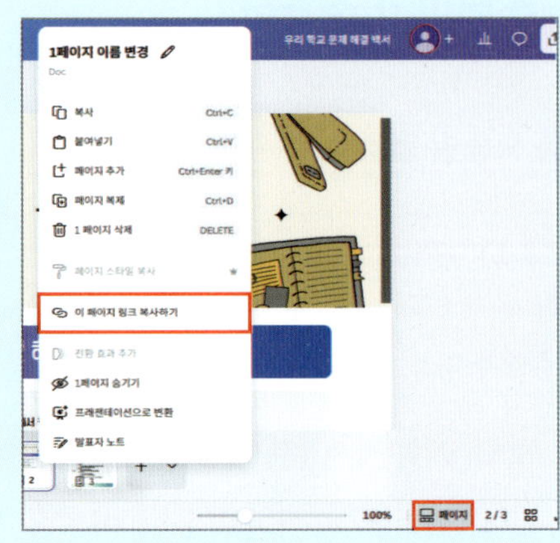

1. 하단 메뉴에서 [페이지] 버튼을 클릭한다.
2. 복사할 페이지 섬네일 우클릭 메뉴에서 [이 페이지 링크 복사하기]를 선택한다.
3. 복사된 링크를 채팅, 문서, 메일 등 원하는 위치에 붙여 넣어 공유한다.

🟥 페이지 유형 추가로 한 문서 안에 다양한 디자인 완성하기!

Canva의 멀티 디자인(페이지 유형 추가) 기능은 하나의 프로젝트 안에 여러 디자인 유형을 혼합하여 구성할 수 있는 강력한 기능이다. 예를 들어, 하나의 문서 안에 Docs, 프레젠테이션, 화이트보드, 비디오, 소셜 카드, 웹페이지 등을 필요한 목적에 맞게 자유롭게 섞어 활용할 수 있다.

1. 하단 메뉴에서 [페이지]를 선택한 후 [페이지 유형 추가]를 클릭한다.
2. 원하는 디자인 유형(예: 프레젠테이션, 화이트보드 등)을 선택해 추가한다.
3. [⋯] 버튼을 클릭하면 맞춤 크기나 더 다양한 유형을 검색해 넣을 수 있다.

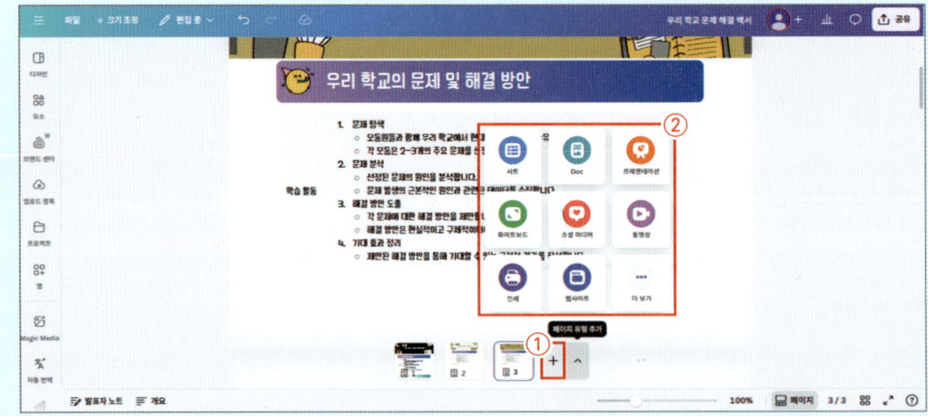

■ 그리드 보기로 협업 모니터링

★ Canva Docs에서 페이지가 여러 개로 나뉘어 있을 때, 하단 메뉴에서 **[그리드 보기]**를
선택하면 모든 페이지를 섬네일 형식으로 한눈에 확인할 수 있다.

★ 각 모둠별 페이지가 잘 채워지고 있는지, 누가 기록이 잘되고 있는지를 빠르게 모니터
링할 수 있다. 특히 교사의 피드백이 필요한 모둠을 빠르게 찾는데 유용하다.

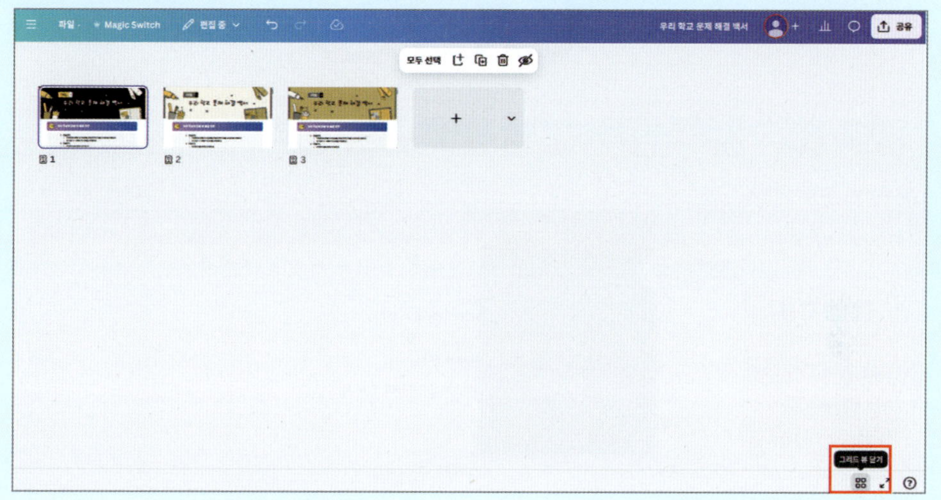

8 콘텐츠 연결하기

☑ 모둠별 학생 활동지를 게시한다.

> ■▶ **Canva 쌤의 팁**
>
> Canva에서는 한 프로젝트 안에서 제작한 다양한 콘텐츠를 연결해 하나의 활동 페이지처럼
> 구성할 수 있다. 학생들이 작성한 Canva Docs 활동지, Canva 프레젠테이션, Canva 동영
> 상까지 Canva Docs에 삽입하는 방식으로 한 문서 안에 통합해 정리할 수 있다.

1. 모둠별 개별 활동지(Canva 프레젠테이션) **'활동지 A'**의 링크를 복사한다.

2. **'활동지 B'**에 **복사한 '활동지 A'의 링크**를 붙여 넣는다. 발표 결과물을 포트폴리오
형태로 정리하여 활용할 수 있다.

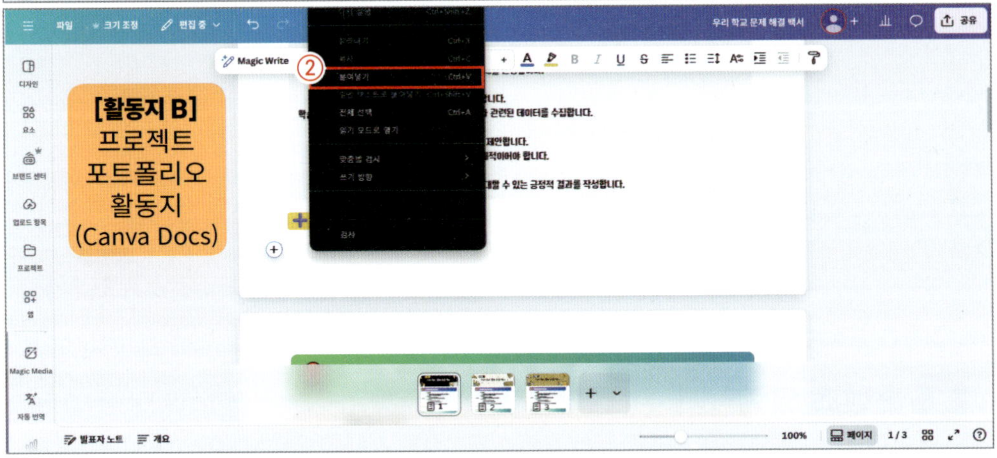

[활동지 A]
모둠별 개별
활동지
(Canva
프레젠테이션)

[활동지 B]
프로젝트
포트폴리오
활동지
(Canva Docs)

⚒ Canva 쌤 Skill up! 프레젠테이션 동영상 변환

프레젠테이션을 동영상으로 변환해 영상 자료까지 한 번에!

★ Canva에서는 만든 프레젠테이션을 동영상 디자인으로 변환한 뒤, 바로 이어서 동영상 편집 기능까지 활용할 수 있다. 이 기능을 활용해 프레젠테이션을 발표 자료만으로 남기지 말고, 영상 콘텐츠로 업그레이드해 보자.

★ 변환된 영상에서는 슬라이드 길이 조절, 화면 전환 타이밍, 오디오 삽입 등도 손쉽게 할 수 있다.

1. 상단 메뉴에서 [크기 조정(Resize)]을 클릭한다.

2. [동영상(Video)] 디자인 유형을 선택하면 기존 프레젠테이션이 그대로 영상 디자인으로 변환된다.

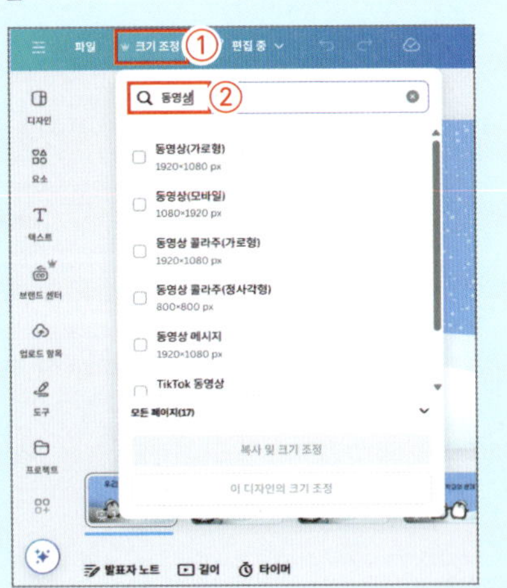

웹게시 및 배포하기

☑ 완성된 프로젝트 문서를 웹사이트로 만들어 공유한다.

> 📢 **Canva 쌤의 팁**
>
> Canva Docs는 작성된 문서를 웹사이트 형태로 바로 게시하여 다른 사람들과 링크로 손쉽게 공유할 수 있다. 학생 작품 전시, 학급 활동 소개, 수업 공유 등에 매우 유용하게 활용할 수 있다.

1. 오른쪽 상단의 [**공유**] 버튼을 클릭하여 [**웹사이트**]를 선택한다. 버튼이 보이지 않으면 [**모두 보기**]를 선택한다.

2. [**게시**] 버튼을 클릭하여 웹사이트를 게시한다.

3. 생성된 링크를 복사하고 배포한다.

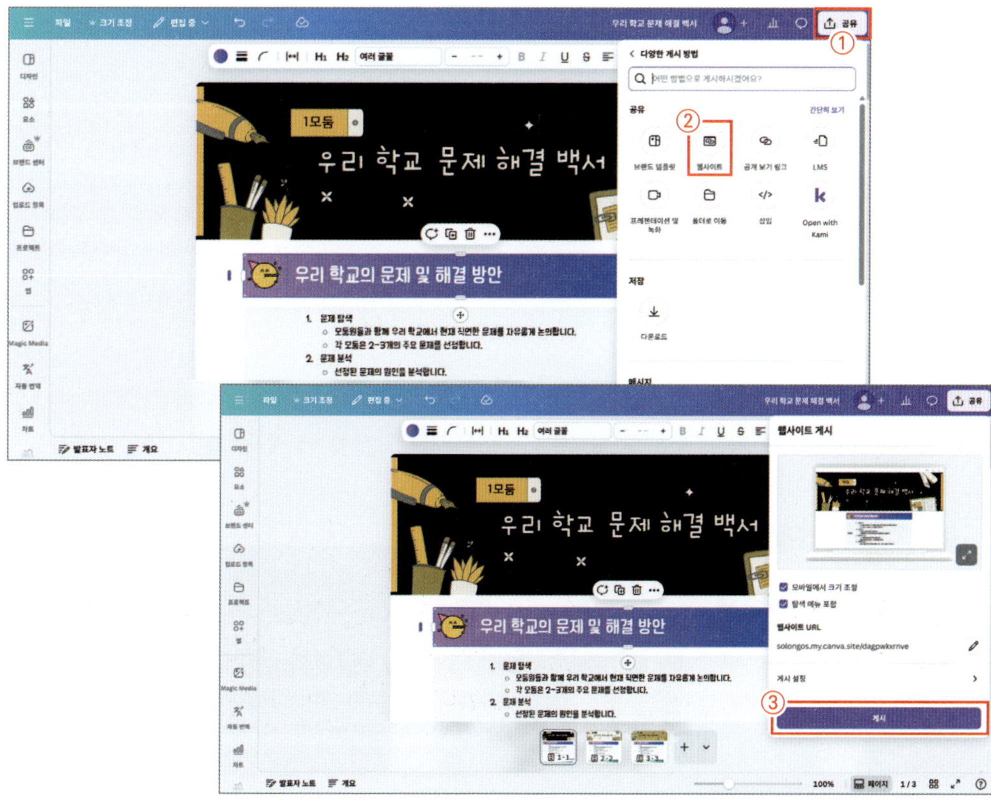

🛠️ Canva 쌤 Skill up! 웹사이트 게시

■ 공개 보기 링크 vs 웹사이트 게시, 언제 쓸까?

★ 공개 보기 링크는 프레젠테이션, 문서, 영상 등을 단순히 보기 전용으로 공유할 때 좋다. 별도의 설정 없이 링크만 전달하면 바로 열람할 수 있다.

★ 웹사이트 게시는 디자인을 정식 웹사이트처럼 구성해 보여 주고 싶을 때 유용하다. 웹사이트 주소(URL)가 생성되고, 사이트 설명, 파비콘, 검색 노출 여부 등 추가 설정이 가능하다.

★ 예를 들어, 가정통신문이나 수업 자료 안내는 [공개 보기 링크]로, 여러 페이지로 구성된 학급 행사 소개나 프로젝트 결과물 전시는 [웹사이트 게시]로 공유하면 활용도와 몰입도를 높일 수 있다.

■ 웹사이트 게시, 몇 개까지 가능할까?

★ 무료 Canva 사용자

○ 무료 도메인을 기반으로 최대 5개의 라이브 웹사이트를 만들 수 있다.

○ 더 만들고 싶다면 도메인을 구매하거나 Canva Pro로 업그레이드해야 한다.

★ 교육용 Canva 사용자

○ 무료 도메인으로 웹사이트를 무제한 게시할 수 있다.

○ 단, 기존 도메인(맞춤형 도메인 포함)은 한 번에 1개만 연결할 수 있다.

○ 도메인을 직접 구매해 웹사이트에 연결하거나, 기존 도메인 연결을 해제하고 다른 사이트와 다시 연결할 수 있다.

■ 탐색 메뉴도 사용해 보자.

★ 탐색 메뉴는 웹사이트 상단에 표시되는 메뉴로, 방문자가 사이트의 여러 페이지나 섹션을 쉽게 이동할 수 있도록 도와준다. 긴 문서를 구성할 때 사용하면 사이트가 훨씬 보기 좋아진다.

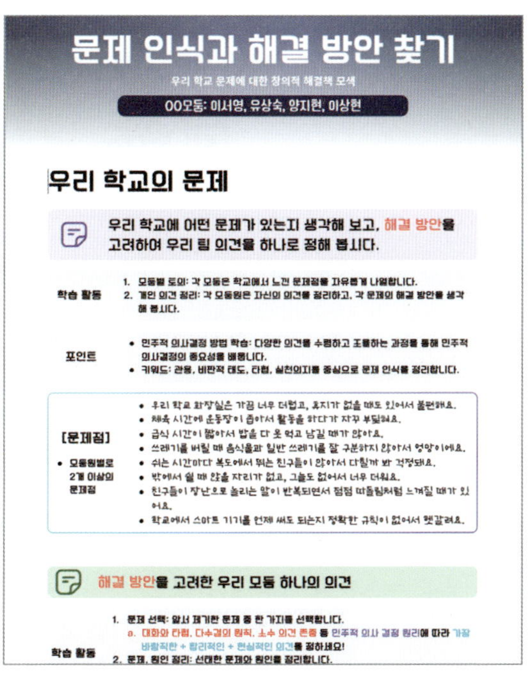

**마음껏 편집해서
사용하세요!**

Canva Docs

joo.is/canva3302

**마음껏 편집해서
사용하세요!**

Padlet

joo.is/canva3303

**마음껏 편집해서
사용하세요!**

Canva 프레젠테이션

joo.is/canva3304

joo.is/canva3305

📢 Canva 쌤의 팁

★ [템플릿 링크] 공유 자료 활용 방법

Canva Docs 디자인을 제외한 대부분의 Canva 디자인(프레젠테이션, 동영상 등)은 [템플릿 링크]로 공유가 가능하다. [템플릿 링크]로 공유받은 디자인은 링크에 접속하면 바로 사본을 생성하여 편집할 수 있다.

1. 공유받은 링크에 접속한다.

2. [템플릿을 사용해 새 디자인 만들기] 버튼을 누르면 내 Canva 계정으로 복사되어 편집해서 쓸 수 있다.

   [파일] 메뉴에서 바로 복사가 안 된다면, Canva에 로그인하지 않은 상태일 수도 있다. 먼저 Canva에 로그인한 뒤 [복사] 버튼을 누른다.

4장

Canva 공유 및 과제 수합 꿀 기능

수업 자료를 만들고 나면 그다음으로 중요한 일은 바로 **효율적인 공유**와 **과제 관리**이다. 자료를 학생들에게 어떻게 전달할지, 또 제출된 과제를 어떻게 관리할지 고민되는 순간이 자주 생긴다.

Canva에서는 이러한 과정을 한결 수월하게 해 주는 **공유 기능**과 **과제 관리 기능**을 제공한다. 링크를 통해 간편하게 공유하거나, 웹사이트 형태로 게시하여 접근성을 높일 수 있고, QR코드 생성, 프레젠테이션 변환, 파일 다운로드 등 다양한 방식으로 활용할 수 있다. 또한, 과제 관리 기능을 활용하면 학생 그룹 구성부터 과제 배포, 제출 확인, 피드백 제공까지 한 번에 처리할 수 있어 **학급 운영의 효율성**을 높일 수 있다.

이번 장에서는 Canva의 공유 기능과 과제 관리 기능이 실제 수업과 학급 운영에 어떻게 활용될 수 있는지 함께 살펴보자.

☑ Canva 공유 기능 톺아보기

링크 공유, 이메일 지정 공유, QR코드 활용, 웹사이트 게시 등 다양한 방식의 유연한 자료 공유 방법을 익혀 본다.

☑ Canva로 똑똑하게 과제 관리하기

그룹 만들기, 과제 배포와 실시간 제출 확인, 외부 플랫폼 연동까지 포함한 스마트한 과제 관리 기능을 살펴본다.

4.1.
Canva 공유 기능 톺아보기
공유는 쉽고, 전달은 정확하게

Canva의 다양한 공유 기능을 활용해 수업과 업무 자료를 효율적이고 유연하게 관리하자. 링크 공유부터 웹사이트 게시까지, Canva의 직관적인 기능을 통해 자료를 쉽고 깔끔하게 배포할 수 있다.

- **링크로 간편 공유:** 편집, 댓글, 보기 전용 등 다양한 권한 설정 가능
- **이메일로 특정 사용자 공유:** 이메일로 직접 지정한 사용자에게 안전하게 전달
- **템플릿 링크 배포:** 사본 제작으로 원본 디자인 보호, 개별 작업 편리
- **공개 보기 링크:** 빠르고 손쉬운 보기 전용 공유
- **웹사이트로 게시:** 웹사이트 형태로 디자인을 게시하여 접근성과 몰입도 향상
- **QR코드로 공유:** 디자인 및 콘텐츠 링크를 QR코드로 간편하게 제공
- **파일 형식 다운로드:** 다양한 용도에 맞는 파일 형식으로 저장 및 배포
- **프레젠테이션으로 발표:** 수업이나 업무 발표 시 전체 화면, 발표자 보기, 자동 재생 등 맞춤형 발표 지원

Canva의 공유 기능을 통해 보다 쉽고 효과적인 소통을 경험해 보자.

> 📢 **Canva 쌤의 팁**
>
> Canva의 공유 기능은 디자인 유형에 따라 제공 여부가 달라질 수 있다. 예를 들어, 템플릿 링크 기능은 Canva Docs에서는 제공되지 않는다.

과제 안내, 가정통신문, 학습 자료 등을 링크로 간편하게 전달할 때 유용한 기능이다.
편집, 댓글, 보기 전용 등 다양한 형태로 공유할 수 있다.

1. [공유] 버튼을 클릭한다.

> **방법1** 공유하고 싶은 파일을 열어 상단의 [공유] 버튼을 클릭한다.

> **방법2** Canva 홈페이지나 폴더에서 공유하고 싶은 디자인을 찾아 미리 보기
> 화면에서 […] 메뉴를 열고 [공유] 버튼을 클릭한다.

2. 드롭다운 메뉴에서 공유 대상을 선택한다.

- **본인만 액세스 가능**: 본인만 접근 가능

- **내 팀만 액세스 가능**: 팀(수업) 구성원만 접근 가능

- **링크가 있는 모든 사용자**: 누구나 링크로 접근 가능

3. 권한 유형을 선택한다.

- **편집 가능**: 공동 편집 가능
- **댓글 가능**: 댓글만 작성 가능
- **보기 가능**: 보기만 가능

4. 복사한 링크를 원하는 채널(이메일, Google 클래스룸, 하이러닝 등)에 공유한다.

2 **이메일로 특정 사용자와 공유하기**

이메일 주소를 사용하여 특정 사용자와 디자인을 안전하게 공유할 수 있다. 편집, 댓글, 보기 전용으로 권한을 설정하여 공유한다.

1. **[공유]** 버튼을 클릭한다.

   방법 1 공유하고 싶은 파일을 열어 상단의 **[공유]** 버튼을 클릭한다.

   방법 2 Canva 홈페이지나 폴더에서 공유하고 싶은 디자인을 찾아 미리 보기 화면에서 **[…]** 메뉴를 열고 **[공유]** 버튼을 클릭한다.

2. 상단의 입력란에 공유할 사용자의 이메일 주소를 입력한다.

   • 여러 명 입력할 경우 쉼표(,)로 구분한다.

   • 팀에 속한 사용자는 이름 검색으로도 추가할 수 있다.

3. 드롭다운 메뉴에서 권한 유형을 선택한다.

   • **편집 가능:** 공동 편집 가능

   • **댓글 가능:** 댓글만 작성 가능

   • **보기 가능:** 보기만 가능

4. **[공유]** 버튼을 클릭한다.

5. 디자인 링크는 원하는 채널(이메일, Google 클래스룸, 하이러닝 등)에 공유할 수 있으며, 공유받은 사용자는 Canva 홈페이지 알림, 프로젝트 메뉴, 또는 이메일을 통해 확인할 수 있다.

3 [템플릿 링크]로 디자인 배포하기

동일한 템플릿을 복사하여 개별 작업이 가능하도록 배포할 때 유용한 기능이다. 원본 디자인을 수정하지 않고 사본을 만들어 자유롭게 편집할 수 있다. 템플릿 링크 생성 및 공유 기능은 Canva Pro, Canva Business, Canva Enterprise, 교육용 Canva, 비영리 조직용 Canva 사용자에게만 제공된다.

1. 상단 **[공유]** 버튼을 클릭한다.

2. 공유 메뉴에서 **[모두 보기]**를 선택한다.

3. **[템플릿 링크]**로 공유 옵션을 선택한다. 버튼이 보이지 않으면 **[모두 보기]**를 선택한다.

4. 생성된 링크를 복사해 공유한다.

5. 공유받은 링크를 열어 **[템플릿을 사용해 새 디자인 사용하기]** 버튼을 눌러 사본을 생성한 뒤 작업할 수 있다.

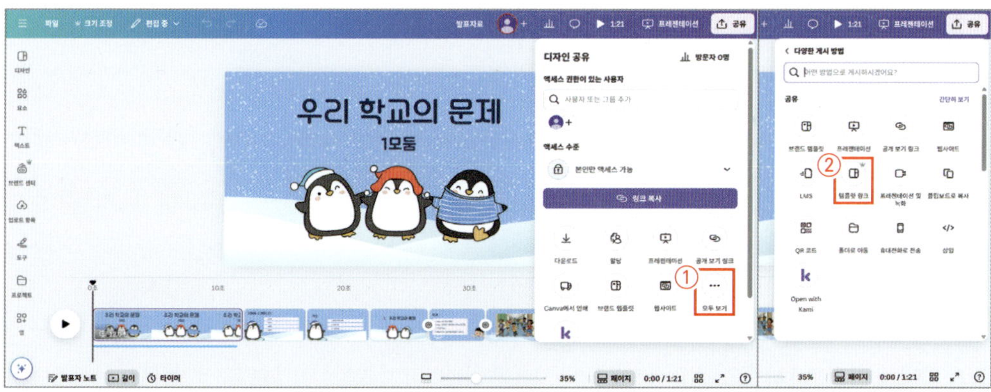

4 [공개 보기 링크]로 공유하기

학부모 가정통신문이나 과제 안내 자료를 보기 전용으로 공유할 때 유용한 기능이다. 공개 보기 링크를 생성하면 누구나 디자인을 열람할 수 있으며, 필요할 때 링크를 삭제하거나 권한을 변경하여 다시 비공개로 설정할 수 있다.

1. 상단의 [공유] 버튼을 클릭한다.

2. 공유 메뉴에서 [공개 보기 링크]를 선택한다. 버튼이 보이지 않으면 [모두 보기]를 선택한다.

3. [공개 보기 링크 만들기] 버튼을 클릭한다.

4. 생성된 링크를 복사하려면 [복사] 버튼을 클릭한다.

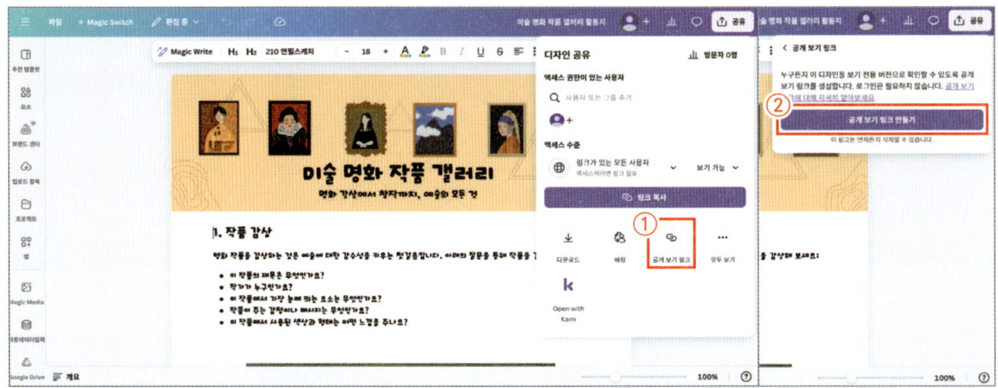

5 [웹사이트 게시]로 공유하기

Canva 디자인을 웹사이트 형태로 쉽게 게시할 수 있는 기능이다. 과제 안내, 프로젝트 결과물, 학급 행사 안내 등을 웹사이트 주소(URL)로 만들어 누구나 보기 편하게 공유할 수 있다.

1. 상단의 [공유] 버튼을 클릭한다.

2. [웹사이트 게시] 옵션을 선택한다. 버튼이 보이지 않으면 [모두 보기]를 선택한다.

3. 웹사이트 게시 설정을 편집한다.

   · 웹사이트 URL 설정: 웹사이트 고유 URL(주소) 설정, 기본 URL 뒤에 사용자 지정 경로 입력 가능

• 게시 설정

▶ **브라우저 탭 미리 보기:** 브라우저 탭에서 표시되는 웹사이트 제목과 즐겨찾기 아이콘 설정

▶ **웹사이트 설명:** 검색 결과 화면에서 웹사이트 제목과 URL 아래에 표시되는 설명 문구 설정

▶ **고급 설정**

  - **비밀번호 보호 비활성화:** 비밀번호 설정으로 웹사이트 접근 제한

  - **검색 엔진 보기 비활성화:** 검색 엔진 노출 차단

  - **링크 미리 보기가 비활성화됨:** 소셜 플랫폼에서 미리보기 차단

4. **[게시]** 버튼 클릭 후, 생성된 링크를 복사해 배포한다.

5. 게시 후 수정은 **[디자인 편집]** 버튼으로 가능하다. 단, 수정 후에는 반드시 다시 **[재게시]**해야 변경 내용이 적용된다.

🛠 **Canva 쌤 Skill up! 디자인 분석**

★ Canva의 디자인 분석(Analytics) 기능을 사용하면 방문자 수나 외부 트래픽 같은 다양한 활동 데이터를 시각적으로 확인할 수 있다.

★ 공개 보기 링크나 웹사이트로 공유한 디자인의 방문자 현황도 한눈에 볼 수 있다.

1. 상단 메뉴에서 **Analytics (차트/그래프 아이콘)** 클릭한다.

2. 인사이트 화면 열어 분석 데이터를 확인한다.

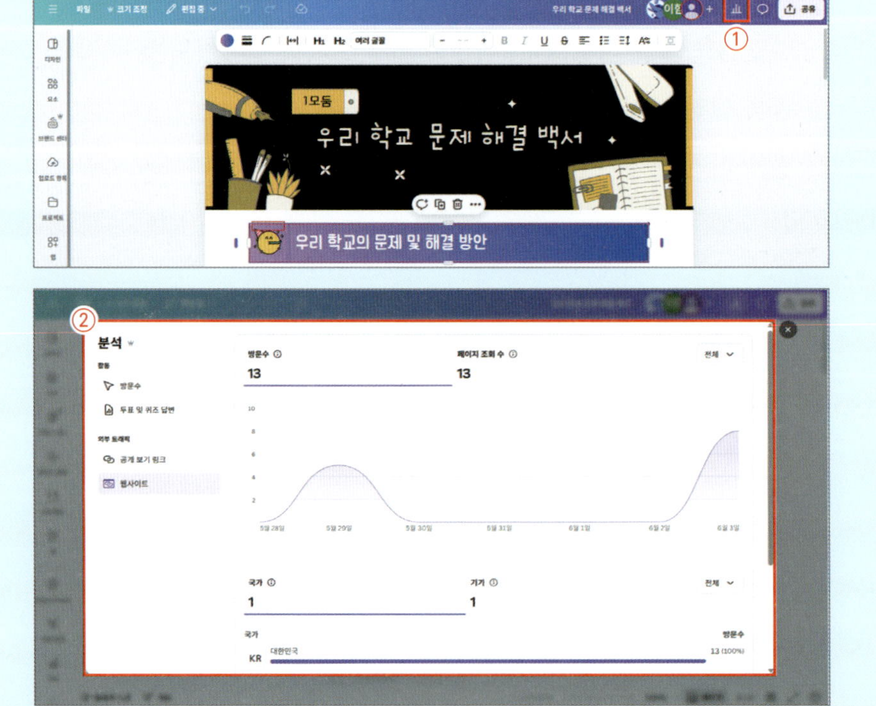

6 **[QR코드]로 공유하기**

Canva의 QR코드 기능을 활용하면 원하는 링크를 QR코드로 만들어 손쉽게 자료를 공유할 수 있다. 공개 보기 링크, 웹사이트 게시 링크, 편집 링크 등 다양한 링크를 연결할 수 있으며, 각 콘텐츠의 페이지를 선택하여 QR코드에 미리보기 이미지까지 함께 넣을 수 있다.

1. 상단 **[공유]** 버튼을 클릭한다.

2. **[QR코드]**를 선택한다. 버튼이 보이지 않으면 **[모두 보기]**를 선택한다.

3. QR코드 설정을 편집한다.

   · URL: QR코드에 연결할 링크(URL)를 입력하는 항목

   · 페이지 선택: QR코드 미리보기 이미지에 표시할 페이지 선택

4. **[QR코드 생성하기]** 버튼을 클릭하여 생성된 QR코드 이미지를 다운로드하여 활용한다.

🛠 **Canva 쌤 Skill up! QR코드**

[앱] QR코드 vs [공유] QR코드

★ [앱] QR코드

　○ 원하는 외부 사이트 URL을 입력해 QR코드 이미지를 생성하는 기능이다.

　○ QR코드 이미지를 Canva 디자인 안에 바로 삽입해서 사용한다.

　○ 주로 외부 사이트, 설문지, Padlet, YouTube 영상 등을 연결할 때 사용한다.

★ **[공유]** QR코드

  ○ Canva 디자인(공개 보기 링크, 웹사이트 게시, 편집 링크 등)를 QR코드로 공유할 수 있는 기능이다.

  ○ 공유할 링크 유형을 선택하고, 페이지까지 지정해 QR코드를 생성한다.

  ○ 미리보기 이미지가 포함된 QR코드가 생성되어 행사 포스터, 가정통신문, 학습 자료 등에 직접 배포하기 좋다.

7 파일 형식으로 다운로드하기

과제, 포스터, 안내문 등은 목적에 맞는 파일 형식으로 다운로드하여 활용할 수 있다. Canva에서는 디자인에 따라 다양한 파일 형식으로 저장할 수 있다.

1. 상단의 **[공유]** 버튼을 클릭한다.

2. **[다운로드]**를 선택한다. 버튼이 보이지 않으면 **[모두 보기]**를 선택한다.

3. 다운로드 설정을 편집한다.

  · 파일 형식: PDF, PNG, JPG, MP4 등

    ** 디자인 형식에 따라 선택 가능한 파일 형식이 달라질 수 있다.*

  · 페이지 선택: 전체 선택 또는 일부 페이지 선택 가능

4. **[다운로드]** 버튼을 클릭하여 파일을 저장하고, 필요한 용도에 맞게 공유한다.

8 [프레젠테이션]으로 발표하기

수업 발표나 안내 시 Canva의 프레젠테이션 기능을 활용하면 디자인을 전체 화면으로 재생하거나 발표자 메모와 함께 발표할 수 있다. 또한, 수업 내용을 녹화하여 학습 자료로 공유하는 데에도 유용하다.

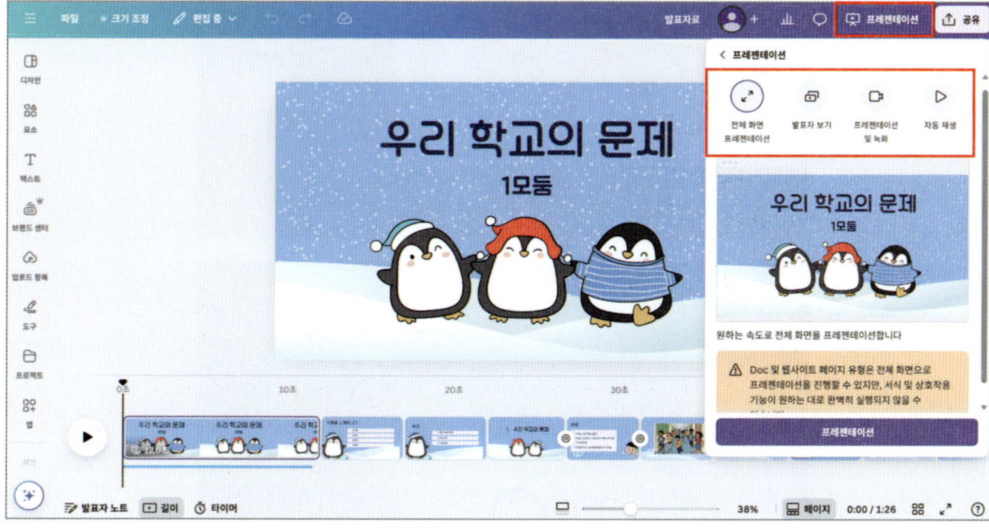

1. 상단의 [프레젠테이션] 버튼을 클릭한다.

2. 프레젠테이션 모드를 선택한다.

- **전체 화면 프레젠테이션:** 전체 화면으로 슬라이드 재생

- **발표자 보기:** 발표자 메모와 함께 슬라이드 진행

- **프레젠테이션 및 녹화:** 발표 화면을 영상으로 녹화

  ▶ **녹화 영상** 다운로드 후 파일로 공유 가능

  ▶ **녹화 영상** 공개 보기 링크로 공유 가능

- **자동 재생:** 슬라이드가 자동으로 재생

실시간 발표를 더 효과적으로 만드는 유용한 기능

수업 발표나 학부모 설명회 등 실시간 발표 시 사용할 수 있는 기능이다. 적절히 활용하면 발표 몰입도와 참여도를 높일 수 있다!

★ Canva 라이브

  ○ [Canva 라이브] 기능을 활용하면 실시간으로 청중이 질문을 입력할 수 있다.

  ○ 발표자는 Canva 화면에서 질문을 확인하며 진행할 수 있다.

  ○ 학생 참여형 수업이나 학부모 설명회 등에 활용하면 좋다.

★ 매직 단축키

　○ 발표 중 사용할 수 있는 특수 단축키 기능이다.

　○ 단축키를 적절히 활용하면 발표 분위기를 다양하게 연출할 수 있다.

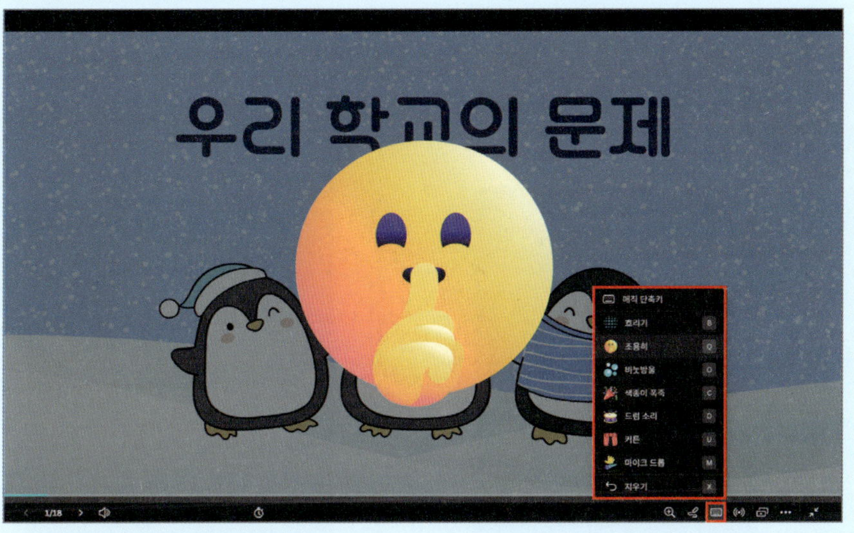

★ 페이지에 그리기

　○ 발표 중 슬라이드 위에 직접 그리기 기능을 사용할 수 있다.

　○ 중요 부분 표시, 설명 강조 시 유용하게 활용된다.

　○ 발표자가 마우스 또는 스타일러스로 자유롭게 표시할 수 있어 학생 이해를 돕는 데
　　효과적이다.

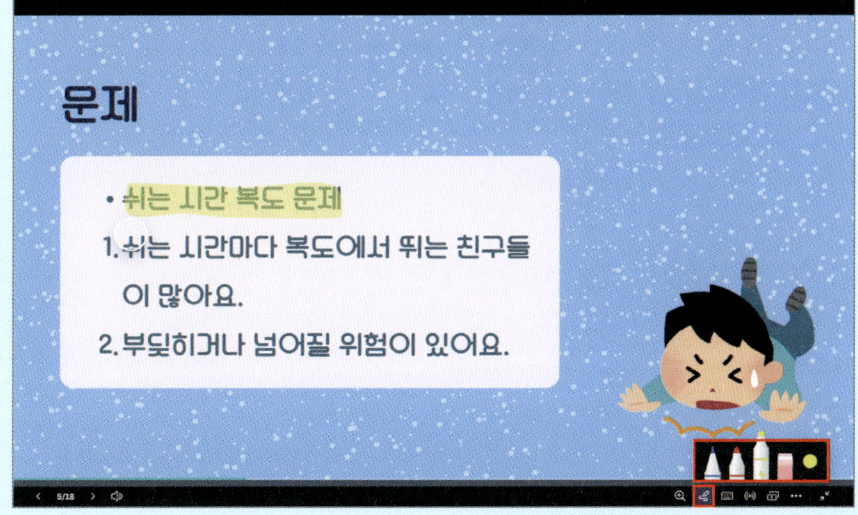

함께 나누고 모으는 Canva 공유 및 과제 수합 활기능

★ 원격 제어 공유

    ○ **[원격 제어 공유]** 기능을 이용하면 마우스포인터나 마우스 없이 스마트폰 또는 다른 기기를 이용해 페이지를 넘기거나 되돌릴 수 있다.

        1. 프레젠테이션 실행 후 오른쪽 아래 점 3개 **[더 보기]** 버튼을 선택한다.

        2. **[원격 제어 공유]**를 클릭하여 QR코드로 접속한다.

        3. 버튼을 눌러 페이지를 바꾸거나 다양한 효과를 줄 수 있다.

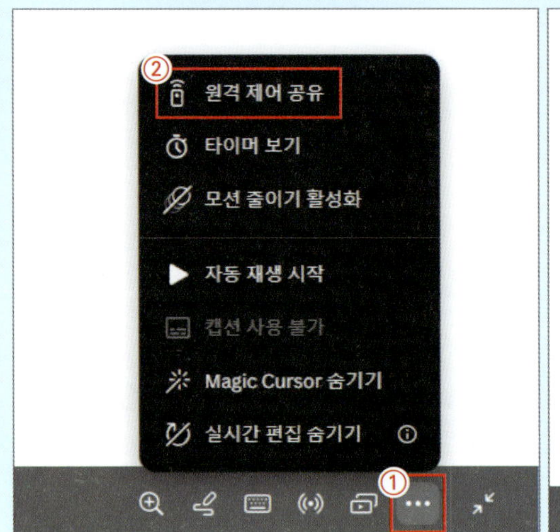

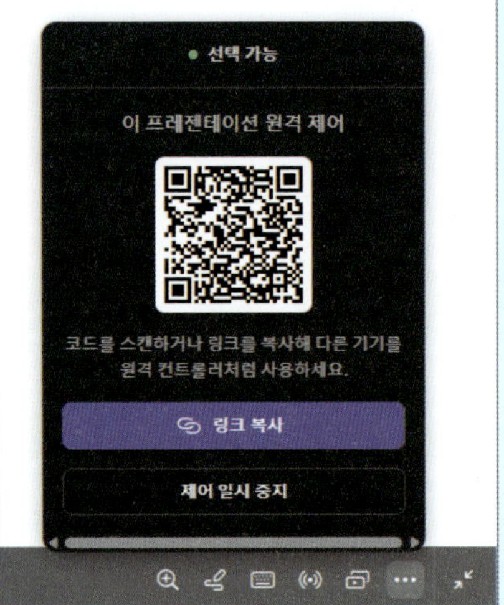

🛠 Canva 쌤 Skill up! 직접 녹화

📕 발표 자료 제작에 딱! 직접 녹화 활용 팁

같은 디자인을 활용하더라도 상황과 목적에 따라 프레젠테이션 녹화 또는 직접 녹화 기능을 선택해서 사용해 보자. 모둠별 협업 발표 자료를 만들 때는 직접 녹화 기능이 특히 유용하다. 전체 흐름을 녹화해야 할 때는 프레젠테이션 및 녹화 기능이 잘 어울린다.

📕 프레젠테이션 및 녹화 vs 직접 녹화

★ 프레젠테이션 및 녹화

    ○ 전체 발표 흐름을 한 번에 녹화할 때 좋다.

    ○ 발표자 얼굴(웹캠)과 슬라이드 화면을 함께 녹화할 수 있다.

    ○ 한 번에 녹화한 뒤 영상 파일로 저장할 수 있고, 링크로도 공유할 수 있다.

★ 직접 녹화

    ○ 같은 디자인에서 모둠별로 슬라이드별 발표 자료를 나눠서 만들 때 효과적이다.

    ○ 슬라이드별로 필요한 부분만 골라서 개별 녹화를 할 수 있다.

○ 녹화한 영상(또는 음성)은 요소로 슬라이드에 삽입할 수 있고, 위치랑 크기도 자유롭게 조절할 수 있다.

○ 협업 발표 자료를 만들 때 특히 유용하다.

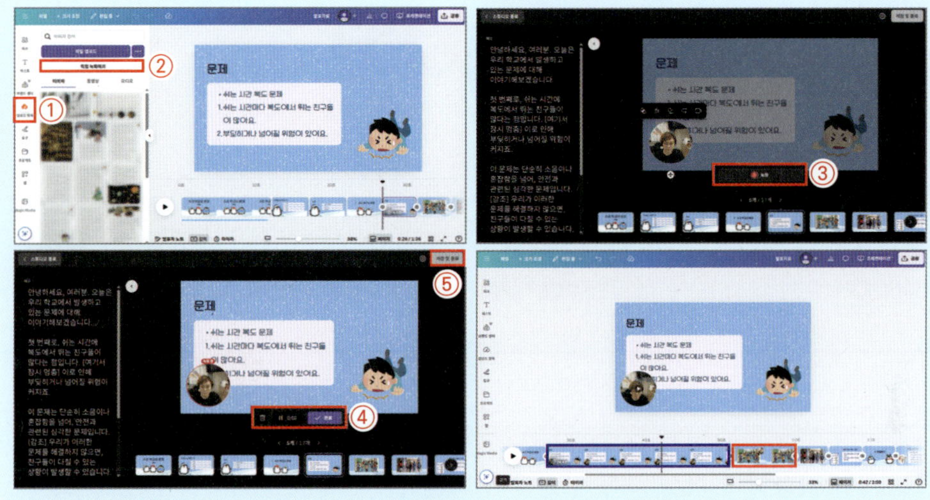

■ 직접 녹화 시 사용하면 좋은 유용한 기능 - AI 음성

AI 음성 기능을 활용하면 직접 녹화 시 슬라이드별로 자연스러운 내레이션을 AI 음성으로 삽입할 수 있다. 발표에 자신 없는 학생도 발표 자료에 AI 음성을 대신 사용하면 효과적으로 발표 자료를 완성할 수 있다.

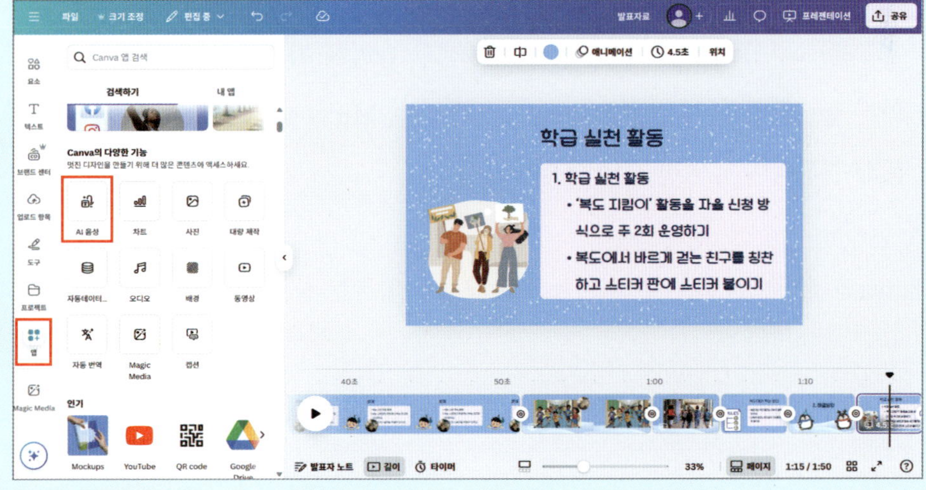

4.2.
Canva로 똑똑하게 과제 관리하기
과제 관리는 똑똑하게, 수업 준비는 더 편하게

Canva를 활용하여 학생 그룹 구성부터 과제 할당, 제출 관리까지 손쉽고 스마트하게 관리해 보자. 복잡한 수업 준비를 단순화하고, 과제 관리의 효율성을 높일 수 있다.

- **그룹 만들기**: 학급이나 모둠 단위로 학생 그룹을 구성하고 간편하게 초대
- **과제 할당 및 제출 관리**: 개별 과제를 간편하게 배포하고 제출된 결과를 실시간 확인 및 피드백 제공
- **프로젝트 수업 공유**: 모둠별 협업 프로젝트 관리에 최적화된 공유 폴더 활용
- **외부 플랫폼과 연계 관리**: Google 클래스룸, Microsoft Teams 등 익숙한 플랫폼과 연동하여 유연한 수업 운영

Canva의 스마트한 과제 관리 기능으로 교사의 업무는 줄이고 수업의 효과는 높이자.

1 그룹 만들기

Canva에서는 '그룹 만들기' 기능을 통해 학급 단위 또는 모둠 단위로 학생 그룹을 손쉽게 구성하고 초대할 수 있다. 이렇게 만든 그룹에서는 디자인 공유, 과제 배부 및 제출, 공동 프로젝트 운영 등이 가능하다.

☑ **교사** 그룹을 만든다.

1. Canva에 로그인한 뒤, 왼쪽 사이드바 하단의 프로필을 클릭한다.

   ** 현재 속한 팀 또는 단체명을 확인할 수 있다.*

2. 프로필 메뉴에서 **[설정]**을 클릭한 후, 왼쪽 메뉴에서 **[그룹]**을 선택한다.

3. 화면 오른쪽 상단의 **[그룹 만들기]** 버튼을 클릭하여 그룹명을 입력한다.

   예) '6학년 2반', '자율 발표 모둠 A' 등 수업 또는 과제 단위로 자유롭게 설정할 수 있다.

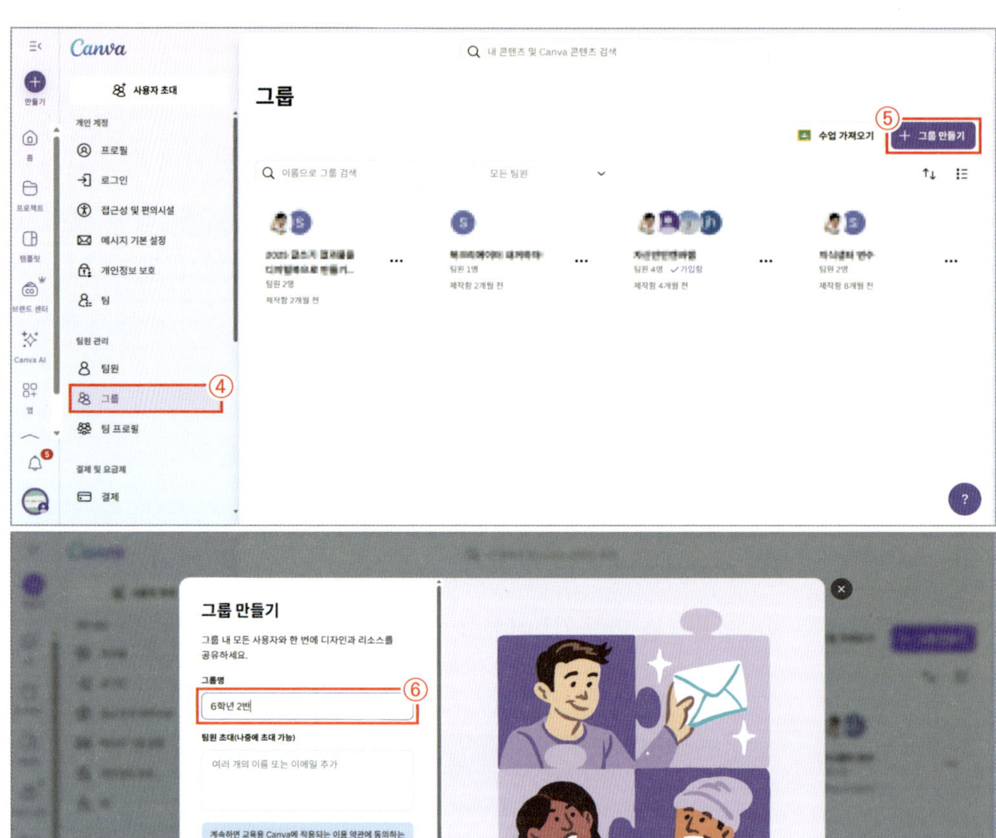

Canva
사용자 초대
그룹
개인 계정
프로필
로그인
접근성 및 편의시설
메시지 기본 설정
개인정보 보호
팀
팀원 관리
팀원
④ 그룹
팀 프로월
결제 및 요금제
결제
내 콘텐츠 및 Canva 콘텐츠 검색
수업 가져오기
⑤ 그룹 만들기
이름으로 그룹 검색
모든 팀원
팀원 2명
제작함 2개월 전
팀원 1명
제작함 2개월 전
팀원 4명 ✓ 가입함
제작함 4개월 전
팀원 2명
제작함 6개월 전
그룹 만들기
그룹 내 모든 사용자와 한 번에 디자인과 리소스를
공유하세요.
그룹명
⑥
6학년 2반
팀원 초대(나중에 초대 가능)
여러 개의 이름 또는 이메일 추가
계속하면 교육용 Canva에 적용되는 이용 약관에 동의하는
것이며 부모의 허락을 구한 후 학생을 초대하게 됩니다.
⑦
그룹 만들기

☑ **교사** 학생을 초대한다.

학생 초대는 두 가지 방법으로 진행할 수 있다.

방법 1 이메일 주소 직접 입력 → 초대 메일 발송

방법 2 공유 링크 복사 후 배포 → 학급 채팅방, 클래스룸, 학습 플랫폼에 링크 공유

☑ **학생** 초대에 수락한다.

방법 1 이메일

1. 초대받은 메일을 확인한다.

2. Canva 이용 약관에 동의한다.

3. Canva 회원 가입 또는 로그인을 진행한다. (Google 계정 사용 가능)

4. 참여 후 '환영합니다' 메시지를 확인한다.

5. 메시지 확인 후 바로 협업 활동을 시작할 수 있다.

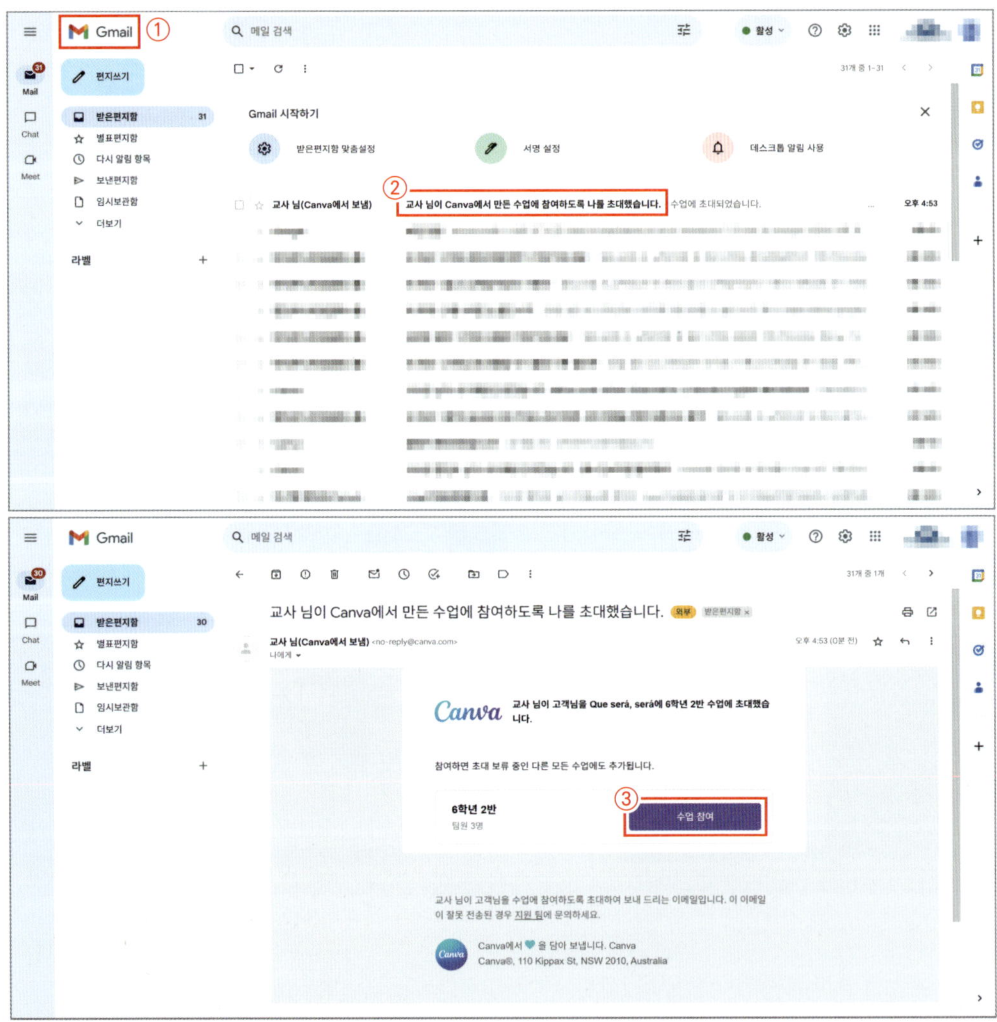

1. 공유받은 초대 링크를 클릭한다.

2. Canva 이용 약관에 동의한다.

3. Canva 회원 가입 또는 로그인을 진행한다. (Google 계정 사용 가능)

4. 참여 후 '환영합니다' 메시지를 확인한다.

5. 메시지 확인 후 바로 협업 활동을 시작할 수 있다.

🛠 Canva 쌤 Skill up! 그룹(수업) 역할

Canva의 그룹 기능과 교육용 수업 기능은 구조와 활용 방법이 같다. 용어만 '그룹'과 '수업'으로 다르게 표시되므로 그 차이만 알고 활용하면 된다. 구성원 역할도 변경할 수 있어서 모둠장을 지정하거나 과제 검토자 역할을 나눌 때 유용하게 쓸 수 있다.

★ 그룹(수업) 관리자: 그룹(수업)을 만들고, 구성원을 추가하거나 제거하고, 권한도 관리할 수 있다.

★ 그룹(수업) 회원: 그룹(수업)에 참여해서 디자인 작업을 하거나 리소스를 함께 공유할 수 있다.

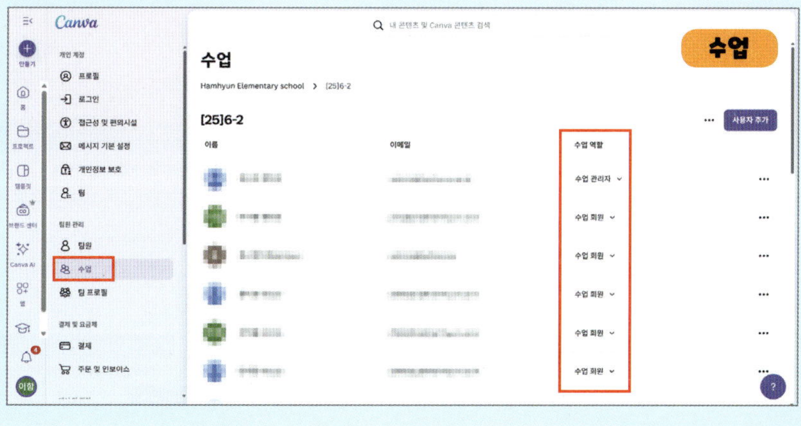

Canva로 과제를 할당하면, 학생들이 개별 사본으로 과제를 수행하고, 제출된 결과물을 Canva에서 바로 확인할 수 있다.

☑ **교사** 과제를 할당한다.

1. Canva에서 과제로 배부할 디자인을 선택한다.

2. 편집기 상단 [**공유**] 버튼을 클릭하여 [**할당**]을 선택한다. 버튼이 보이지 않으면 [**모두 보기**]를 선택한다.

3. 작업 제출 위치 화면에서 [**Canva**]를 선택한다.

4. [**다음**]을 클릭한 후 과제를 배포할 그룹을 추가한다.

5. 과제가 할당되면 학생별로 자동으로 개별 사본이 생성되어, 별도의 복제 없이 개별화된 과제를 배포할 수 있다.

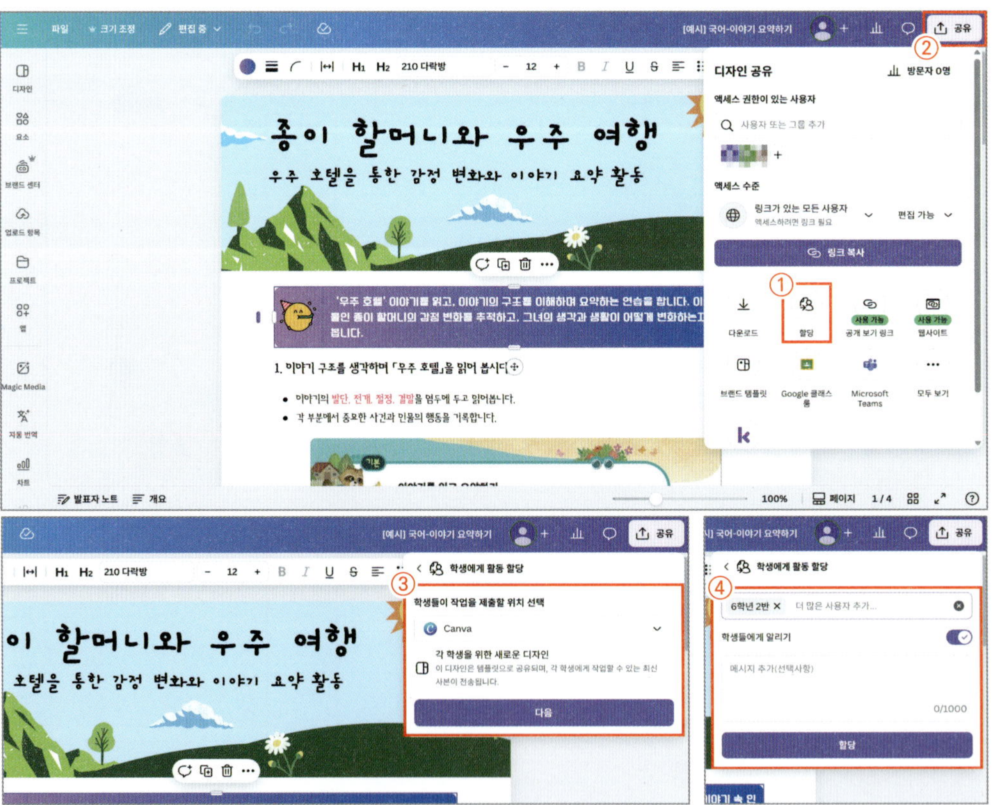

☑ **학생** 과제를 제출한다.

1. Canva 홈 화면 좌측 패널의 [**수업 과제**]에서 과제를 확인한다.

2. 학생은 자신에게 할당된 과제를 수행한다.

3. 오른쪽 상단 메뉴 [**교사에게 보내기**] 버튼을 클릭하여 과제를 제출한다.

4. 제출 후 "활동이 ○○선생님에게 전송되었습니다" 메시지가 표시된다.

5. [**수업 과제로 돌아가기**] 버튼 클릭 → 제출 리스트 화면으로 이동한다.

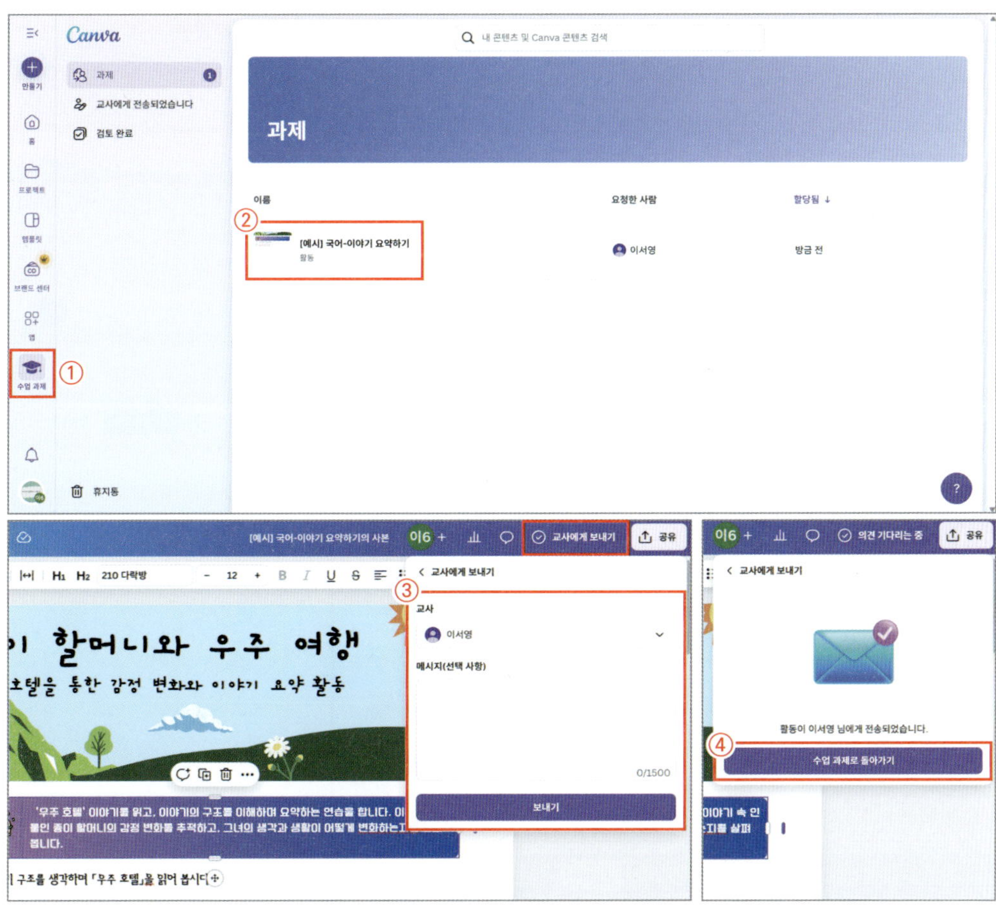

☑ **교사** 과제를 검토한다.

1. 교사 화면에서 할당한 과제별 제출 현황 실시간 확인이 가능하다.

2. 과제 리스트에서 학생별 상태를 확인한다.

· 제출한 학생: '검토 필요'

· 미제출 학생: '제출되지 않음'

3. 제출된 과제를 클릭하면 학생 개별 작업물 열람이 가능하다.

4. [검토됨]을 선택한 후 [완료로 표시]를 클릭하면 학생 과제 검토를 완료할 수 있다. 이때 [피드백 추가] 란에 내용을 입력하여 개별 피드백도 제공할 수 있다.

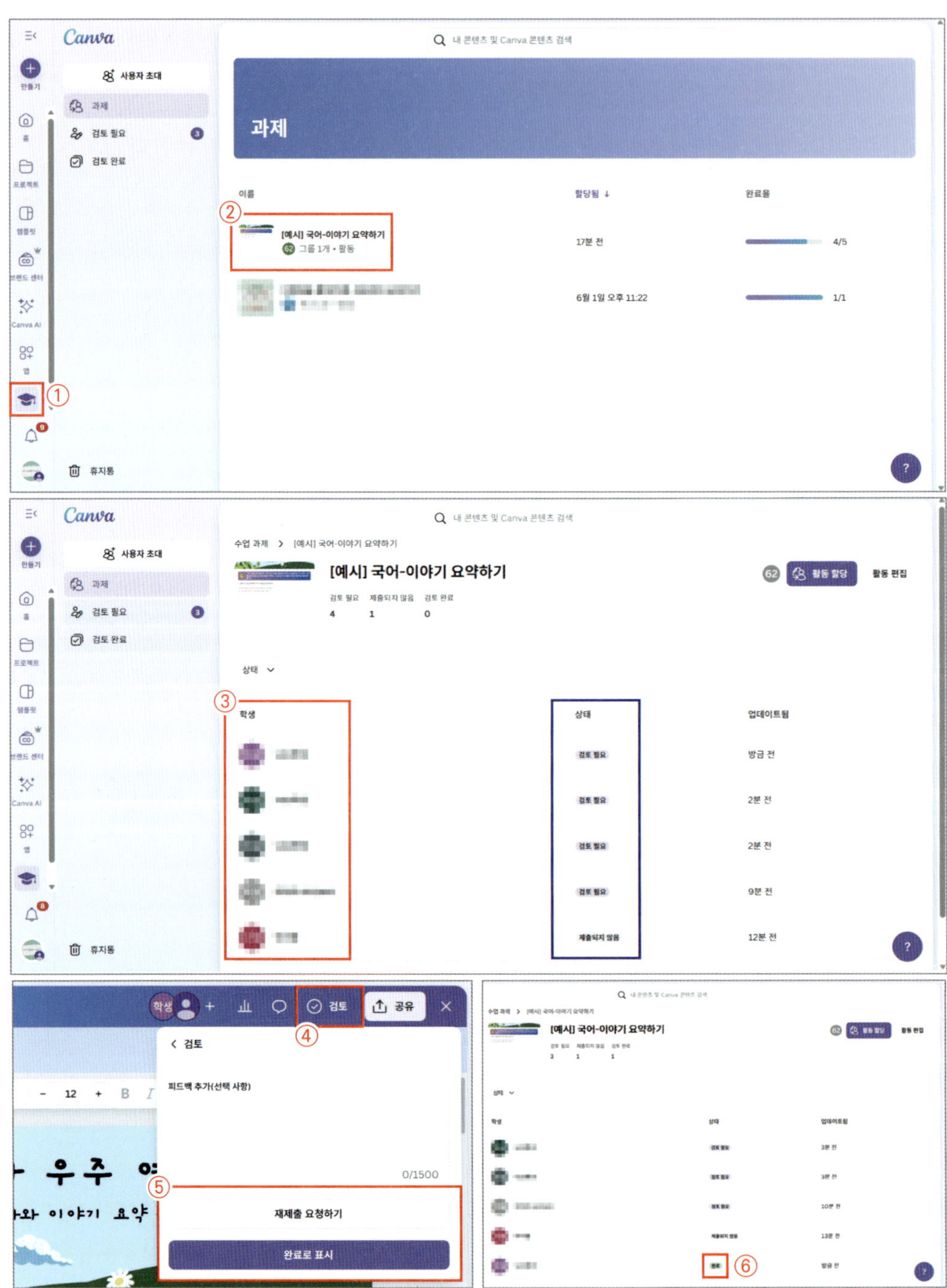

Canva의 프로젝트 폴더 공유 기능을 활용하면, 모둠별 협업 프로젝트 결과물과 작업 파일을 학생들과 함께 체계적으로 관리할 수 있다. 모둠원들이 공동으로 폴더에 파일을 올리고, 협업 과정과 결과물을 함께 정리·운영하기에 효과적이다.

☑ **교사** 수업을 만든다.

> ▪️ **Canva 쌤의 팁**
>
> 최상위 학습 단위는 '수업'으로 생성하는 게 좋다. 수업에서는 학습 설명과 활동 순서를 설정할 수 있고, 순서도 자유롭게 바꿀 수 있어서 학습 흐름을 더 쉽게 관리할 수 있다.
>
> 1. Canva 홈 화면에서 왼쪽 사이드바의 **[프로젝트]** 메뉴를 클릭한다.
> 2. 오른쪽 상단의 **[새 항목 추가]** 버튼을 클릭한다.
> 3. **[수업]**을 선택하여 새 수업을 생성한다.
> 4. 수업명을 입력한다. 예) '6학년 2반', '자율 발표 모둠 A', '1학기 과학 프로젝트' 등 단원별, 주제별, 모둠별로 세분화하여 구성 가능

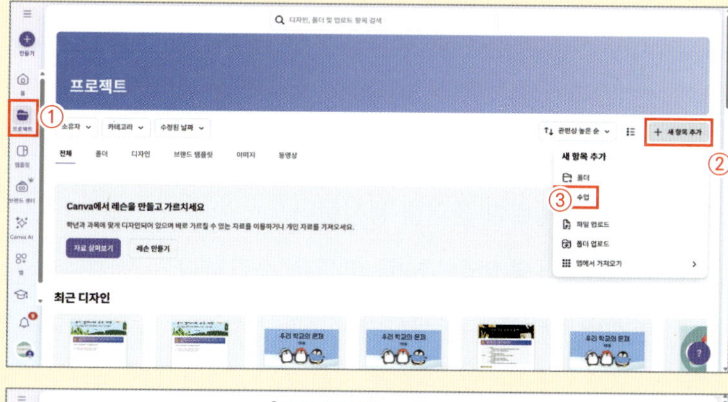

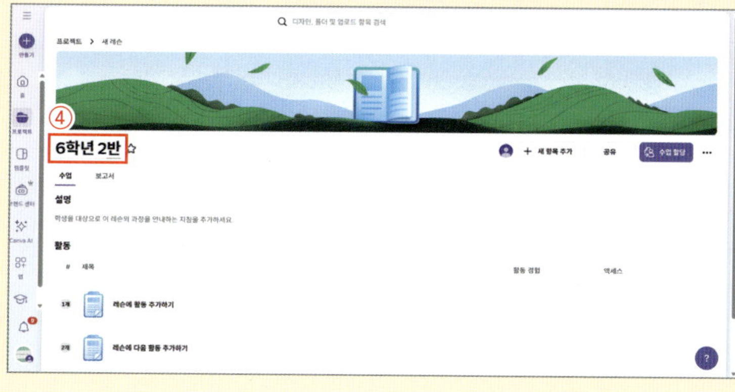

☑ **교사** 수업을 공유한다.

1. 오른쪽 상단의 **[공유]** 버튼을 클릭한다.

2. 팀 또는 그룹(예: 학급, 모둠)을 지정하여 초대한다.

3. **[수업을 위한 별표 표시]**로 해당 폴더에 접근 권한이 있는 학생과 공동 교사의
   화면에 자동으로 즐겨찾기로 고정한다.

해당 폴더에 접근 권한이 있는 학생과 공동 교사의 화면에서는 폴더가 자동으로 사이드바
메뉴에 고정된다. 그래서 따로 검색하지 않아도 쉽게 찾고 바로 접근할 수 있다.

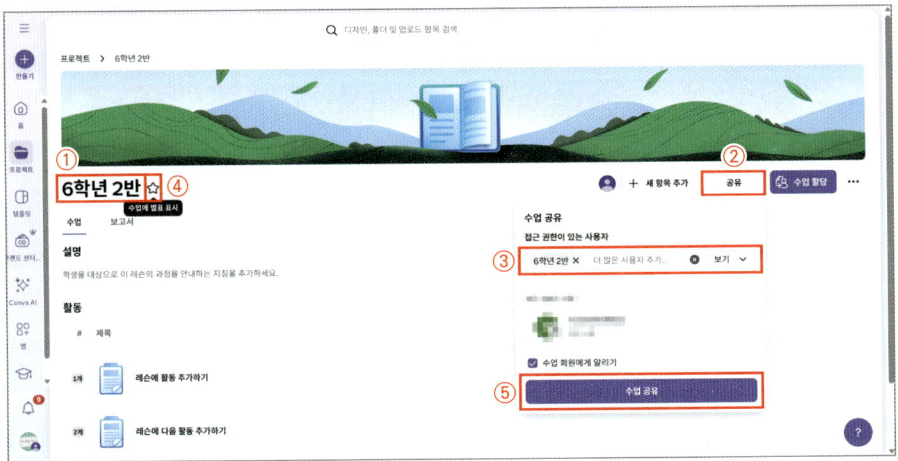

☑ **교사** 수업 안에 프로젝트별 폴더를 생성한다.

1. 생성한 수업 화면에서 **[새 항목 추가]** 버튼을 클릭한다.

2. 프로젝트별, 주제별 **[폴더]**를 생성한다.

예) '1단원 우리 마을 조사', '과학 실험 결과물', '모둠 발표 자료' 등

🛠 Canva 쌤 Skill up! 과제 관리

🟥 수업 과제와 프로젝트는 활용 목적이 조금 다르다.

★ 수업 과제 활용

　○ 학생별 개별 과제 배포에 적합하다.

　○ 학생 각자의 사본으로 과제를 수행하고, 직접 제출할 수 있다.

　○ 교사는 제출된 과제를 바로 확인하고, 피드백 작성 또는 재제출 요청까지 원활하게
　　진행할 수 있다.

★ 프로젝트 활용

　○ 모둠별 협업 과제나 프로젝트형 수업에 적합하다.

　○ 여러 학생이 공동으로 작업한 결과물을 하나의 폴더에 모아 관리할 수 있다.

　○ 학습 결과물 저장과 정리에 탁월하며, 팀 교사와도 공동 관리가 가능하다.

🟥 수업(Lesson) vs 폴더(Folder) 어떤 차이가 있을까?

Canva의 수업(Lesson)과 폴더(Folder)는 모두 콘텐츠 정리에 활용되지만, 목적과 기능에 차이가 있다.

★ 폴더(Folder)

　○ 디자인, 이미지, 영상 같은 파일을 정리하고 저장하는 기본 공간이다.

　○ 팀원과 폴더를 공유할 수 있고, 파일을 추가하거나 이동하고 삭제하는 것도 가능하다.

　○ 단순히 분류하거나 관리하는 용도로 사용하면 좋다. 파일을 보관하는 데 중심을 두
　　는 공간이다.

★ 수업(Lesson)

　○ 폴더처럼 자료를 담을 수 있을 뿐만 아니라 학습 활동(액티비티)과 진행 순서도 추가
　　할 수 있다.

　○ 학생(또는 팀원)이 순서에 따라 자료를 보고, 과제를 제출하고, 활동을 완료할 수 있다.

　○ 학습 진행 상황도 추적할 수 있어서 교육 목적에 특화된 기능이다.

학생들은 익숙한 학습 플랫폼에서 과제를 제출하고, 교사는 해당 플랫폼에서 과제 현황을 실시간으로 확인하고 관리할 수 있어 수업 운영이 더욱 유연해진다.

1. Canva에서 과제로 활용할 디자인(템플릿)을 선택한다.

2. 상단 [**공유**] 버튼을 클릭한 후, [**할당**] 메뉴를 선택한다.

3. [**학생에게 활동 할당**] 화면에서 [**작업 제출 위치**]와 [**공유 방식**]을 선택한다.

   1) 작업 제출 위치 선택 (학생들이 과제를 제출할 플랫폼 선택)

      · Google 클래스룸

      · Microsoft Teams

      · 학습 관리 시스템

   2) 공유 방식 선택 (학생들의 작업 방식 설정)

      · 각 학생을 위한 새로운 디자인 → 학생별 사본 생성 및 개별 작업

      · 지침 전용 → 보기 전용으로 제공 (편집 불가, 지침용 활용)

      · 이 디자인 작업하기 → 원본 디자인 수정

4. [**게시**] 버튼 클릭 후, 플랫폼(Google 클래스룸, Microsoft Teams 등)에서 학습 또는 수업을 선택하여 과제를 게시한다.

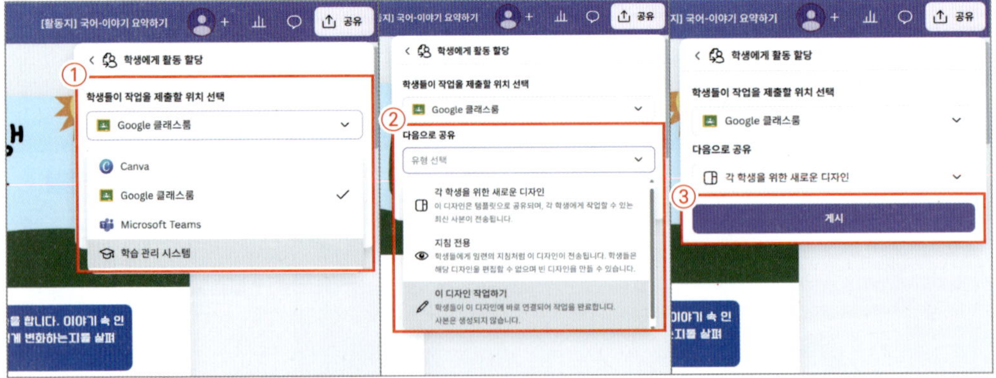

5장

쉽게 따라 하고 ＼수업에 바로 쓰는／ Canva 핵심 기능 with AI

수업 시간에 활용할 안내 자료나 학급 행사 자료는 교실에서 자주 제작하는 필수 자료이다. 하지만 매번 새롭게 디자인하고 구성하는 데는 많은 시간과 노력이 든다.

Canva의 프레젠테이션 기능을 활용하면 누구나 쉽게, 그리고 빠르게 전달력 있는 슬라이드 자료를 만들 수 있다. 여기에 AI 기능까지 더하면 아이디어 구성부터 디자인 완성까지 훨씬 더 수월해진다.

Magic Studio, Magic Media, Magic Animate 같은 AI 기반 도구를 활용하면 생동감 있고 매력적인 자료를 손쉽게 제작할 수 있다. 또한, 발표자 노트 AI 생성 기능도 지원되어 발표 준비까지 간편하게 할 수 있다.

이번 장에서는 수업 안내 프레젠테이션과 학급 행사 프레젠테이션을 예시로, Canva의 다양한 기능을 어떻게 활용해 자료를 만들 수 있는지 함께 알아보자.

☑ 수업 안내 프레젠테이션 만들기

교육용 템플릿을 선택하고, Magic Expand로 원하는 사진을 자연스럽게 확장하며, Magic Animate로 전문가처럼 보이는 애니메이션 효과를 더해 집중도 높은 안내 자료를 만드는 방법을 배운다.

☑ 학급 행사 프레젠테이션 만들기

Magic Grab과 Magic Media로 창의적인 이미지와 그래픽을 생성하고, 레이아웃 구성 및 디자인 팁을 익혀 학급 행사 분위기에 딱 맞는 프레젠테이션을 완성한다.

5.1.
수업 안내 프레젠테이션으로 배우는 Canva

템플릿, 요소, 잠금, 표/차트, 애니메이션, AI 기능(Magic Expand, 발표자 노트 AI 생성)

마음껏 편집해서 사용하세요!

joo.is/canva5101

Canva의 다양한 기능을 활용하여 수업 안내 자료를 쉽고 효과적인 프레젠테이션으로 만들 수 있다. 간단한 템플릿 선택부터 AI 지원 기능까지, 모든 과정을 직관적으로 안내할 수 있다.

- 템플릿 선택
- 요소와 텍스트 편집
- 애니메이션 효과 적용
- AI 기능 활용

Canva로 제작한 수업 안내 프레젠테이션 자료로 학생들과의 소통과 수업의 집중도를 높여 보자.

1 템플릿 선택하기

☑ ➕ 디자인 만들기를 클릭한다.

1. [프레젠테이션(16:9)]를 선택한다.

2. 왼쪽 **사이드 패널**의 [디자인]에서 [템플릿]을 클릭하면, Canva 크리에이터나 다른 사람들이 제공하는 템플릿 디자인을 확인할 수 있다. "수업"을 검색하여 목적에 맞는 템플릿 디자인을 탐색한다.

3. 수업 안내를 위한 여러 장의 프레젠테이션 형식이 필요하므로, [모든 10개 페이지에 적용]을 클릭한다.

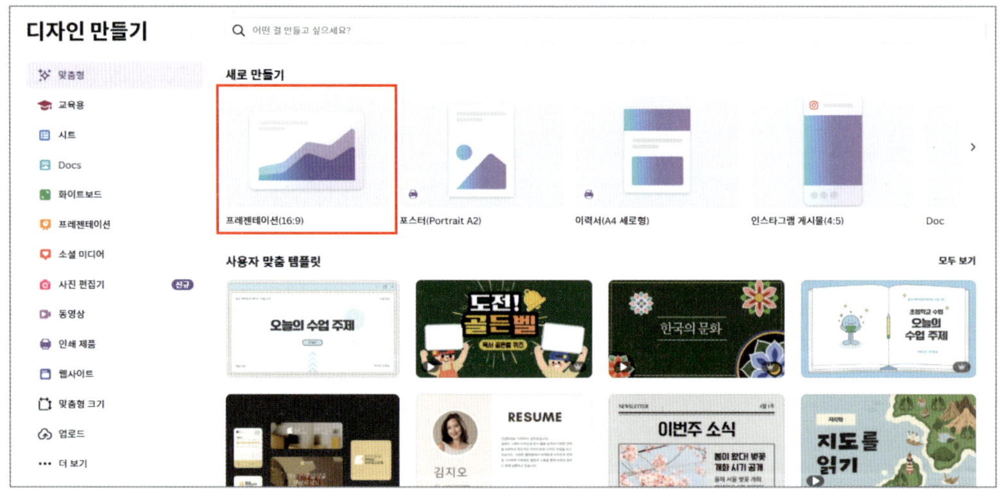

[디자인 만들기]-[프레젠테이션(16:9)]

[디자인]-["수업" 검색]-[선택]-[모든 10개 페이지에 적용]

★ 기존에 추가한 템플릿과 더불어 다른 템플릿의 요소나 형식을 빌려오고 싶을 때는 페이지를 추가하여 새로운 템플릿을 가져온다.

★ 모든 페이지가 아니라 원하는 형식의 템플릿 1개 페이지만 적용할 수도 있다.

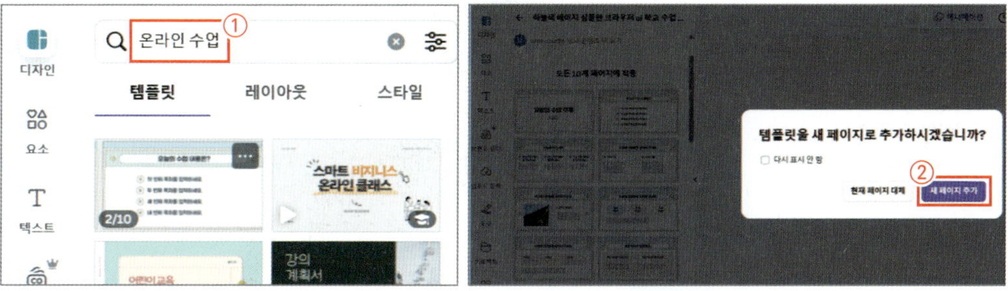

[디자인]-["온라인 수업" 검색]-[새 페이지 추가]

2 수업 안내 내용과 요소를 채우고 꾸미기

☑ 템플릿을 수정하면서 내용을 채운다.

1. 더블클릭하여 기존에 작성된 텍스트 내용을 수정한다.

2. 상단 **에디터 툴바**의 [효과]를 클릭하여 원하는 스타일로 텍스트를 변경한다.

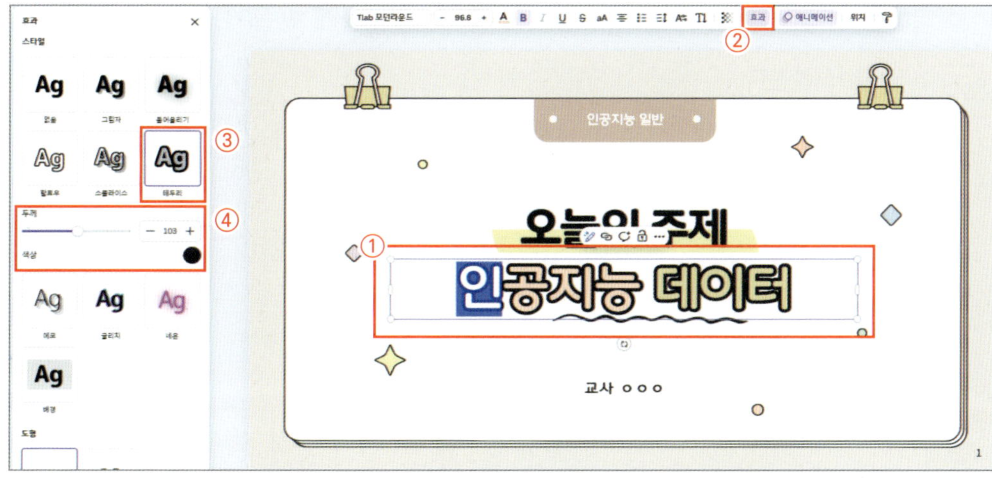

[텍스트 상자]-[효과]

3. 왼쪽 **사이드 패널**의 [요소]를 클릭한다.

4. 여러 가지 요소 중 [도형]의 오른쪽에 있는 [모두 보기]를 클릭하면 여러 도형이
   나타난다.

[요소]-[도형]-[기본 도형]

5. 도형을 선택하고, 상단 **에디터 툴바**의 [모서리 둥글게 만들기]를 클릭하여 원하
   는 만큼 조절한다.

6. 상단 **에디터 툴바**의 [스트로크 색상]과 [스트로크 스타일]을 선택하여 도형의 테
   두리를 변경한다.

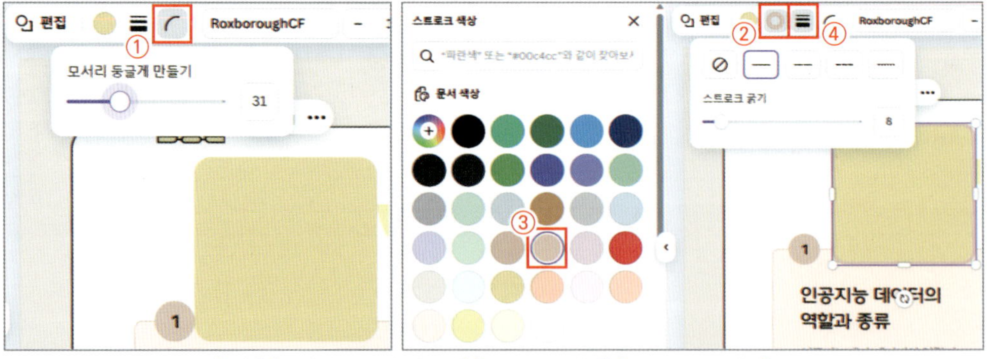

[도형]-[모서리 둥글게 만들기]-[스트로크 색상]-[스트로크 스타일]

7. 추가한 도형 안에 텍스트를 추가할 수 있다. 텍스트를 작성하고, 원하는 글꼴로 변경한다. 상단 **에디터 툴바**의 [글꼴]을 클릭한다.

8. 왼쪽 **사이드 패널**의 [텍스트 스타일]을 클릭하면 문서에서 공통적으로 나타나는 [문서 스타일]이 있다. 원하는 스타일을 고르고 클릭하면 적용된다.

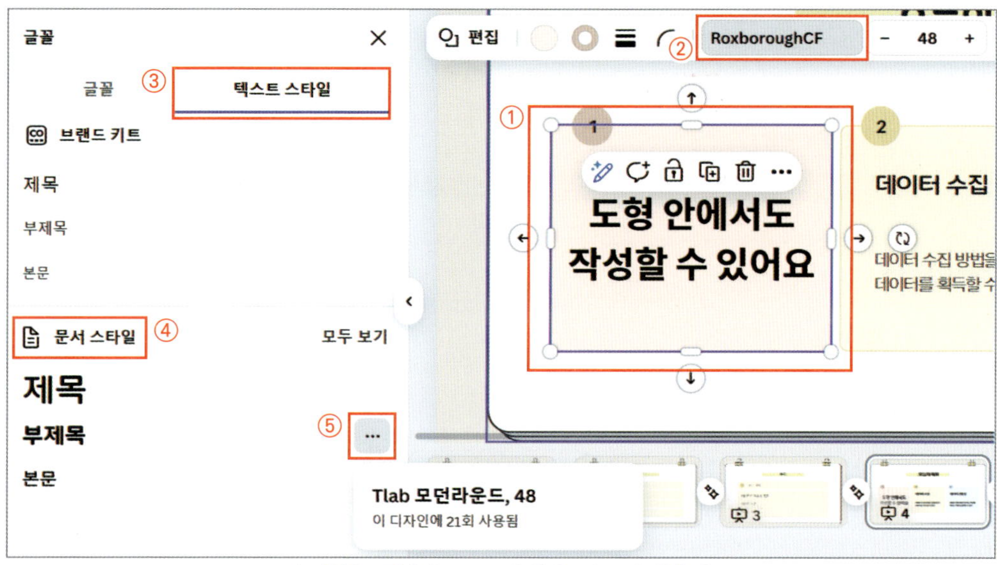

[도형]-[글꼴]-[텍스트 스타일]-[문서 스타일]-[…]

9. 왼쪽 **사이드 패널**의 [텍스트]를 클릭하여 원하는 수업 자료를 추가한다.

10. [텍스트 상자 추가]를 눌러, 추가하길 원하는 내용을 입력한다.

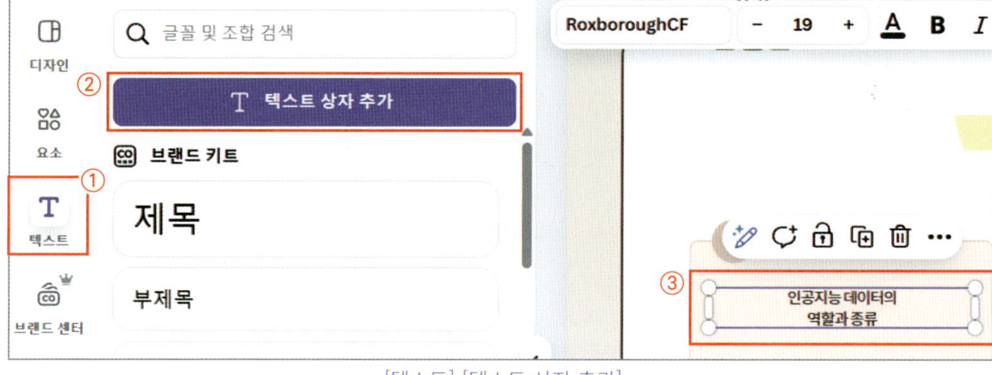

[텍스트]-[텍스트 상자 추가]

11. 상단 **에디터 툴바**에서 텍스트와 관련된 상세 설정을 한다.

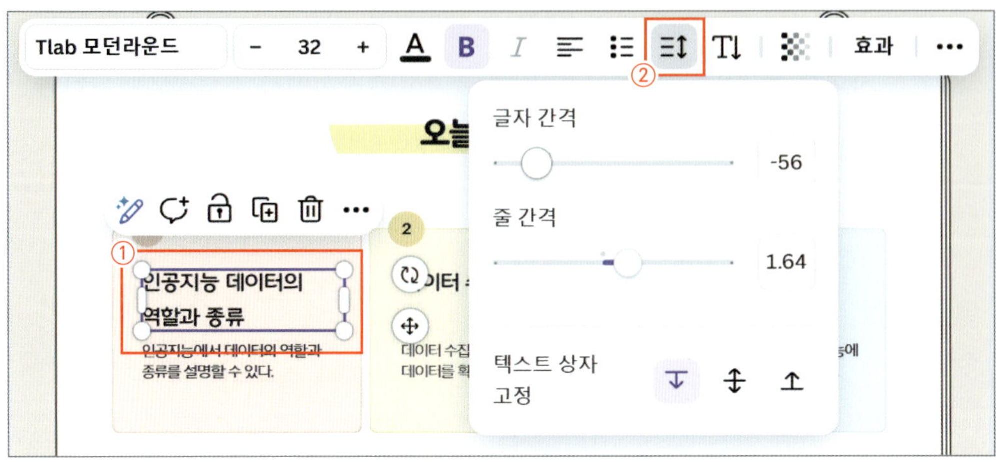

[텍스트 상자]-[간격]

[텍스트]-[페이지 번호]

 요소를 삽입한다.

1. 기존 템플릿은 다양한 요소가 담겨 있기 때문에 특정 요소만 수정하기 어렵다. 그래서 일부 요소들은 배경처럼 수정이 불가능하도록 **[잠금]**을 설정한다.

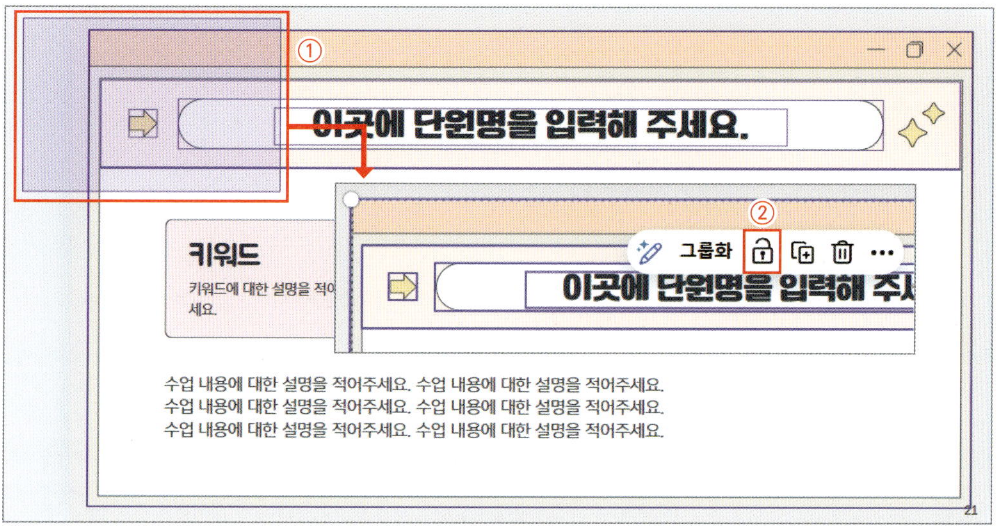

[선택]-[잠금]

2. 마인드맵이나 순서가 있는 도형들은 **[빠른 연결 켜기]**를 통해 화살표와 다음 도형을 간편하게 생성한다. 선 스타일도 지정한다.

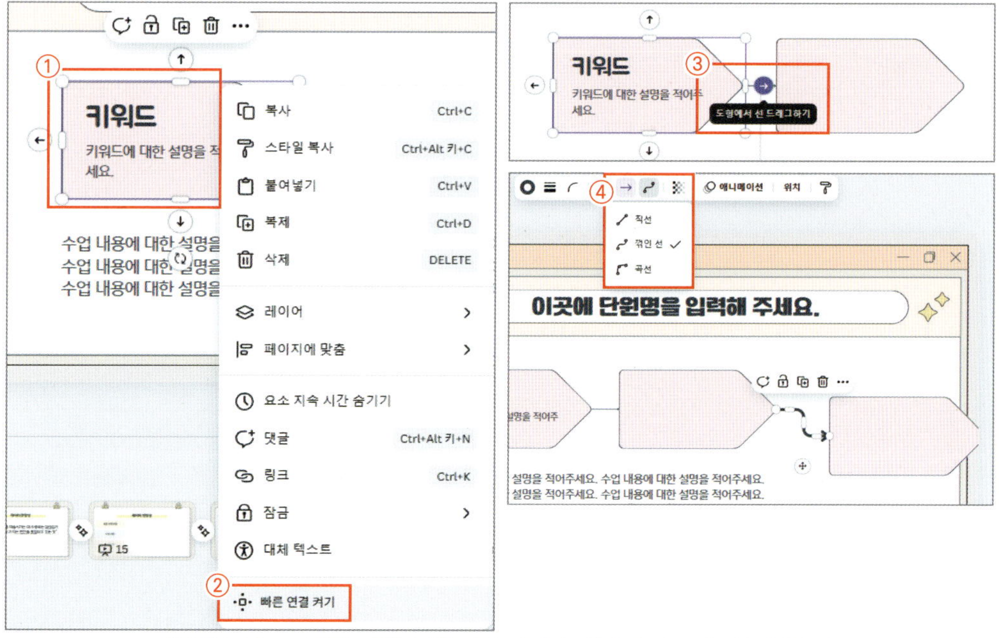

[선택]-[마우스 오른쪽 버튼]-[빠른 연결 켜기]-[도형에서 선 드래그하기]-[선끝]

3. 도형들을 정리할 때는 드래그하여 해당 도형들을 모두 선택하고 마우스 오른쪽
버튼을 눌러 [고르게 띄우기]를 통해 자동 정렬한다.

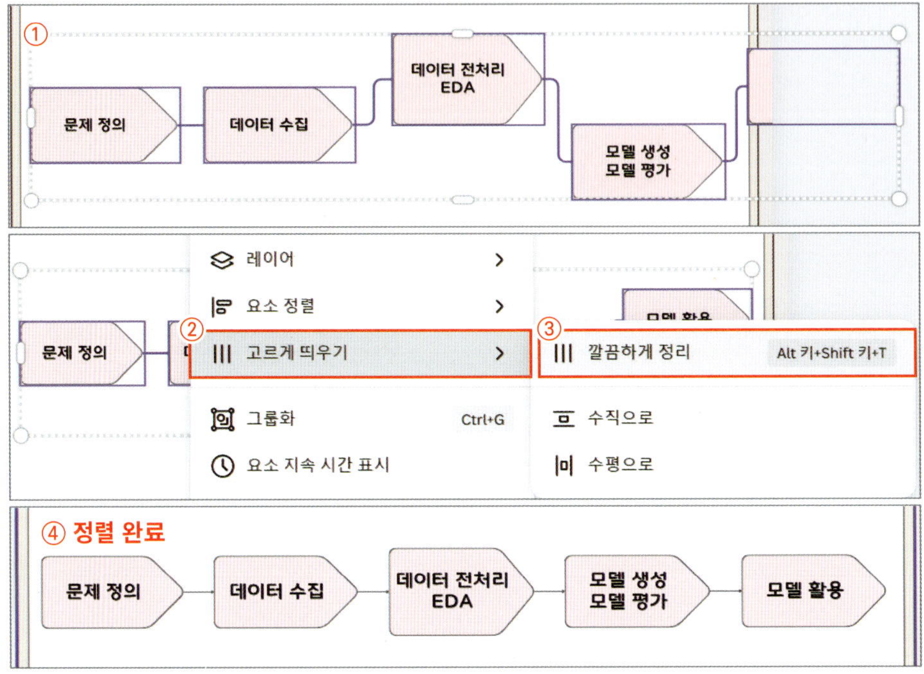

[선택]-[마우스 오른쪽 버튼]-[고르게 띄우기]-[깔끔하게 정리]

> **📢 Canva 쌤의 팁**
> ★ 자동 정렬에는 도형들의 정렬 상태에 따라 다른 기능이 표시된다.
> [페이지에 맞춤] 기능도 있다.

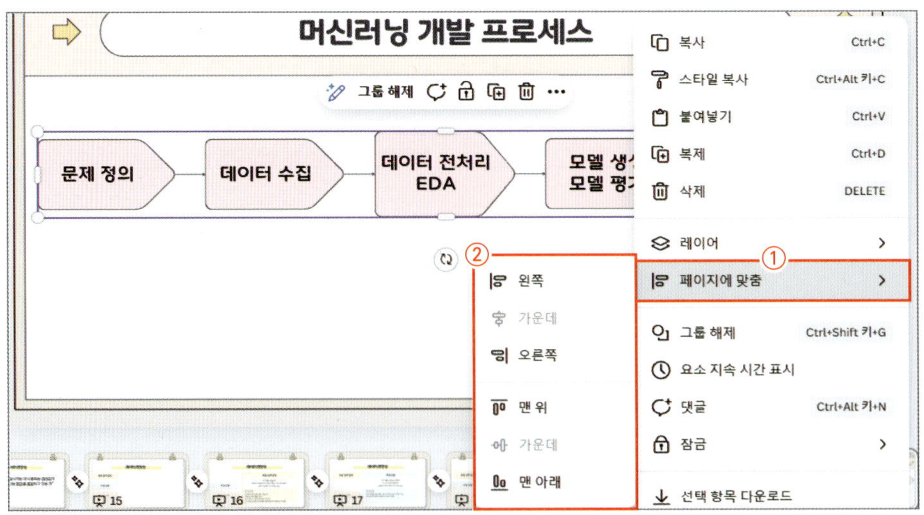

[선택]-[마우스 오른쪽 버튼]-[페이지에 맞춤]

4. 프레젠테이션에서 내용과 연관된 요소를 가져올 때는 왼쪽 **사이드 패널**의 [그래픽]을 참고한다.

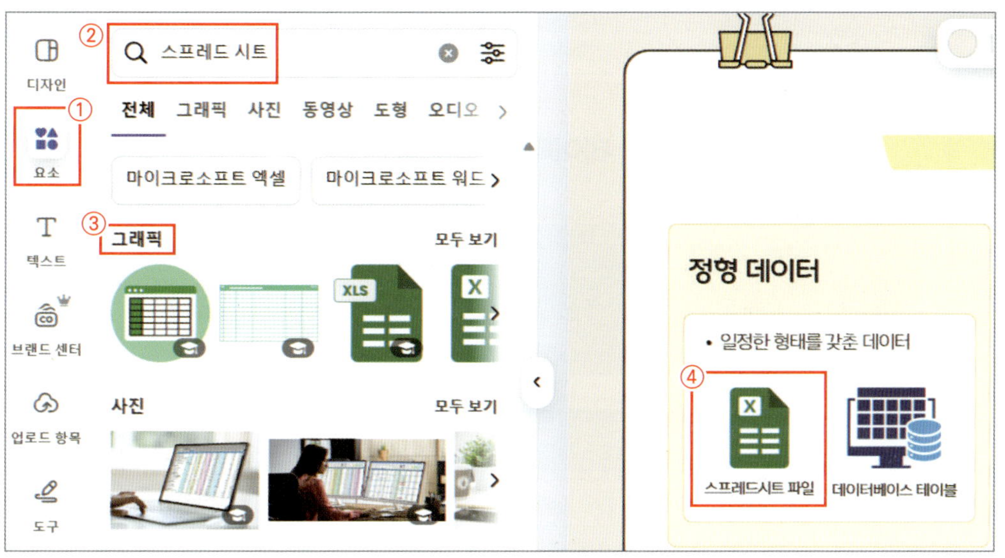

[요소]-["스프레드 시트" 검색]-[그래픽]

5. 왼쪽 **사이드 패널**에서 [요소]의 [스티커]는 움직이는 효과가 제공되는 그래픽이다.

[요소]-[스티커]

6. 이미지를 붙여 넣고 상단 **에디터 툴바**에서 편집하거나 **[편집]**을 눌러 왼쪽 **사이드 패널**에서 원하는 대로 편집한다.

[이미지]-[에디터 툴바]-[편집]

7. **[요소]**(이미지, 도형, 그래픽 등)에 마우스 오른쪽 버튼을 누른 후 나타나는 **[링크]**를 클릭하여 특정 URL이나 슬라이드 링크를 추가한다.

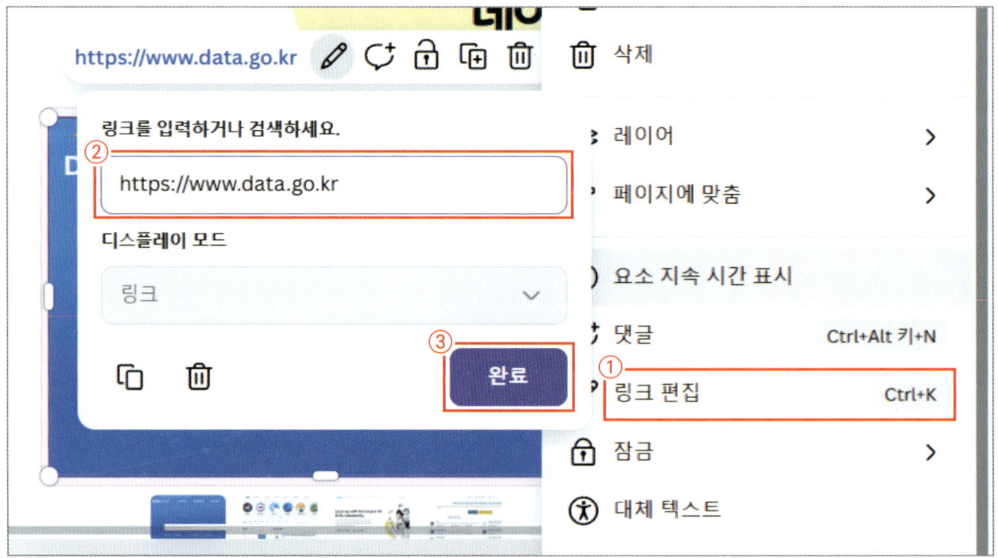

[선택]-[마우스 오른쪽 버튼]-[링크]-[링크 입력]-[완료]

8. 요소가 많아 순서가 복잡하거나 일부 요소가 숨겨졌다면, 레이어 순서를 볼 수 있는 기능을 활용한다. 드래그하여 순서를 보고 싶은 전체 요소를 선택하고 상단 **에디터 툴바**에서 **[위치]**를 클릭한다.

9. 왼쪽 **사이드 패널**에서 **[레이어]**를 클릭하여 순서를 파악한다.

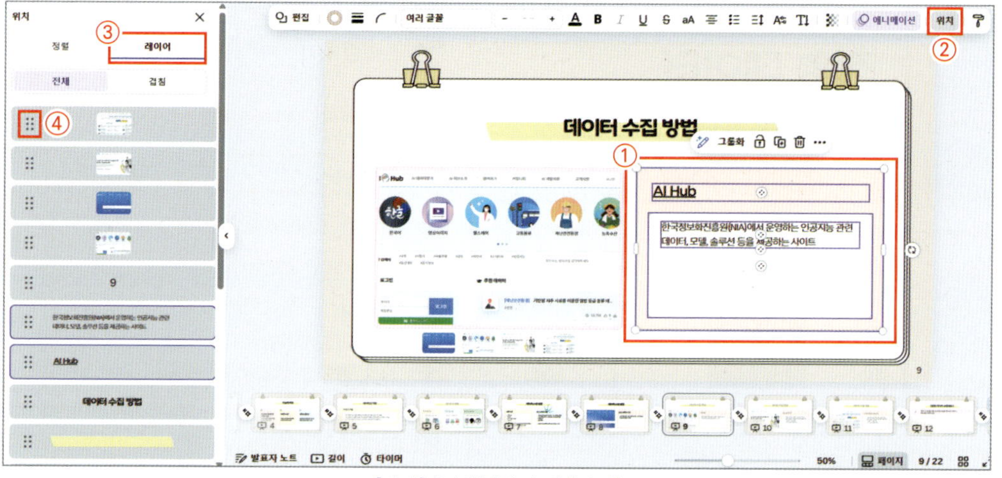

[선택]-[위치]-[레이어]-[전체]

📢 Canva 쌤의 팁

★ 요소들의 위치를 더 상세하게 이동하고 싶다면 눈금자 및 가이드 표시를 활용한다.

★ **[파일]-[설정]-[눈금자 및 가이드 표시]**를 클릭하면 디자인 캔버스 화면 상단과 왼쪽에 눈금자가 표시된다. 가이드 선은 눈금자를 선택해 드래그하면 생성된다.

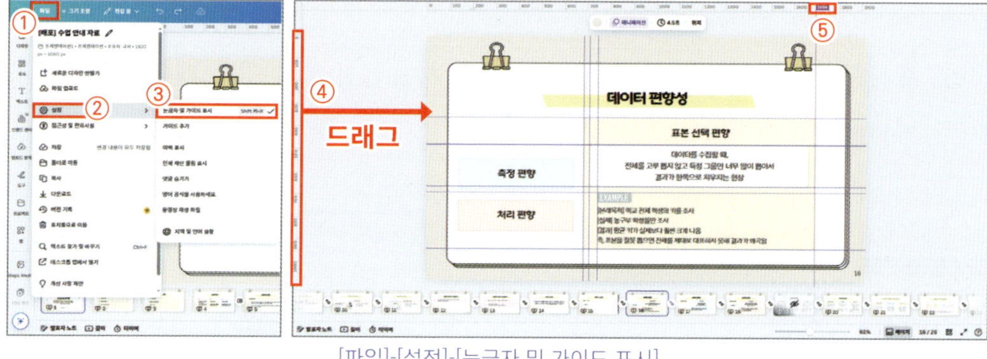

[파일]-[설정]-[눈금자 및 가이드 표시]

10. 복잡한 개별 요소들을 그룹으로 관리하고 싶다면 **[그룹화]** 기능을 활용한다.

11. 그룹으로 묶을 요소들을 드래그하여 모두 선택하고, 상단 툴바나 마우스 오른쪽 버튼을 눌러 **[그룹화]**를 클릭한다.

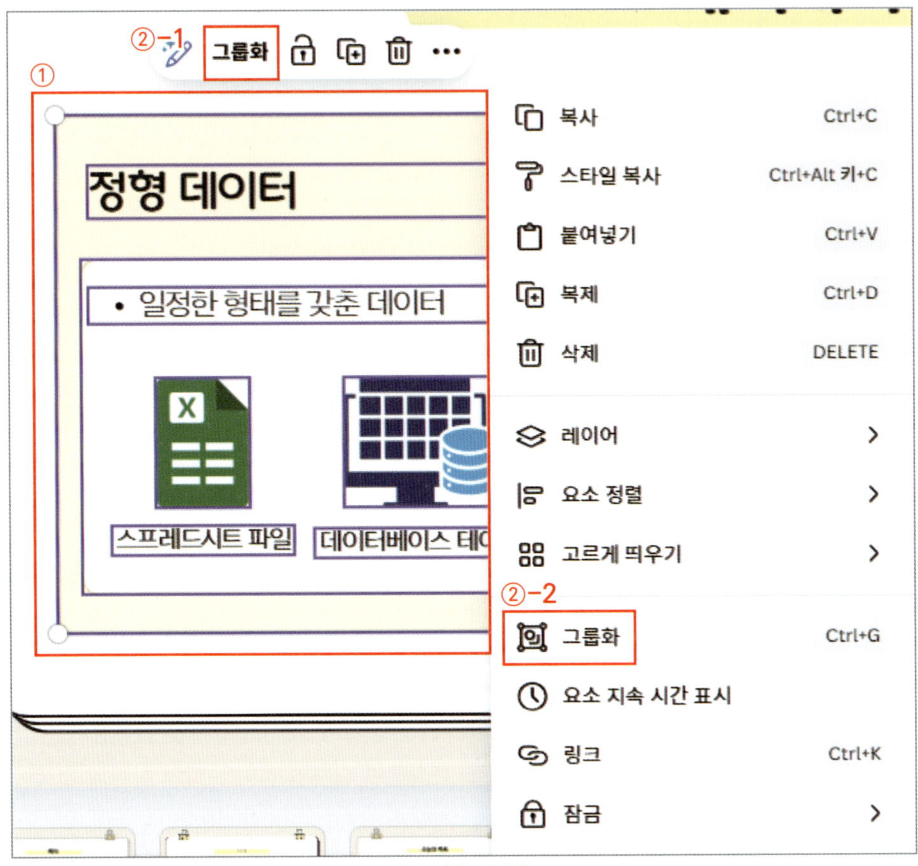

[선택]-[그룹화]

12. 프레젠테이션 발표 시, 발표 슬라이드로 사용하지 않을 경우 페이지 숨기기가 가능하다.

[페이지 선택]-[페이지 숨기기]

☑️ 표/차트를 삽입한다.

1. 왼쪽 **사이드 패널**에서 [요소]를 클릭하고 검색창에 커서를 놓으면 [**카테고리 둘러보기**]가 나타난다. 이때 [**표**]를 클릭한다.

2. 원하는 **사이드 패널**에서 표를 선택하고, 삽입한 표를 상단 **에디터 툴바**에서 템플릿 스타일에 맞게 수정한다.

[요소]-[카테고리 둘러보기]-[표]

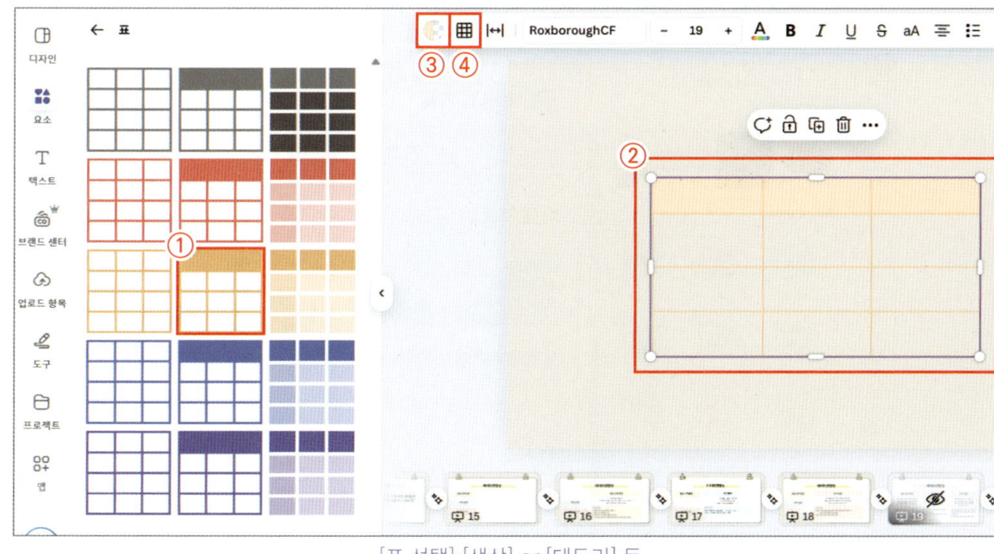

[표 선택]-[색상] or [테두리] 등

3. [표 간격], [셀 간격]을 설정한다.

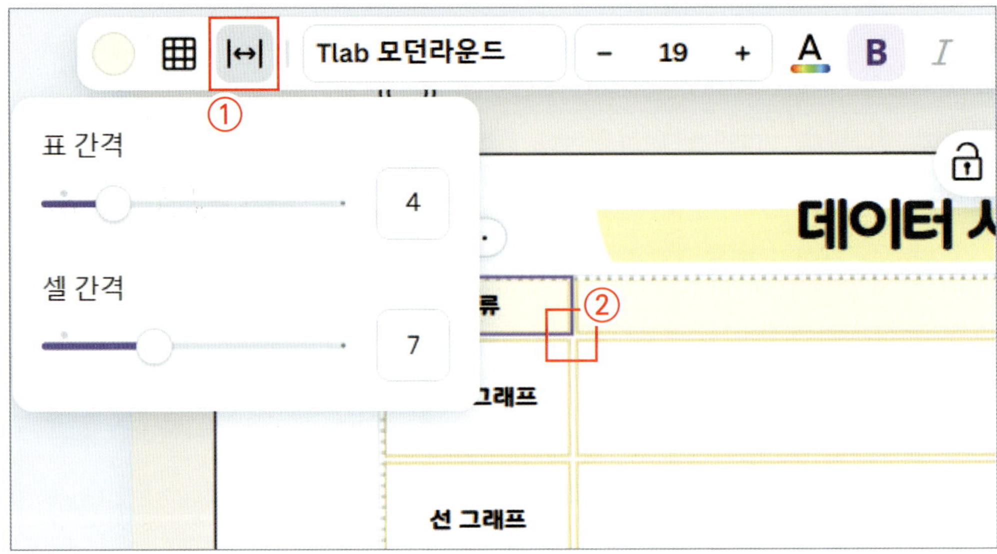

[표 간격]

4. 왼쪽 **사이드 패널**에서 [요소]를 클릭한 뒤 [카테고리 둘러보기]에서 [차트]를 클릭하고 원하는 차트 유형을 선택한다.

[요소]-[요소 검색]-[차트]-[다중 선]

5. 차트에 있는 데이터를 수정한다. 기존 데이터를 불러오거나 직접 입력한다.

6. **[데이터 표 확대]**를 누르면 직접 데이터를 입력할 수 있는 **[데이터 표 편집]** 창이
   열린다. 창의 왼쪽에 스크롤을 살짝 내리면 차트의 제목을 수정할 수 있는 **[원본]**
   과 X축, Y축 레이블 명을 설정한다.

[데이터 표 확대]-[데이터 표 편집]-[텍스트]-[원본]

7. **[데이터 표 편집]**에서 라벨의 색상을 원하는 색상으로 변경한다. 열(column)은 계열, 행(row)은 라벨이라고 표시된다. 색을 변경하고자 하는 **[계열]**을 클릭하고 **[…]**을 누르면 **[색상 편집]**이 나타난다.

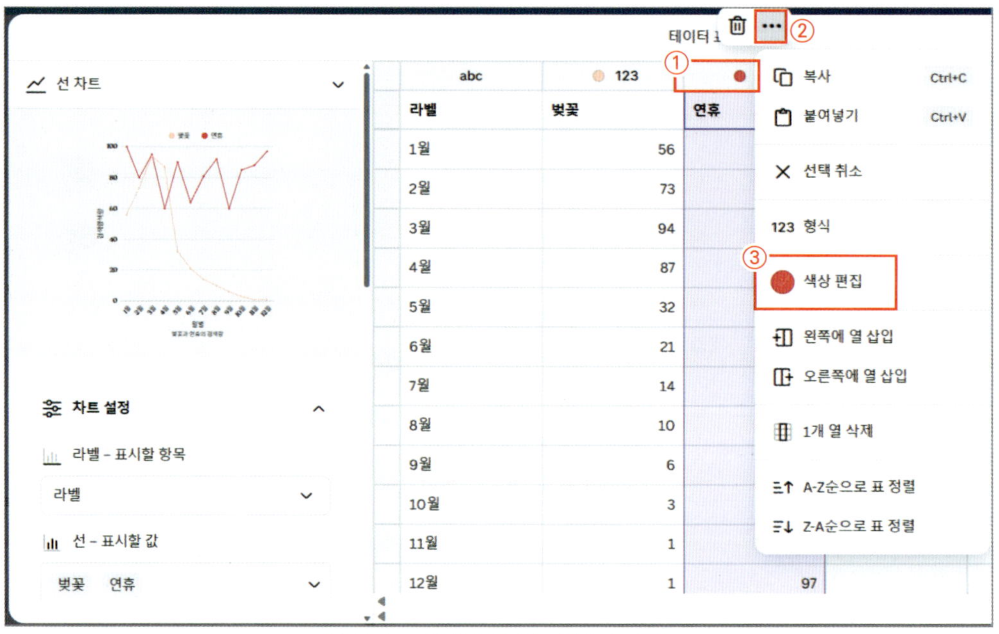

[데이터 표 편집]-[계열]-[…]-[색상 편집]

8. **[데이터 표 편집]** 창의 왼쪽에서 **[선-표시할 값]**을 누르면 나타나는 여러 개의 계열 중 원하는 값만 표시한다.

9. **[데이터 표 편집]** 창을 닫으면 다시 **[디자인 캔버스]** 화면이 나타난다. 상단 **에디터 툴바**에서 **[마커]**를 변경한다.

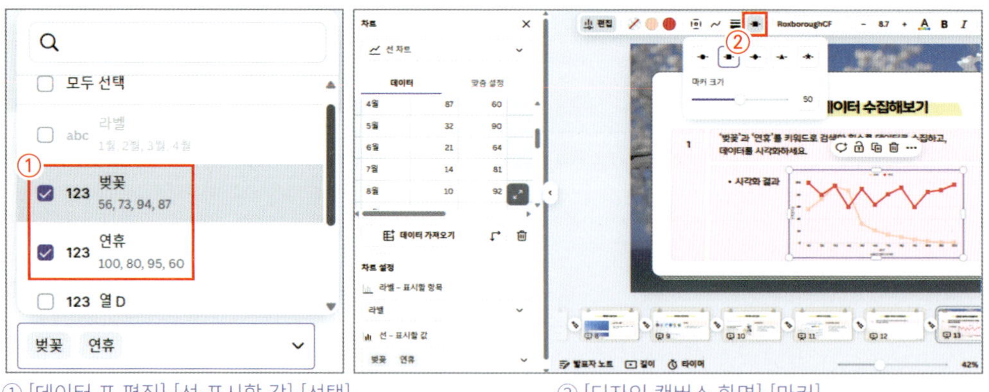

① [데이터 표 편집]-[선-표시할 값]-[선택]   ② [디자인 캔버스 화면]-[마커]

 애니메이션으로 풍성한 수업 자료 만들기

☑ Magic Animate로 모든 페이지에 애니메이션을 적용한다.

페이지에 작성된 여러 요소마다 애니메이션을 개별 적용하기 번거롭거나 일부 요소만 적용하기엔 아쉬울 경우, [Magic Animate] 기능을 활용한다. [Magic Animate]는 페이지마다 작성된 요소들(텍스트, 도형, 사진, 그래픽 등)에 하나의 스타일로 애니메이션 효과를 일괄 적용한다.

1. 하나의 페이지를 선택하고 상단 **에디터 툴바**에서 [애니메이션]을 클릭한다.

2. [Magic Animate]를 클릭하고 원하는 스타일의 애니메이션을 적용한다.

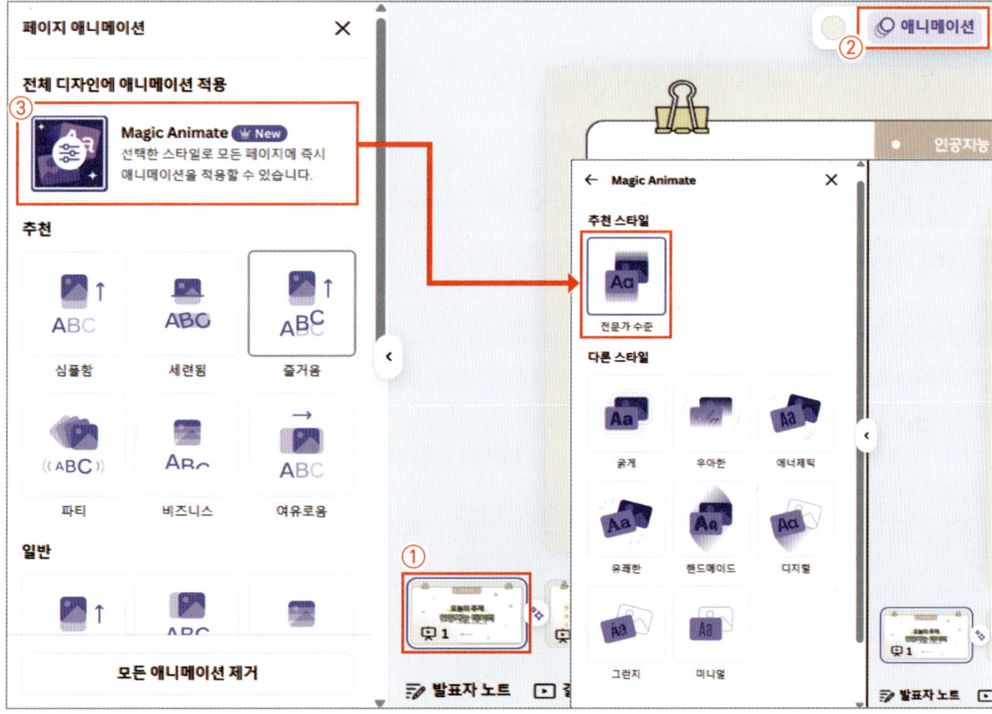

| [페이지 선택]-[애니메이션]-[Magic Animate] | [Magic Animate] - [전문가 수준] |

■▶ **Canva 쌤의 팁**

★ Magic Animate는 프레젠테이션 디자인에 따라 **[추천 스타일]**이 달라진다.

☑ 페이지 전환 효과를 추가한다.

1. 전환 효과를 적용하고자 하는 두 페이지 사이에 마우스를 가만히 두면 두 개의 버튼이 나타난다. 아래에 있는 [**전환 효과 추가**]를 클릭한다.

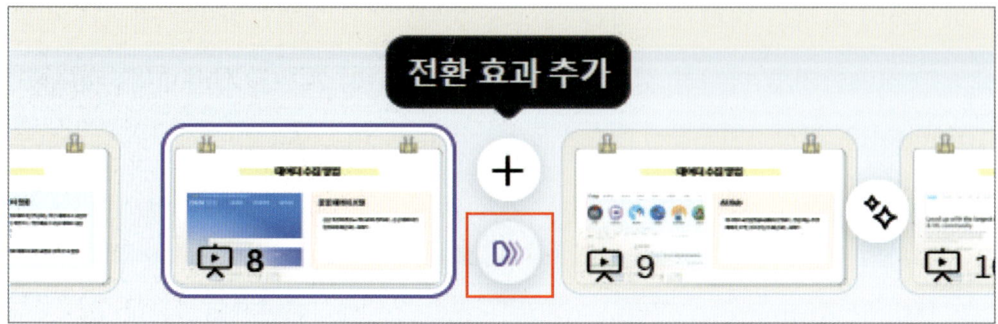

[전환 효과 추가]

2. 왼쪽 **사이드 패널**에서 [**일치 요소 이동**]을 클릭한다. 전환 효과는 페이지마다 다르게 설정할 수 있다.

> ■) **Canva 쌤의 팁**
>
> ★ [**기본**]은 전환 효과가 없음을 뜻한다.

[일치 요소 이동]-[모든 페이지에 적용]

3. **[일치 요소 이동]** 전환 효과는 첫 번째 페이지의 요소가 두 번째 페이지에서도 동일하게 존재할 경우, 해당 요소가 자연스럽게 위치를 옮기며 전환되도록 만든다. 예를 들어, 1번 사진이 다음 페이지로 넘어가며 아래의 미니 사진 위치로 쏙 들어가듯 전환된다.

4. 오른쪽 사진에서는 1번 위치에 있던 "측정 편향"이 2번 위치로 이동하듯 전환되며, 다음 슬라이드에서는 "측정 편향"의 세부 내용이 다시 1번 위치로 이동하듯이 자연스럽게 전환된다.

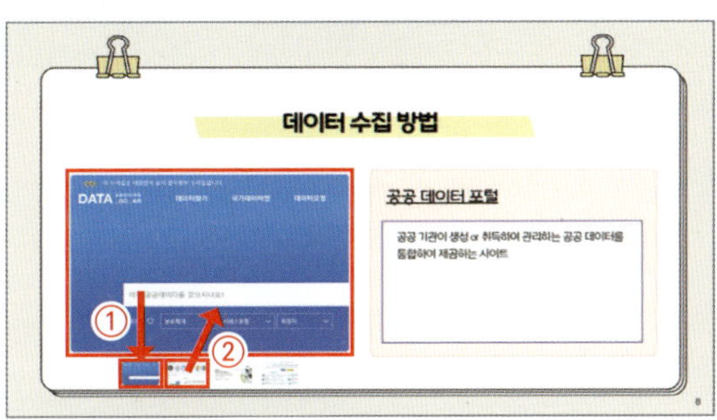
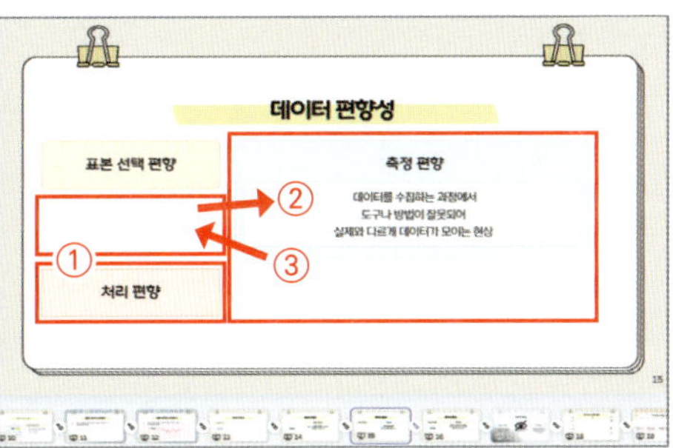

☑ 요소별로 애니메이션을 적용한다.

1. [요소]에서 "벚꽃"을 검색하여 그래픽을 선택하고, 상단 **에디터 툴바**에서 **[애니메이션]**을 클릭한다.

2. 왼쪽 **사이드 패널**의 [요소]에서 **[애니메이션 만들기]**를 클릭한다.

3. 흩날리게 하고 싶은 방향으로 경로를 직접 그린다.

4. 추가로 움직임 스타일이나 스피드를 조정한다.

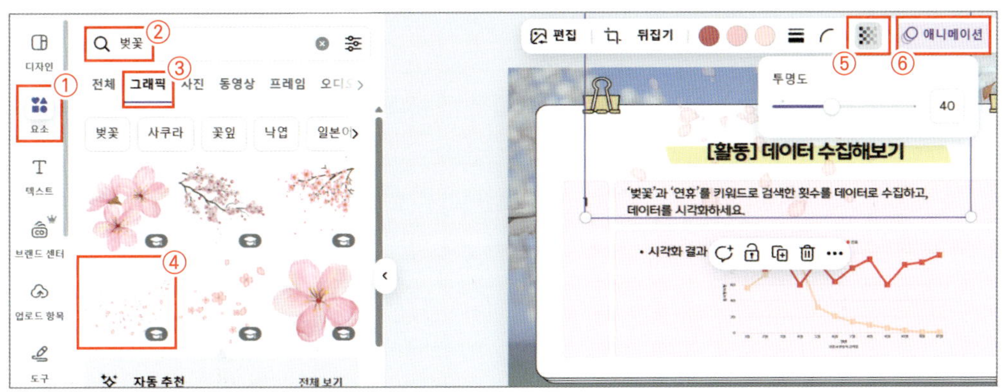

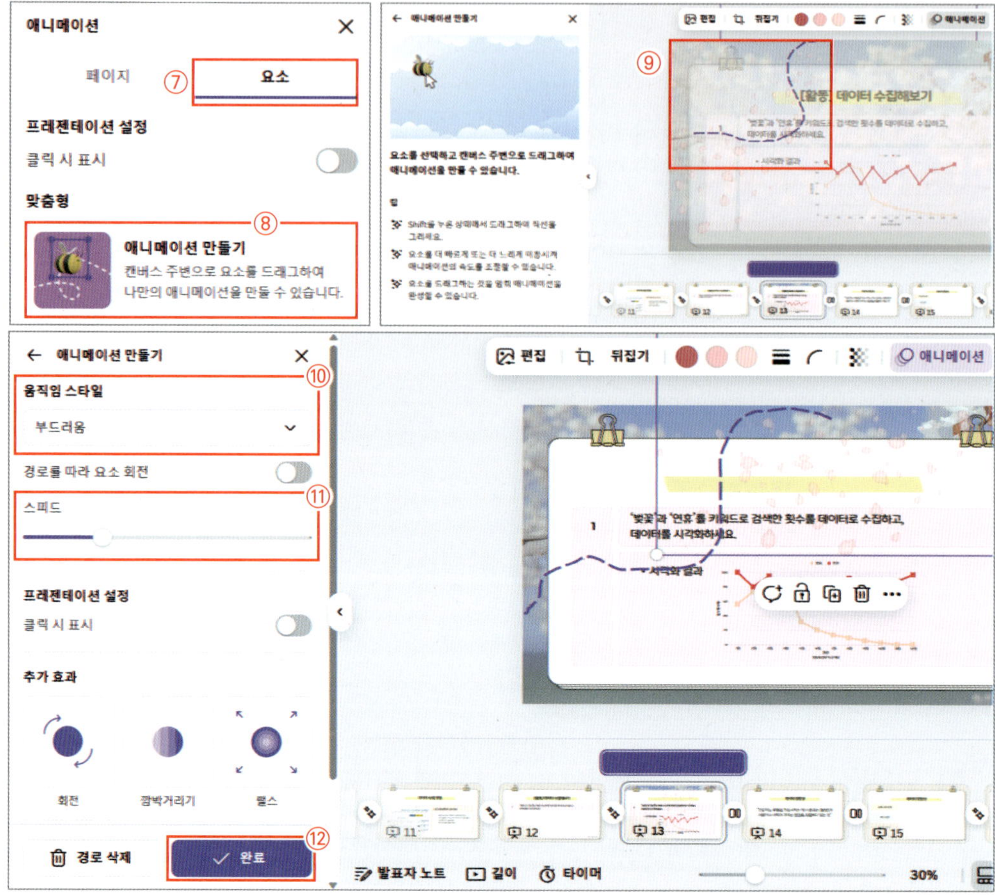

[요소]-["벚꽃" 검색]-[그래픽]-[애니메이션]-[맞춤형]-[경로 그리기]-[완료]

◾⫶ Canva 쌤의 팁

★ **[추가 효과]**를 잘못 클릭했을 때 수정하고 싶은 경우

○ 먼저 **[완료]**를 클릭한다.

○ 왼쪽 사이드 패널에서 **[애니메이션]**을 선택하고 스크롤을 맨 아래로 내리면 **[추가 효과]** 항목이 나타난다.

○ 실수로 선택된 추가 효과인 **[펄스]**를 클릭하고, 하단에 있는 **[애니메이션 제거]**를 클릭한다.

★ 요소별 애니메이션을 선택할 때 다양한 애니메이션 효과가 제공되며, 요소가 등장할 때 나타날 것인지, 다른 페이지로 넘어갈 때 나타날 것인지 등도 디테일하게 설정할 수 있다.

[애니메이션]-[애니메이션 제거]

4 AI 기능으로 완벽한 발표 자료 만들기

페이지에 어울리는 사진을 배경으로 지정하려고 할 때 사진이 너무 작다면, 억지로 확대하는 대신 [Magic Expand]를 사용한다. [Magic Expand]는 기존 사진과 자연스럽게 어울리도록 나머지 공간을 확장해 새로운 사진으로 생성해 준다.

☑ Magic Expand로 원하는 사진의 배경을 확장해 본다.

1. [요소]에서 원하는 사진을 불러온 뒤, 현재 사진을 원하는 위치와 크기에 맞춰 조정한다.

2. 상단 **에디터 툴바**에서 [편집]을 클릭한다.

3. [Magic Studio]에서 [Magic Expand]를 클릭한다.

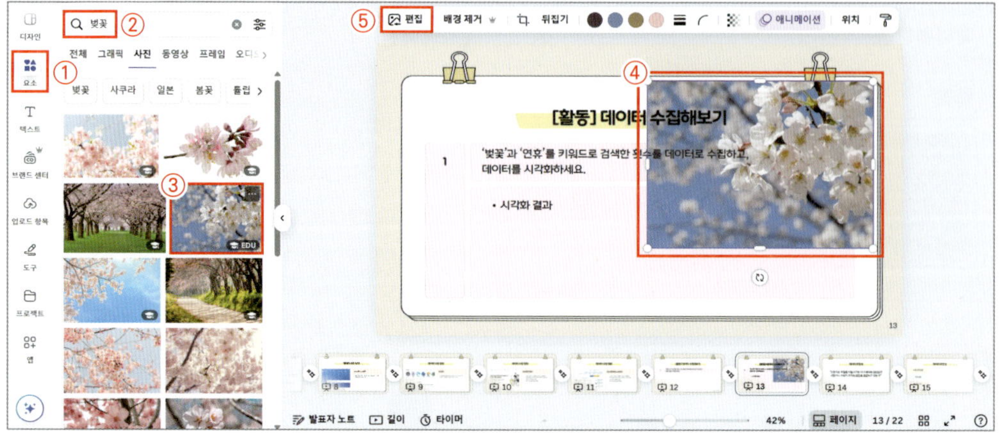

[요소]-[사진]-[위치와 크기 조정하기]

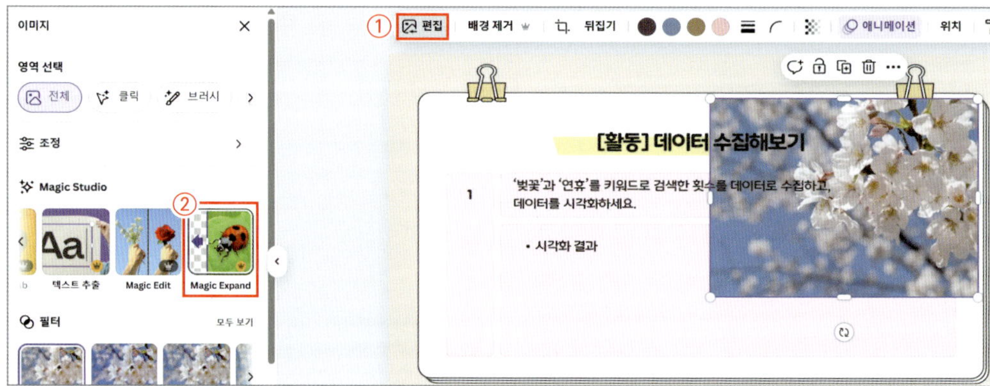

[편집]-[Magic Expand]

4. [확장하기]를 클릭한 후 [전체 페이지]를 선택하고, 하단에 있는 [확장]을 클릭한다.

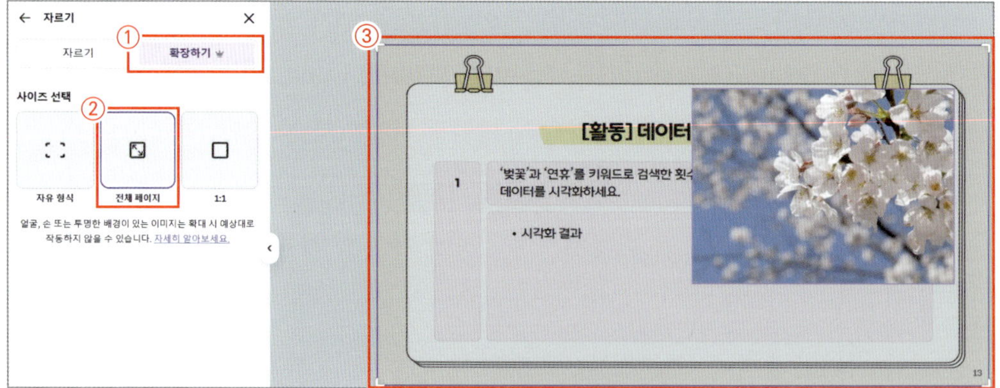

[확장하기]-[전체 페이지]-[확장]

5. 생성된 이미지들 중에서 원하는 이미지를 선택하고 **[완료]**를 클릭한다.

[생성된 이미지 선택]-[완료]

6. 사진을 배경으로 설정하려면, 사진에서 마우스 오른쪽 버튼을 클릭한 후 **[레이어]**를 선택하고 **[맨 뒤로 보내기]**를 클릭한다.

7. 페이지 분위기에 맞게 조정하려면 **[필터]** 설정을 변경한다.

8. 상단 **에디터 툴바**에서 **[편집]**을 클릭하고, **[필터]**에서 원하는 필터를 선택하거나 **[강도]**를 조절한다.

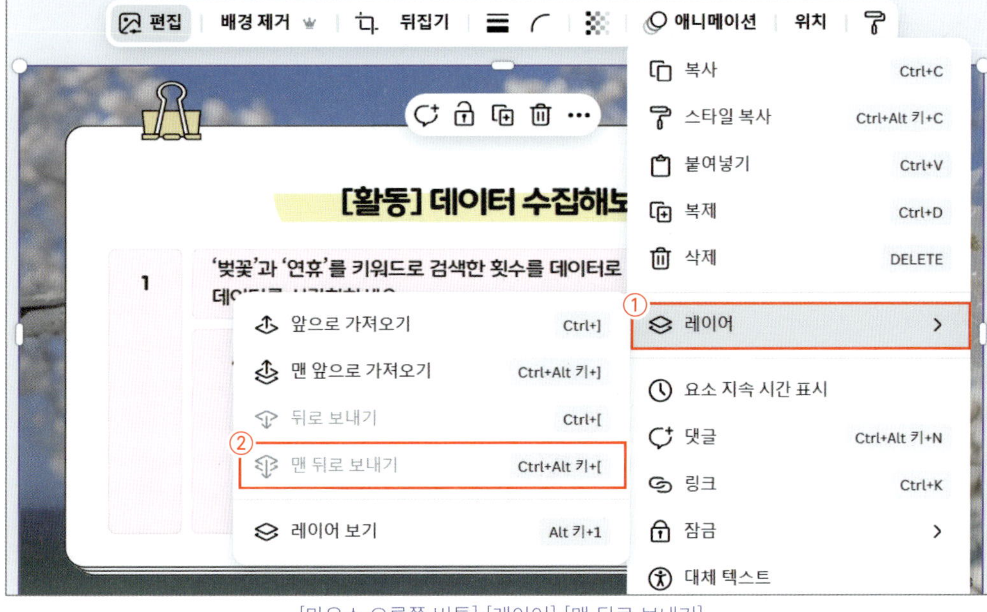

[마우스 오른쪽 버튼]-[레이어]-[맨 뒤로 보내기]

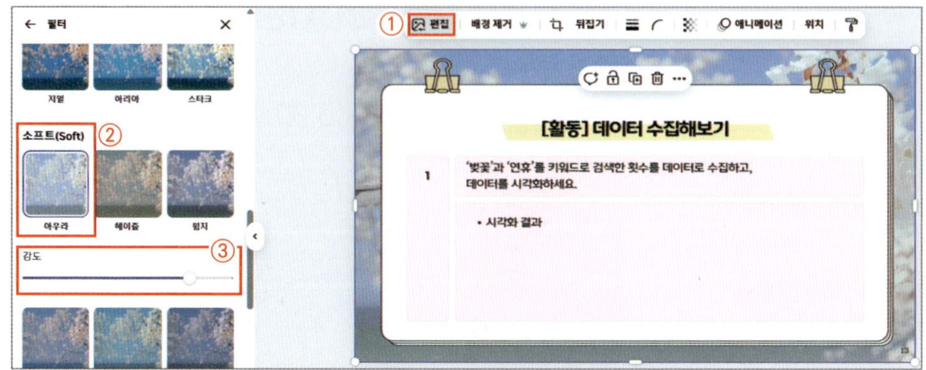

[편집]-[필터]-[소프트]-[강도]조절

📢 **Canva 쌤의 팁**

★ [Magic Expand]는 생성형 AI 기능이므로 생성 요청할 때마다 만들어지는 이미지가 달라진다. 같은 이미지가 생성되지 않으니 유의해야 한다.

☑ AI로 발표자 노트를 생성하여 빠르게 발표 자료를 만든다.

[발표자 노트]는 발표자가 발표할 때 참고할 수 있는 스크립트이며, **[발표자 노트 생성]** 기능은 이 스크립트를 페이지 내용에 맞춰 AI가 자동으로 작성해 주는 기능이다. 단, 학생은 권한 부여 정도에 따라 발표자 노트 생성 기능을 사용하지 못할 수도 있다.

1. 발표자 노트를 생성하려면 먼저 원하는 페이지를 선택한다.

2. 좌하단에 있는 **[발표자 노트]**를 클릭하면 왼쪽에 **[발표자 노트 생성]**이라는 AI 기능이 나타난다.

3. 이 기능을 실행하면 스크립트가 자동으로 완성된다.

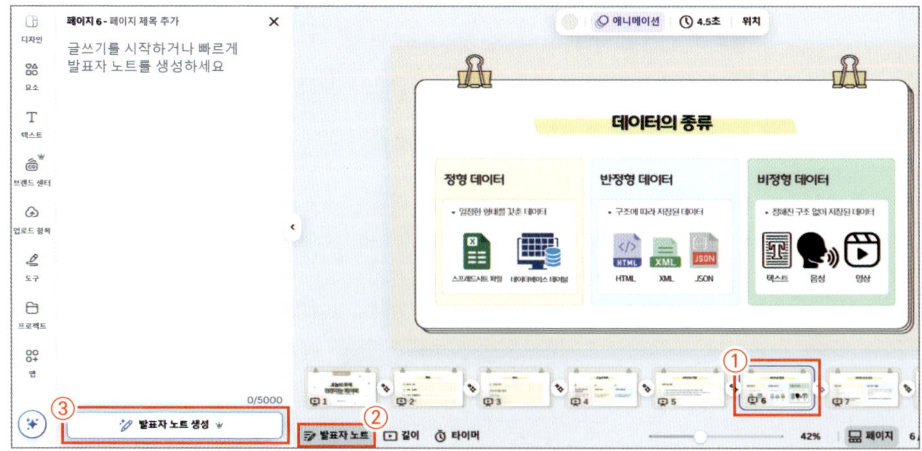

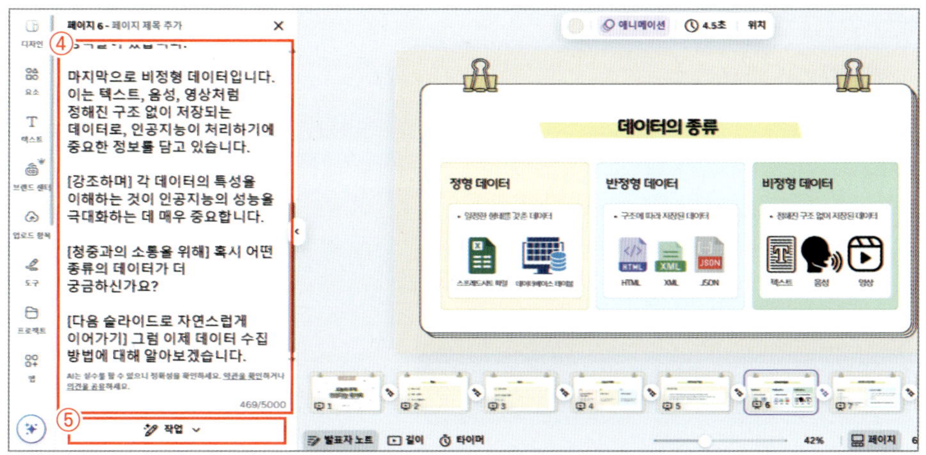

[페이지 선택]-[발표자 노트]-[발표자 노트 생성]

4. 생성된 발표자 노트가 마음에 들지 않는다면 수정을 요청한다. 하단에 있는 **[작업]**을 클릭한다.

5. **[발표자 노트 짧게 줄이기]**, **[더 재미있게]**, **[더 격식 있게]** 등의 옵션을 선택해 원하는 방식으로 수정할 수 있다. 다시 작성하길 원할 경우 **[텍스트 재작성]**을 클릭한다.

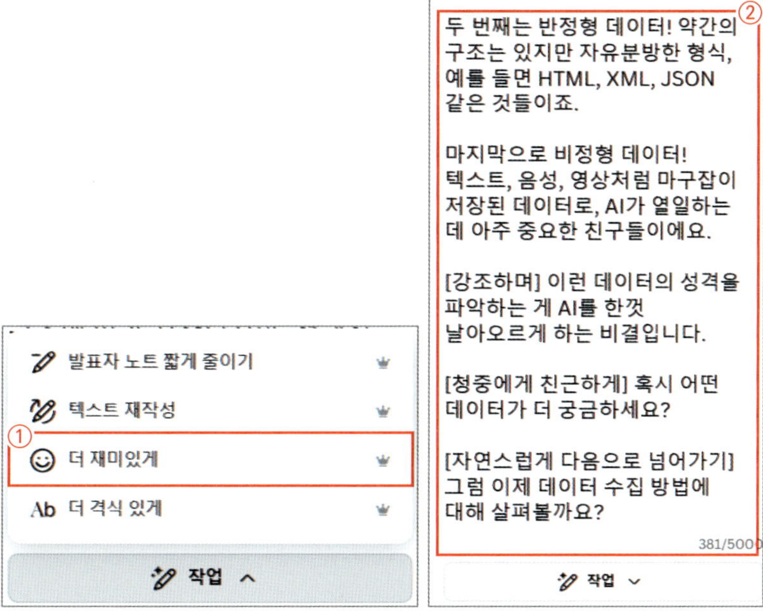

[작업]-[더 재미있게]

☑ 자기소개서

**마음껏 편집해서
사용하세요!**

joo.is/canva5102

☑ 퀴즈

**마음껏 편집해서
사용하세요!**

joo.is/canva5103

5.2.
학급 행사 프레젠테이션으로 배우는 Canva

레이아웃, 레이어, 글꼴 조합 및 색상 팔레트 AI 기능(magic grab/magic media)

마음껏 편집해서 사용하세요!

joo.is/canva5201

Canva의 레이아웃 기능을 활용하여 자신이 원하는 구성으로 독특하고 다양한 학급 행사 안내 자료를 생동감 있게 제작할 수 있다. 이 장에서는 프레젠테이션 레이아웃 선택부터 AI 기반의 고급 기능 활용까지 단계별 안내 자료 제작 방법을 제시한다.

· 레이아웃 선택하기
· Magic Grab 활용하기
· 제목 슬라이드 제작
· 준비물 슬라이드 제작
· 진행 방법 슬라이드 구성
· Magic Media를 이용한 콘텐츠 제작

Canva의 레이아웃과 AI 도구로 독특하고 매력적인 학급 행사 자료를 만들어 보자.

1 레이아웃 선택하기

☑ ➕ 디자인 만들기를 클릭한다.

1. [**프레젠테이션(16:9)**]를 선택한다.

2. 왼쪽 **사이드 패널**에서 [**디자인**]을 클릭한 후 [**레이아웃**]을 선택하여 제목과 부제목이 있는 레이아웃을 고른다.

[디자인 만들기]-[프레젠테이션(16:9)]

[디자인]-[레이아웃]-[선택]

2 Magic Grab으로 제목 슬라이드 꾸미기

☑ 배경에 들어갈 대표 사진을 선택한다.

1. 왼쪽 **사이드 패널**에서 [요소]를 클릭하고 "개구쟁이 아이들 사진"을 검색한 뒤,
   [사진]을 눌러 원하는 사진을 선택한다.

[요소]-["개구쟁이 아이들" 검색]-[사진]

☑ Canva의 AI 기능인 [Magic Grab]을 사용하여 사진에서 일부 개체를 추출한다.

1. 제목이 잘 보이도록 아이들만 따로 추출하여 표지에 들어갈 개체로 활용한다.

2. 사진을 선택하고 상단 **에디터 툴바**에서 [편집]을 클릭한다.

3. 왼쪽 **사이드 패널**에서 [Magic Studio]의 [Magic Grab]을 클릭한다.

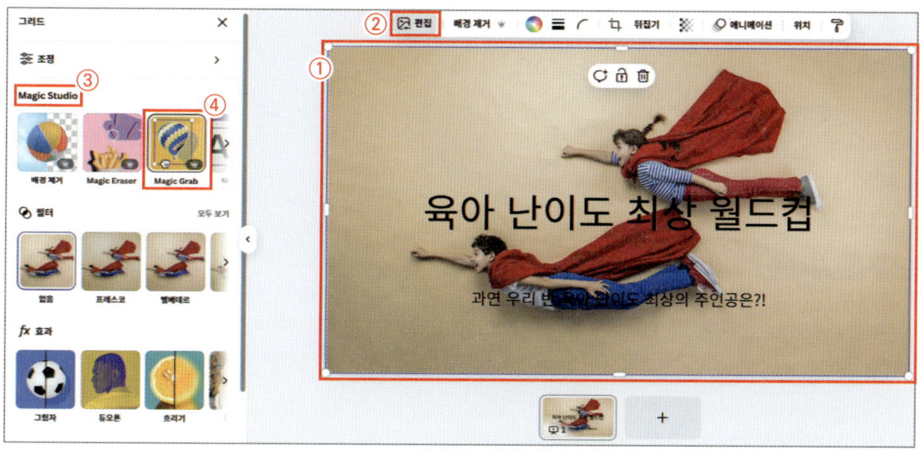

[사진 선택]-[편집]-[Magic Grab]

4. [클릭]으로 추출하고 싶은 개체를 선택한 뒤 [추출하기]를 클릭한다.

5. 추출된 개체의 크기를 조절하고, 표지에 어울리는 적절한 위치로 이동한다.

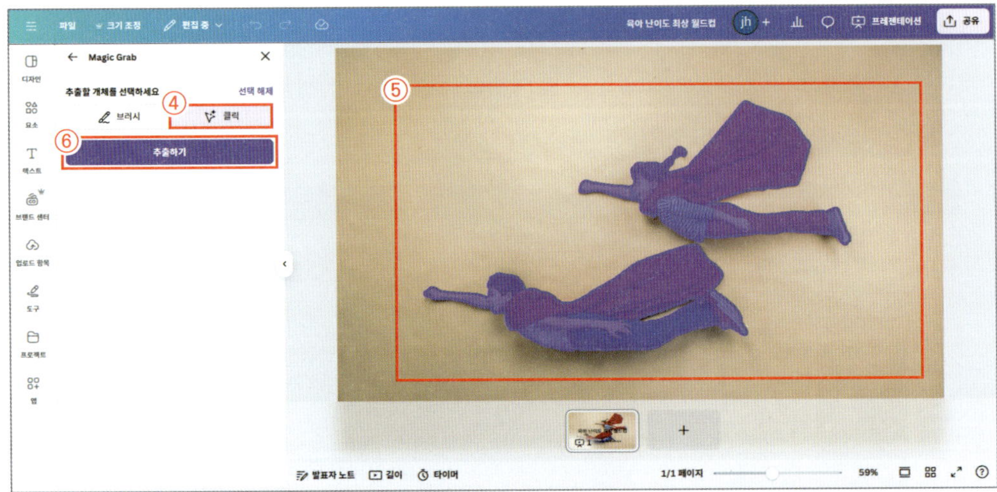

[클릭]-[개체 선택]-[추출하기]

☑ 배경 색을 지정한다.

1. 배경을 클릭한 후 상단 **에디터 툴바**에서 [색상]을 선택한다.

2. 왼쪽 **사이드 패널**의 [**사진 색상**]에서 추출된 색을 확인하고, 어울리는 색으로 배경을 설정한다.

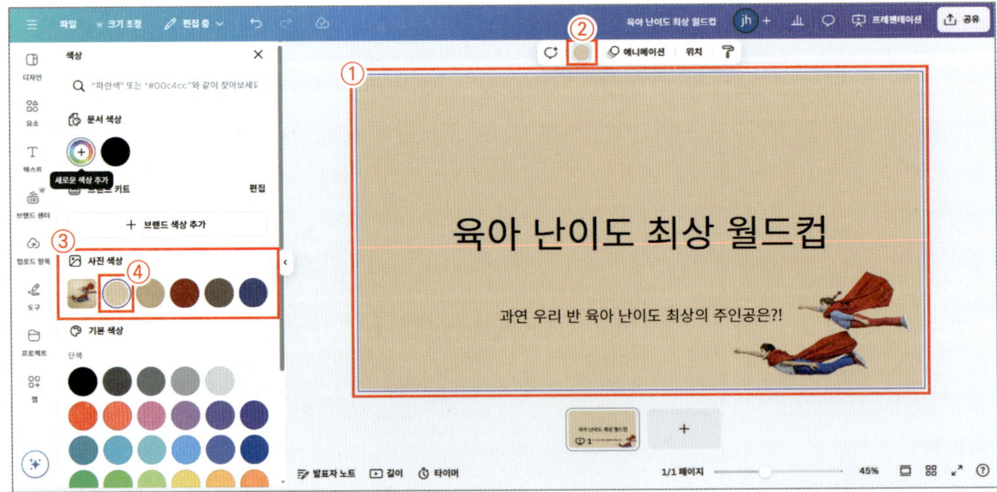

[배경 선택]-[색상]-[사진 색상]

3. **[문서 색상]**에서 **[새로운 색상 추가]**를 클릭하고 **[그라데이션]**을 선택한다.

4. 두 번째 색상에 원하는 색상을 지정한 뒤, 원하는 그라데이션 모양을 클릭한다.

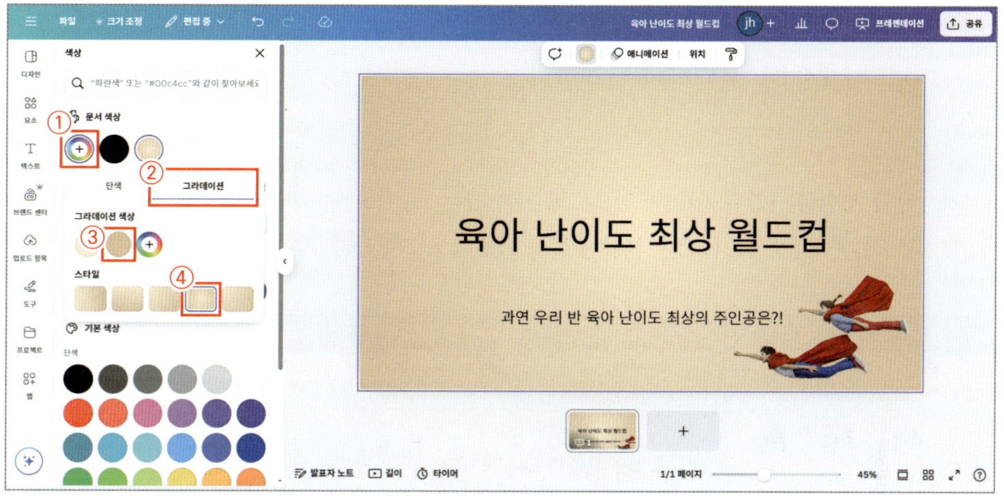

[문서 색상]-[새로운 색상 추가]-[그라데이션]-[두 번째 색상 선택]-[그라데이션 모양 선택]

☑️ 글꼴 조합으로 제목 모양을 바꾼다.

1. 왼쪽 **사이드 패널**에서 **[텍스트]**를 클릭하고, **[글꼴 조합]**에서 학급 행사와 어울리는 제목 스타일을 선택한다.

2. 선택한 **[글꼴 조합]**의 구성에 맞춰 "육아 난이도 최상 월드컵"이라는 문구로 표지 제목을 수정한다.

[텍스트]-[글꼴 조합]

☑ 제목 색상을 바꾼다.

1. 제목을 클릭한 후 상단 **에디터 툴바**에서 글자 안쪽의 색상을 변경한다.

2. 글자 바깥쪽의 색상은 상단 **에디터 툴바**에서 **[효과]**를 클릭한 다음, 왼쪽 **사이드 패널**의 **[색상]**을 선택하여 변경한다.

[제목 선택]-[색상], [효과]-[색상]

☑ 표지 제목의 글자마다 글자를 개별적으로 회전하고 위치를 바꾼다.

[글꼴 조합]은 [그룹화]되어 있으므로 위에 있는 "육아 난이도"와 "최상 월드컵"을 각각 따로 선택해 [색상], [회전], [위치] 등을 개별적으로 변경한다.

1. 제목을 선택한 후 바로 위에 나타나는 **[그룹 해제]**를 클릭하여 "육아 난이도"와 "최상 월드컵" 글자를 따로 설정한다.

[제목 선택]-[그룹 해제]

2. 그룹이 해제된 "육아 난이도" 글자를 클릭하고, 나타나는 회전 아이콘을 사용해 원하는 각도로 회전한다.

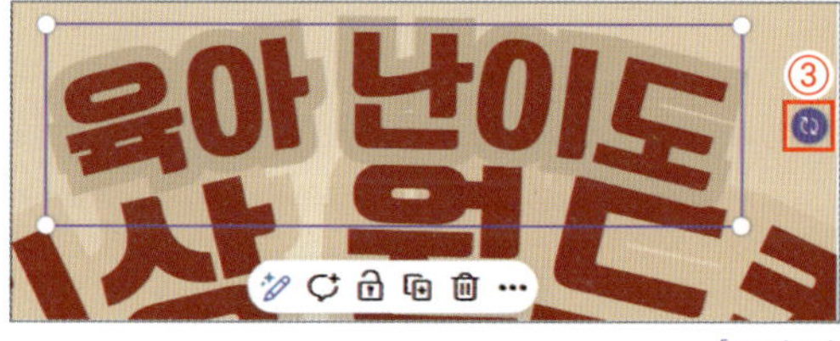
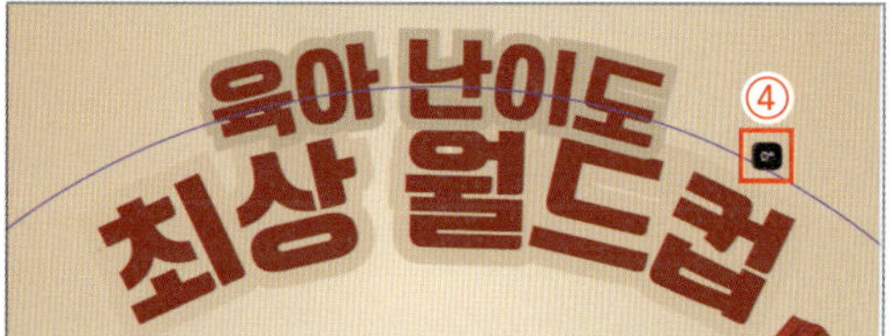

[글자 선택]-[회전]

☑ 일반 텍스트에도 곡선을 적용한다.

1. 부제목을 선택한 후 상단 **에디터 툴바**에서 **[효과]**를 클릭한다.

2. 왼쪽 **사이드 패널**에서 **[도형]** → **[곡선]**을 선택하고, 원하는 곡선 정도를 설정한다.

[부제목 선택]-[효과]-[도형]-[곡선]

☑ 페이지를 추가한다.

1. 슬라이드 하단에서 **[페이지 추가]**를 클릭한다.

2. 두 번째 레이아웃을 선택할 때는 첫 번째 슬라이드에서 설정한 옵션이 반영된다.

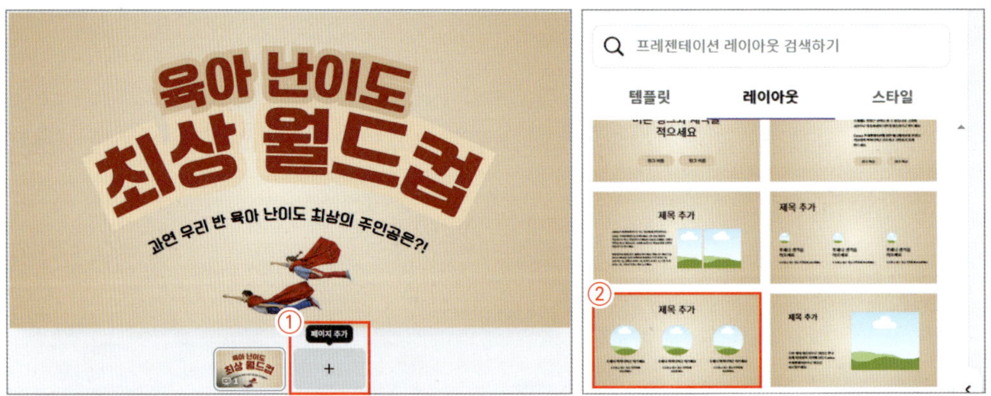

[페이지 추가]-[레이아웃 선택]

☑ 배경을 사진으로 변경한다.

1. 왼쪽 **사이드 패널**에서 **[요소]**를 클릭하고 "공룡 개구쟁이 아이들"을 검색한 후,
콘셉트에 맞는 사진을 선택한다.

📣 **Canva 쌤의 팁**

★ 검색어가 같아도 같은 사진이 나오지 않을 수도 있다는 점에 유의한다.

[요소]-["공룡 개구쟁이 아이들" 검색]

☑ 사진 설정을 변경한다.

1. 사진의 크기를 배경에 맞춰 조정한 다음 마우스 오른쪽 버튼을 클릭해 **[레이어]**를 선택한다.

2. **[맨 뒤로 보내기]**를 선택해 사진이 배경으로 들어가도록 설정한다.

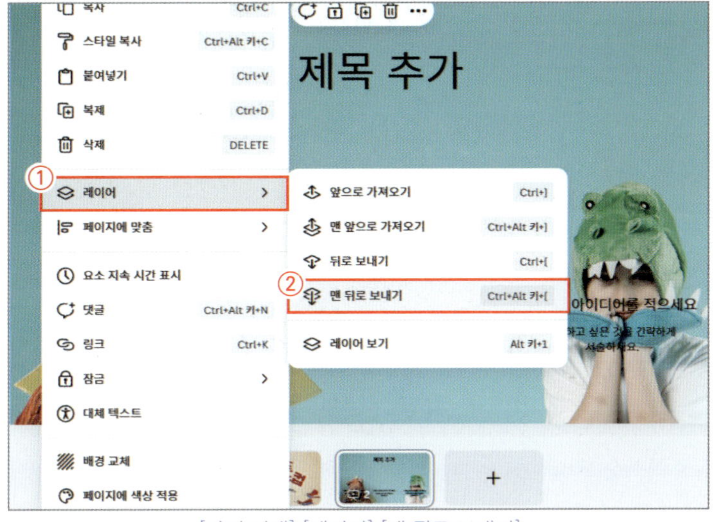

[사진 선택]-[레이어]-[맨 뒤로 보내기]

3. 사진을 선택한 후 상단 **에디터 툴바**에서 **[투명도]**를 클릭하고, 텍스트의 가독성을 위해 사진의 투명도를 적절히 조절한다.

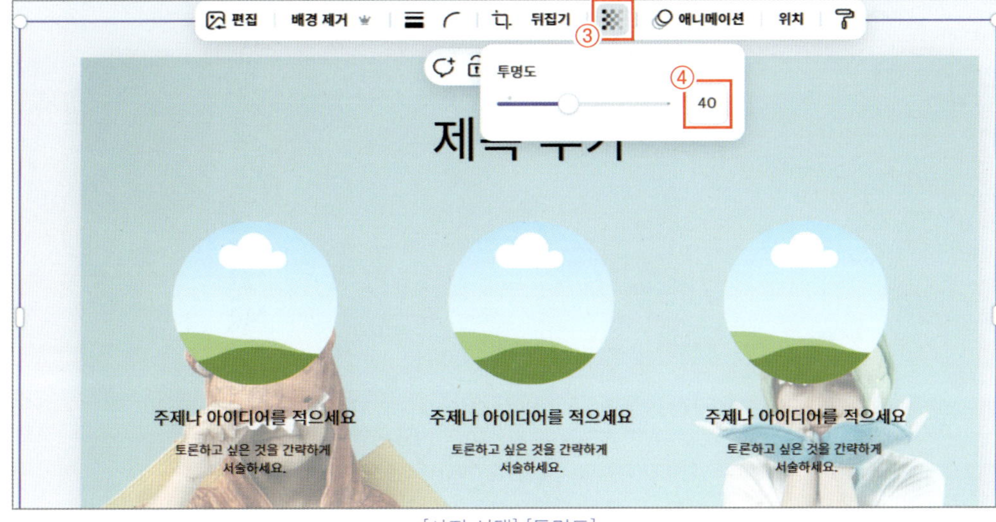

[사진 선택]-[투명도]

4. 상단 **에디터 툴바**에서 [편집]을 선택하고, 왼쪽 **사이드 패널**에서 [흐리기]를 선택하여 사진에 있는 아이들이 글자를 가리지 않도록 설정한다.

[사진 선택]-[편집]-[흐리기]

5. [브러시]를 선택한 후, 아이들만 흐리게 설정한다. [브러시 크기]와 [강도]를 조절하고, 마우스로 흐리게 적용할 영역을 칠한다.

[브러시]-[브러시 크기], [강도]-[영역 칠하기]

☑️ 글꼴을 변경한다.

1. 변경하고 싶은 텍스트를 클릭한 후 상단 **에디터 툴바**에서 [글꼴]을 클릭한다.

2. 왼쪽 **사이드 패널**에서 원하는 글꼴을 선택한다.

📢 **Canva 쌤의 팁**

★ 원하는 글꼴을 찾기 어려운 경우, 키워드를 입력해 검색하면 쉽게 찾을 수 있다.

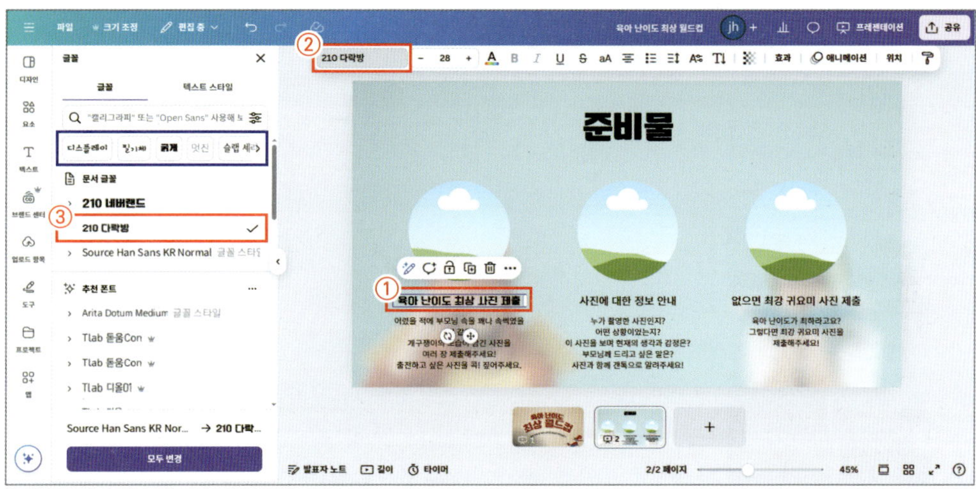

[텍스트 선택]-[글꼴]

☑️ 텍스트 색상을 변경한다.

1. 변경하고 싶은 텍스트를 클릭한 후 상단 **에디터 툴바**에서 [텍스트 색상]을 클릭한다.

2. 왼쪽 **사이드 패널**에서 원하는 색상을 선택한다.

[텍스트 선택]-[색상]

☑ 프레임에 맞춰 어울리는 사진을 삽입한다.

1. 왼쪽 **사이드 패널**에서 [요소]를 클릭하고, 원하는 사진을 검색한다.

2. 사진을 드래그하여 프레임에 옮겨 넣으면 해당 프레임에 맞춰 사진이 자동으로 들어간다.

> **📢 Canva 쌤의 팁**
>
> ★ 프레임을 더블클릭하면 사진을 원하는 위치로 이동할 수 있다.

[요소]-[사진]-[드래그하여 삽입]

4 진행 방법 슬라이드

☑ 페이지를 복제한다.

1. 준비물 슬라이드의 오른쪽 상단에 있는 [⋯]을 클릭한다.

2. [페이지 복제]를 선택하거나 단축키 Ctrl+D를 사용해 슬라이드를 복제한다.

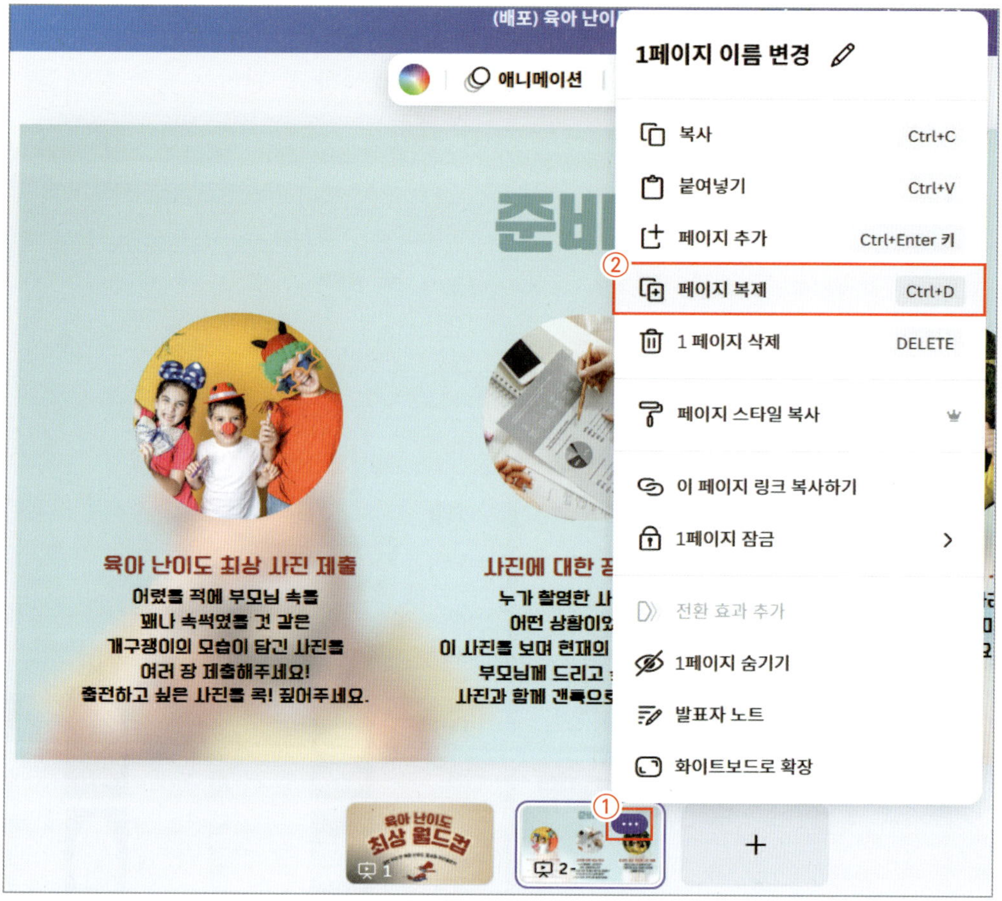

[페이지 복제]

✔️ 배경을 설정한다.

1. [요소]에서 "트로피"를 검색해 가져온 사진을 클릭한 후, 상단 **에디터 툴바**에서 [**투명도**]를 설정한다.

2. [**뒤집기**]를 클릭하고 [**수직 뒤집기**]를 선택한다.

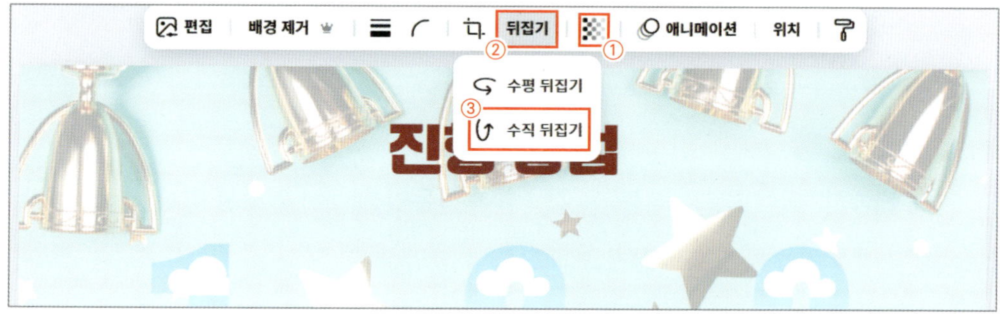

[사진]-[뒤집기]-[수직 뒤집기]

☑ 프레임을 숫자로 변경하고, 동영상을 삽입한다.

1. [**요소**]에서 [**프레임**] 으로 들어가, 숫자 "1"을 검색하고, 원하는 숫자 프레임을
   선택한다.

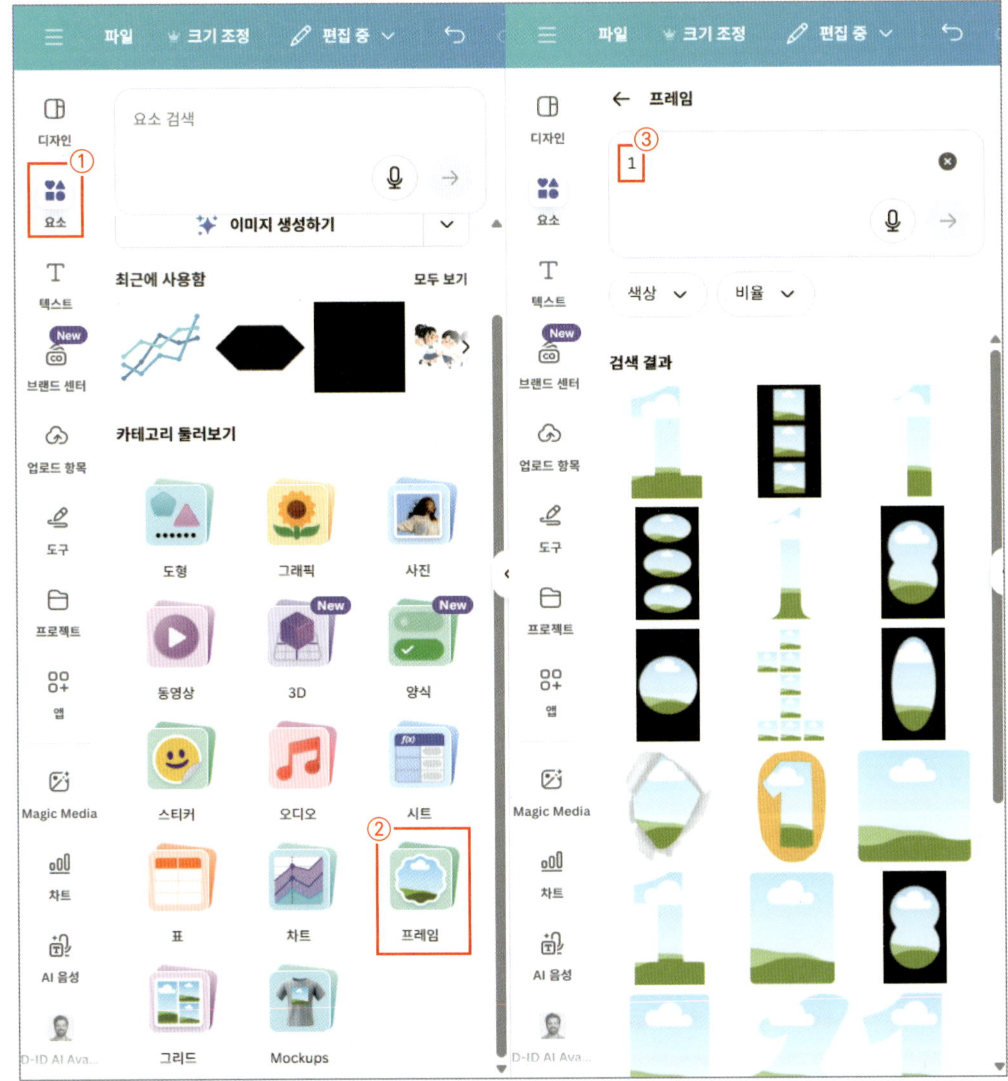

[요소]-[프레임]-["1" 검색]

2. [**요소**]에서 "뛰어노는 아이들"을 검색한 후, [**동영상**]에서 원하는 영상을 선택한다.

3. 해당 영상을 숫자 1 프레임에 드래그하여 삽입한다.

4. 같은 방법으로 숫자 2, 3 프레임에도 동일한 영상을 삽입한다.

[요소]-["뛰어노는 아이들" 검색]-[동영상]-[숫자 프레임에 삽입]

5 Magic Media로 이미지와 그래픽 생성하기

☑ Magic Media로 배경 이미지를 생성한다.

1. 왼쪽 **사이드 패널**에서 **[앱]**을 클릭하고 "Magic Media"를 검색한 후 선택하여, 왼쪽 **사이드 패널**에 **[Magic Media]** 아이콘을 생성한다.

2. **[이미지]**를 선택하고 프롬프트를 자세히 작성한다.

[앱]-["Magic Media" 검색]-[선택]-[이미지]-[프롬프트 입력]

3. 이미지의 콘셉트는 왼쪽 하단의 [스타일]을 클릭해 원하는 스타일을 선택한다. 이전 화면으로 돌아가려면 상단의 [< 스타일]을 클릭한다.

4. 이미지의 레이아웃은 [정사각형]을 클릭해 변경하고, [< 레이아웃]을 눌러 이전 화면으로 돌아간다.

5. 마지막으로 하단의 [이미지 생성하기]를 클릭해 이미지를 생성한다.

[스타일 선택]-[레이아웃 선택]-[이미지 생성하기]

6. 완성된 이미지를 배경으로 삽입하기 위해 선택한 후, 상단 **에디터 툴바**에서 투명도를 적절히 조절한다.

> ▪️◀ **Canva 쌤의 팁**
> ★ 생성형 AI 기능이기 때문에 같은 프롬프트를 입력해도 매번 다른 이미지가 생성된다.
> ★ 생성된 이미지에서 일부만 수정하고 싶다면, 해당 이미지의 왼쪽 상단에 있는 점 3개 버튼을 클릭한 뒤 [비슷한 이미지 더 생성하기]를 선택한다.
> ★ 이미지가 마음에 들지 않을 경우, 스크롤을 내려 프롬프트나 스타일을 변경하여 다시 생성하거나, 기존 설정을 그대로 두고 [다시 생성하기] 버튼을 눌러 새로운 이미지를 만든다.

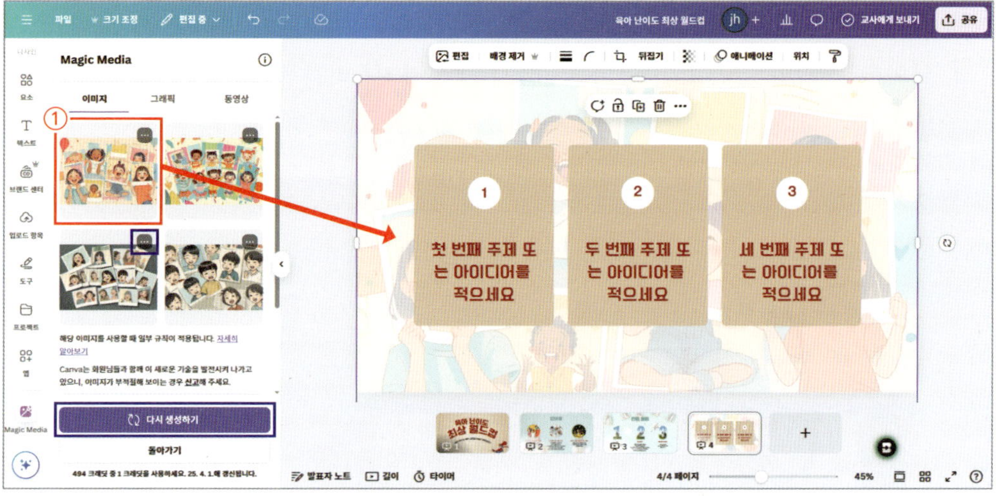

[생성된 이미지 삽입]-[다시 생성하기]

✅ Magic Media로 그래픽을 생성한다.

1. [Magic Media]에서 [그래픽]을 클릭한 후, 만들고 싶은 이미지에 필요한 5개의 단어를 포함해 프롬프트를 작성한다.

2. [스타일]을 클릭하여 [스티커]를 선택하고, [그래픽 생성] 버튼을 눌러 그래픽을 생성한다.

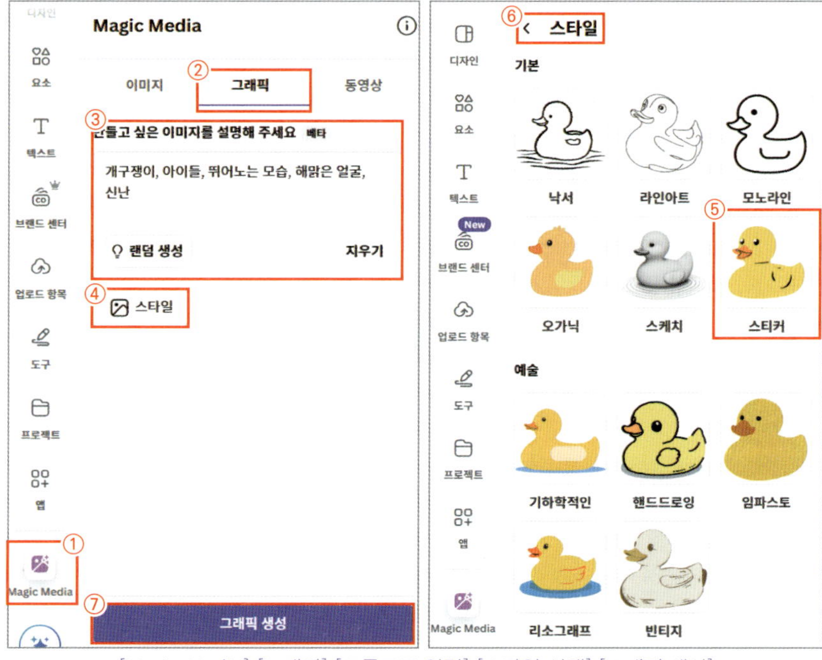

[Magic Media]-[그래픽]-[프롬프트 입력]-[스타일 선택]-[그래픽 생성]

3. 그래픽이 완성되면 원하는 위치에 적절히 배치한다.

4. 원하는 스티커 그래픽이 없다면 **[다시 생성하기]** 버튼을 클릭하여 새로운 그래
   픽을 생성한다.

[그래픽 삽입]

📦 수업 활용 꾸러미

☑ 마니또

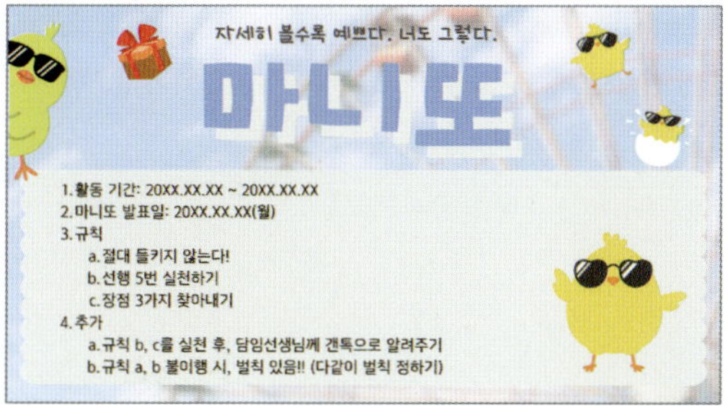

마음껏 편집해서
사용하세요!

joo.is/canva5202

☑ 생일파티

마음껏 편집해서
사용하세요!

joo.is/canva5203

☑ 국어 수업 - 시화 소개

마음껏 편집해서
사용하세요!

joo.is/canva5204

6장

개성 넘치는
수업을 만드는

Canva 주요 기능
with AI

수업 시간에는 학생들이 즐겁고 몰입할 수 있는 활동 중심 자료가 꼭 필요하다.

특히 학급 포스터나 캠페인 영상처럼 시각적이고 메시지가 분명한 자료는 학급 문화를 긍정적으로 이끄는 데 중요한 역할을 한다.

Canva에서는 이런 자료를 쉽고 멋지게 만들 수 있도록 다양한 기능을 제공한다. AI 기능, 영상 편집, 이미지 보정 도구 등을 활용하면 전문 디자이너처럼 고품질의 포스터를 만들고, 감정을 자극하는 캠페인 영상도 손쉽게 제작할 수 있다. 이러한 자료는 학급 분위기를 따뜻하게 만들고, 학생들의 참여도도 자연스럽게 높여 준다.

이번 장에서는 Canva의 포스터와 동영상 기능을 활용하여 학급 규칙 안내 포스터와 친구 사랑 캠페인 영상을 만드는 방법을 함께 알아본다.

✅ 학급 규칙 안내 포스터로 배우는 Canva

템플릿, 텍스트 효과, 사진 편집 기능을 활용해 학생들이 쉽게 이해하고 공감할 수 있는 포스터를 제작한다.

✅ 친구 사랑 캠페인 영상으로 배우는 Canva

콜라주, Beat Sync, TTS, 애니메이션 효과 등을 활용해 따뜻하고 감동적인 영상 자료를 만든다.

6.1.
학급 규칙 안내 포스터로 배우는 Canva

템플릿 활용, 텍스트 효과, 사진 편집 기능(Edit, Eraser, 배경 제거)

마음껏 편집해서 사용하세요!

joo.is/canva6101

Canva를 활용해 학생들이 쉽게 이해하고 공감할 수 있는 학급 규칙 안내 포스터를 직접 만들어 보자. 텍스트 효과와 사진 편집 기능으로 시각적 완성도를 높이고, 친근한 분위기의 포스터를 제작할 수 있다.

- 템플릿 선택
- 학급 규칙 구성 & 텍스트 효과 추가
- 사진 편집 기능 활용
- 디자인 도구 활용

Canva의 쉽고 강력한 디자인 도구로 교실 분위기를 따뜻하게 만들어 줄 학급 규칙 포스터를 만들어 보자.

☑ ⊕ 디자인 만들기를 클릭한다.

1. 포스터를 선택한다.

2. 검색 바에 "학교 포스터", "교실 규칙", "클래스 룰", "안내 포스터" 등을 입력해 템플릿을 검색한다.

3. 원하는 템플릿을 선택한 후 **[사용하기]**를 클릭한다.

> 📣 **Canva 쌤의 팁**
>
> ★ 상단 검색창에 "포스터"를 검색해서 포스터 템플릿을 둘러보는 것을 추천한다.
>
> ★ 학생들이 쉽게 이해할 수 있도록 밝고 친근한 색감(파스텔톤)을 선택한다.
>
> ★ 재미있는 템플릿을 활용해 학생들이 학급 규칙에 호감을 느낄 수 있도록 만든다.

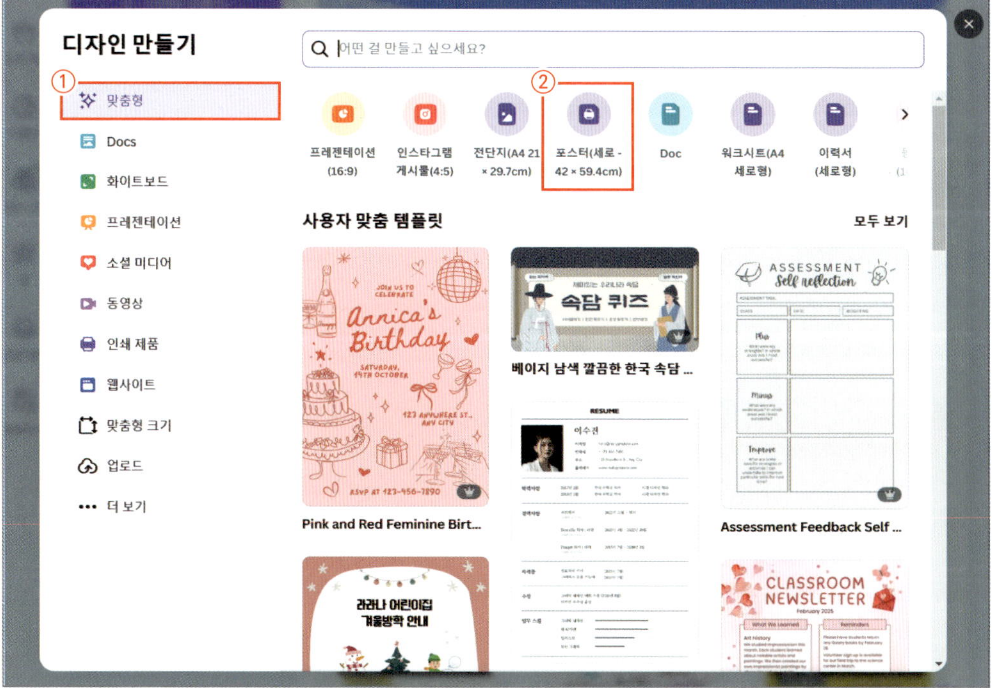

[디자인 만들기]-[포스터]

[검색]-["포스터" 검색]-[템플릿 둘러보기]

[검색]-[템플릿 선택]

☑ 텍스트를 작성 또는 수정한다.

1. 왼쪽 [텍스트] 탭에서 [텍스트 상자 추가]를 선택한다.

2. 큰 제목: "우리 반 학급 규칙"(강렬한 글씨체 사용을 추천)을 입력한다.

3. 부제목: 학급에서 가장 중요한 원칙 정리(예: "즐겁고 질서 있는 교실 만들기!")를 입력한다.

4. 본문: 4~6개의 핵심 규칙을 나열한다.

예시*
★ 쓰레기는 쓰레기통에!
★ 수업 시간을 잘 지켜요!
★ 개인 물품의 정리 정돈을 생활화해요!
★ 배려와 존중의 태도로 서로를 소중히 해요!
★ 교실에서는 바르고 고운말을 사용해 주세요!

[텍스트]-[텍스트 상자 추가]

☑ 텍스트 효과를 적용한다.

1. **에디터 툴바** → [글꼴] 클릭 후 원하는 글꼴을 선택한다.

2. 원하는 글꼴 선택 → [**모두 변경**]을 클릭한다.

3. **에디터 툴바** → [**텍스트 효과**] 클릭 후 원하는 효과를 선택한다.

  · 그림자 효과: 제목 강조

  · 테두리: 핵심 규칙 강조

  · 곡선 텍스트: 제목이나 포인트 문구에 활용

📢 **Canva 쌤의 팁**

★ 중요한 내용은 굵은 글씨(Bold) & 대비되는 색상을 사용하여 눈에 띄게 만든다.

★ 폰트 크기 조절은 제목 > 학급 규칙 > 설명 순으로 크기를 다르게 조정하면 가독성이 좋다.

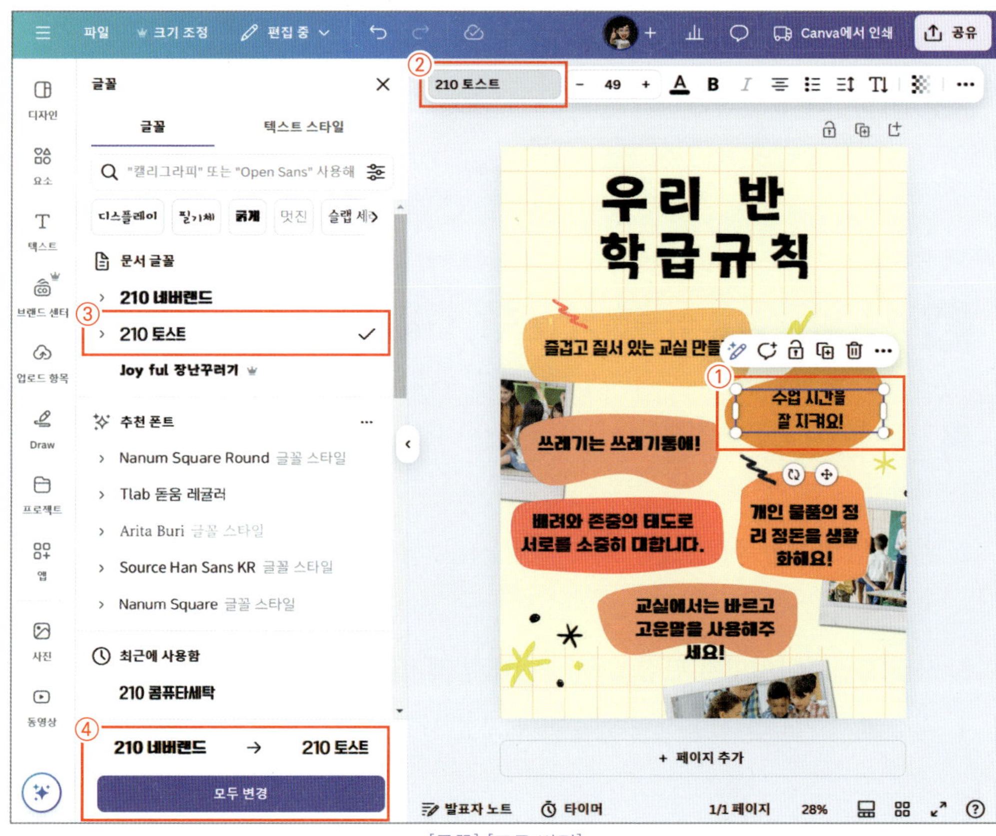

[글꼴]-[모두 변경]

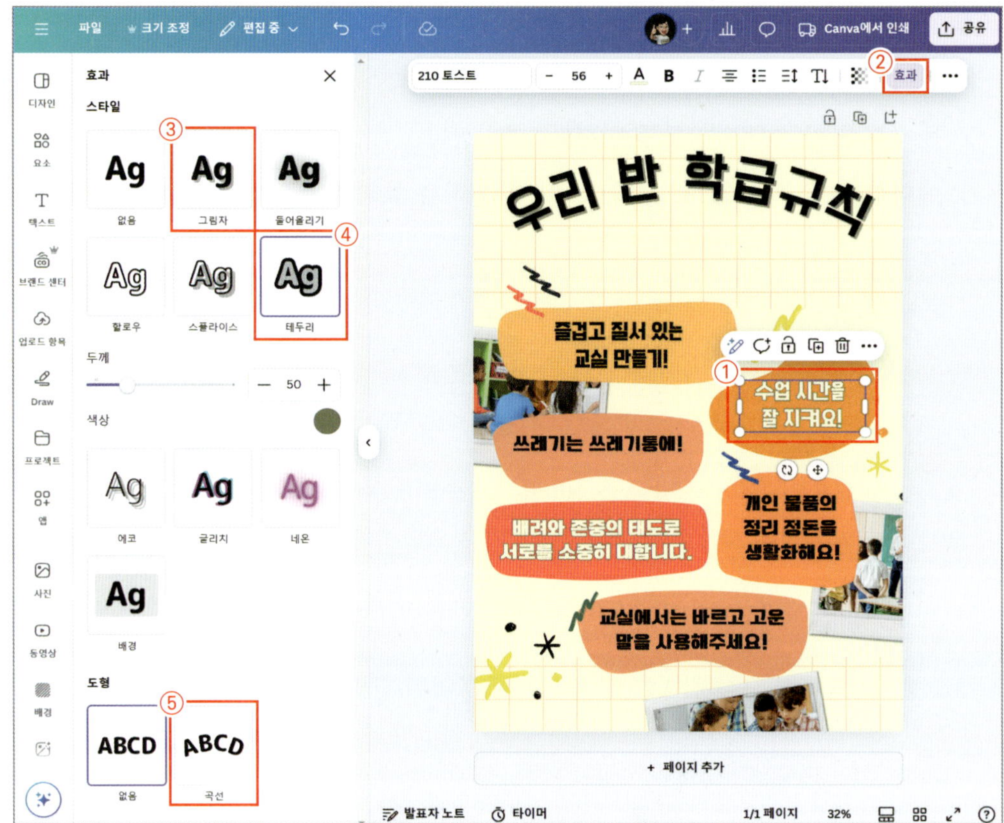

[텍스트 효과]-[그림자], [테두리], [곡선]

3 사진 편집 기능 활용하기 (Edit, Eraser, 배경 제거)

☑ 사진 추가와 편집을 진행한다.

1. 페이지를 추가한다.

2. 왼쪽 [**업로드 항목**] 탭에서 '학교 관련 사진, 학생들이 함께하는 모습, 교실 이미지' 등을 추가한다.

3. 사진 클릭 후 [**이미지 편집**(Edit)] → [배경 제거]를 선택한다.

4. 배경 제거 기능을 사용하여 인물이나 교실 사진을 깔끔하게 만든다.

☑ Eraser(지우개) 기능을 활용한다.

1. 배경 제거 후 불필요한 부분을 [Eraser(지우개)] 기능으로 정리한다.

2. 테두리를 자연스럽게 다듬어 포스터 디자인과 어울리게 조정한다.

☑ 사진 보정(Edit 기능 활용)을 진행한다.

1. 밝기, 대비 조정 → 사진이 선명해지도록 보정한다.

2. 필터 적용 → [선명(Clarity)] 필터를 활용하여 깔끔한 느낌을 연출한다.

> **📢 Canva 쌤의 팁**
>
> ★ 배경을 제거하면 포스터 디자인이 더 깔끔하고 집중도 높아진다.
>
> ★ 프레임을 이용하면 더 정돈된 느낌을 줄 수 있다.

[업로드 항목]-[파일 업로드]-[이미지 선택]-[배경 제거]

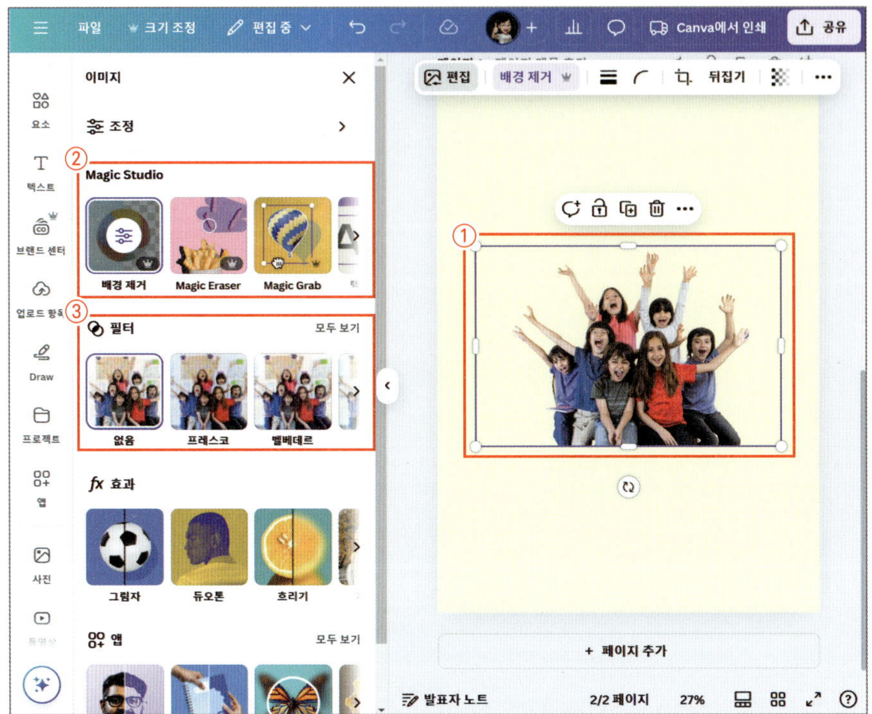

[편집]-[Magic Studio]-[배경제거]-[필터없음]

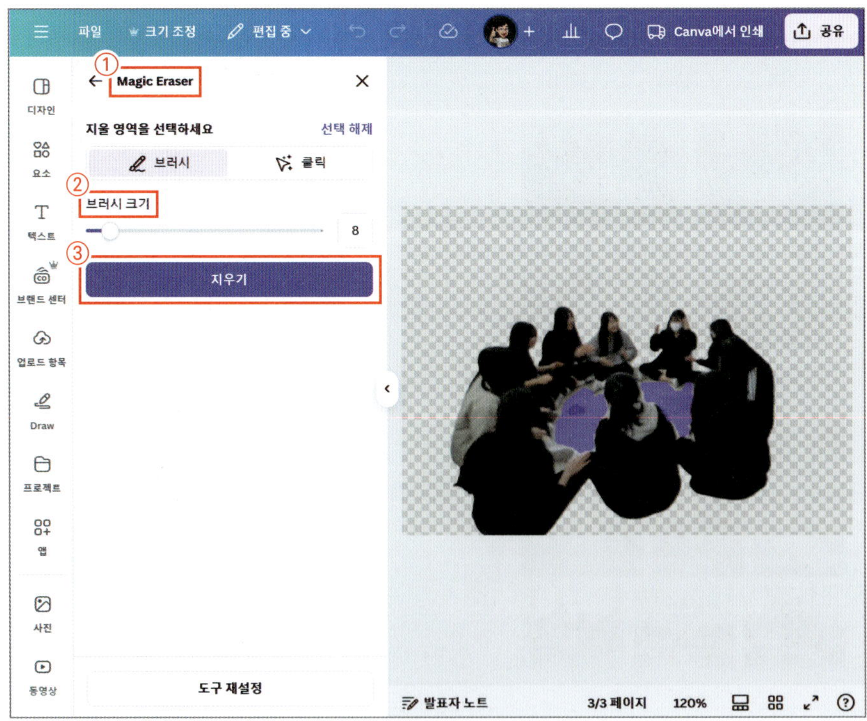

[사진 편집]-[지우개(Magic Eraser)]-[브러시 크기]-[지우기]

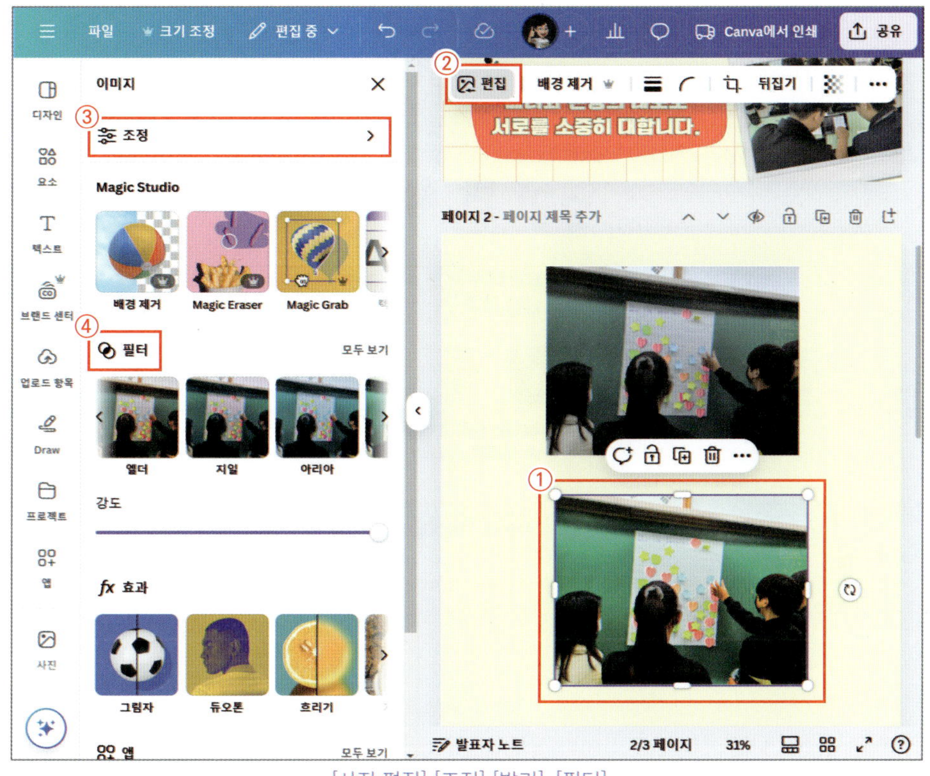

[사진 편집]-[조정]-[밝기], [필터]

4 디자인 마무리 및 포스터 완성

☑ 배경과 아이콘을 추가한다.

1. 배경 색상 변경: 부드러운 색감(전체적 분위기에 어울리는 색감)을 사용한다.

2. [요소]를 활용한다.

   · 왼쪽 **사이드 패널**의 [요소] → 검색에서 포스터에 어울리는 요소를 검색한다.

   · 📙 책, ❤️ 하트, 🏫 학교, 🥰 웃는 얼굴 등의 그래픽, 사진, 도형 등을 추가한다.

☑ 최종 점검과 다운로드를 진행한다.

1. 텍스트 가독성 점검을 위해 배경색과 글자 색의 대비를 확인한다.

2. 내용에 오타가 없는지 체크한다.

3. 오른쪽 상단 [공유] → [다운로드] 클릭 후 PNG나 PDF 파일로 저장한다.

[공유]-[다운로드]-[파일 형식]

📦 수업 활용 꾸러미

☑ 학급신문

✅ 회장 선거

마음껏 편집해서
사용하세요!

joo.is/canva6103

✅ 시간표, 시정표

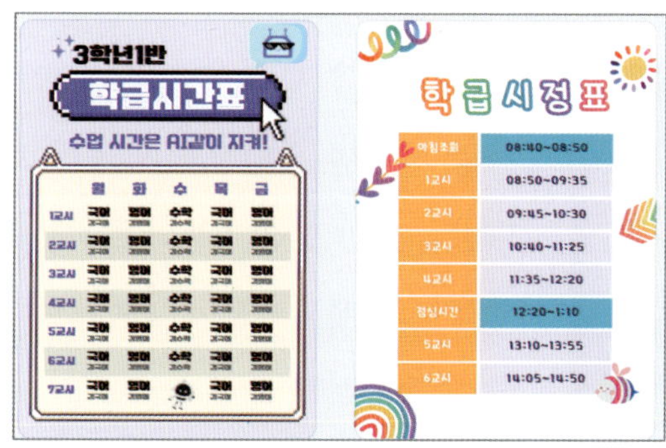

마음껏 편집해서
사용하세요!

joo.is/canva6104

✅ 축제 및 행사 홍보

마음껏 편집해서
사용하세요!

joo.is/canva6105

6.2.
친구 사랑 캠페인 동영상으로 배우는 Canva

콜라주, 영상 편집 Beat Sync, OCR, STT/TTS

동영상 예시본 감상하세요!

joo.is/canva6202

Canva를 활용해 감동적인 친구 사랑 캠페인 동영상을 만들어 보자. 다양한 영상 편집 기능과 효과를 통해 학생들의 메시지를 감성적으로 전달할 수 있다.

- 장면 구성 및 편집
- 텍스트 및 자막 추가
- 오디오 및 음성 삽입
- 최종 효과 추가 및 내보내기

Canva의 다양한 영상 기능을 활용해 학생들의 마음이 담긴 친구 사랑 캠페인 영상을 함께 만들어 보자.

☑ ➕ 디자인 만들기를 클릭한다.

1. 동영상을 선택하고 상단 검색창에 "친구", "우정", "사랑" 등을 입력해 관련 템플릿을 검색한다.

2. 적절한 동영상 템플릿을 선택하거나 빈 동영상을 새로 만든다.

[디자인 만들기]-[동영상]

> **📢 Canva 쌤의 팁**
>
> ★ Canva 교육용에서는 교육용 동영상의 템플릿이 많다.
>
> ★ 학생들이 Canva로 제작한 친구 사랑 포스터도 목업(mock-up) 동영상으로 활용하면 쇼츠나 릴스 등의 짧은 동영상으로 편집할 수 있다.
>
> ★ 학생들이 직접 촬영한 영상을 업로드하여 편집할 수도 있다.
>
> ★ 다운로드할 때 해상도를 1920×1080(FHD)로 설정하면 고화질 스트리밍용 영상 제작이 가능하다.

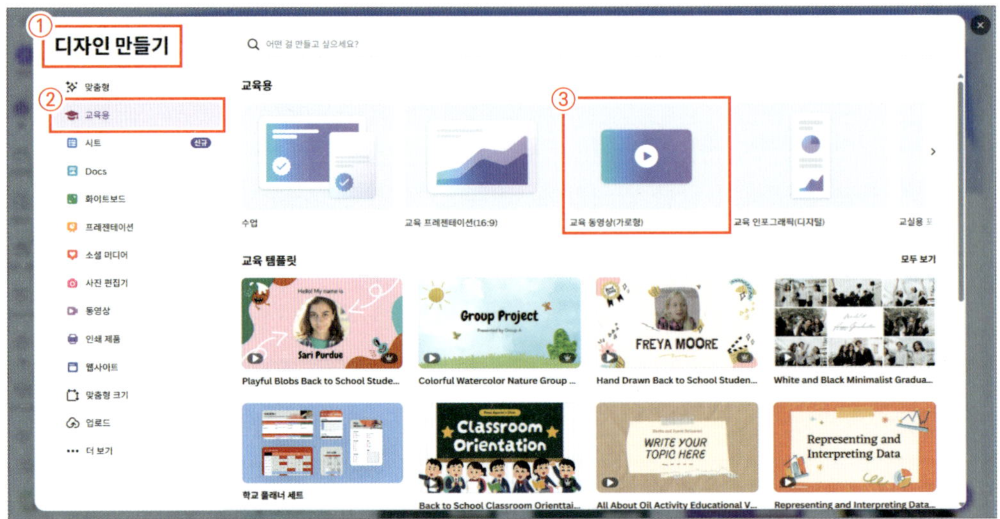

[디자인 만들기]-[교육 동영상]

[디자인]-[교육 동영상 템플릿 검색]

2 동영상 제작

☑ 장면 구성과 편집(콜라주 활용)을 한다.

1. 장면(슬라이드)을 추가한다.

   - 첫 장면: 소중한 친구들과 함께한 사진들을 배치한다.

   - 중간 장면 1: 친구의 소중함을 표현한다.

   - 중간 장면 2: 친구에게 하고 싶은 긍정적인 메시지를 포함한다.

   - 마지막 장면: 소중한 친구들과 함께한 다른 사진들을 배치하여 강조한다.

2. 콜라주를 활용한다.

   - 여러 개의 관련 사진을 한 화면에 배치해 임팩트 있는 장면을 구성한다.

   - Canva의 **[그리드]**, **[사진 콜라주]**, **[프레임]** 기능을 사용해 이미지들을 정리한다.

   - 대비 효과를 주어 친구의 소중함을 시각적으로 강조할 수 있다.

[요소]-[그리드 검색]

[요소]-[사진 콜라주 검색]

✅ 텍스트와 자막을 추가한다.

1. 텍스트를 삽입한다.

- 긍정적 메시지(예: "덕분에 견딜 수 있었어!")를 입력한다.

- 동영상에 맞춰 서서히 나타나는 텍스트 애니메이션 **[타자기]**를 사용한다.

2. 자막을 추가한다.

- 왼쪽 **사이드 패널**에서 [텍스트] → **[텍스트 상자 추가]**를 선택 후 배치한다.

- 친구 사랑 메시지를 명확하게 전달하기 위해 모든 주요 장면에 자막을 삽입한다.

- 글꼴은 메시지에 어울리는 글꼴로 설정, 색상 대비를 통해 강조한다.

3. 텍스트를 추출한다.

- 텍스트 추출(OCR) 기능을 이용해서 사진 속 텍스트를 추출한다.

- 화면에 어울리는 텍스트로 활용한다.

[텍스트]-[애니메이션]-[타자기]

[Magic Media]-[텍스트 추출]

☑ 오디오 및 음성 (TTS, Beat Sync 활용)

1. TTS(Text-to-Speech) 기능을 활용한다.

- [요소] 탭에서 [오디오]를 선택하고 [AI Voice]를 클릭한다. 또는 왼쪽 [앱] 탭에서 [TTS]를 검색하여 [AI 음성]을 선택한다.
- 중요한 메시지를 자연스럽게 음성으로 변환해 삽입(감정이 담긴 목소리 선택 가능)한다.

[앱]-[TTS]-[Multilingual]

[앱]-[TTS]-[AI 음성]

2. 배경 음악 및 [Beat Sync]를 활용한다.

- · Canva에서 제공하는 무료 배경 음악 중 즐겁고 따뜻한 음악을 선택한다.

- · [Beat Sync] 기능을 활용하여 음악 리듬에 맞춰 화면 전환 자동 조절을 한다.

- · 자막과 장면이 비트에 맞춰 자연스럽게 연결되도록 편집한다.

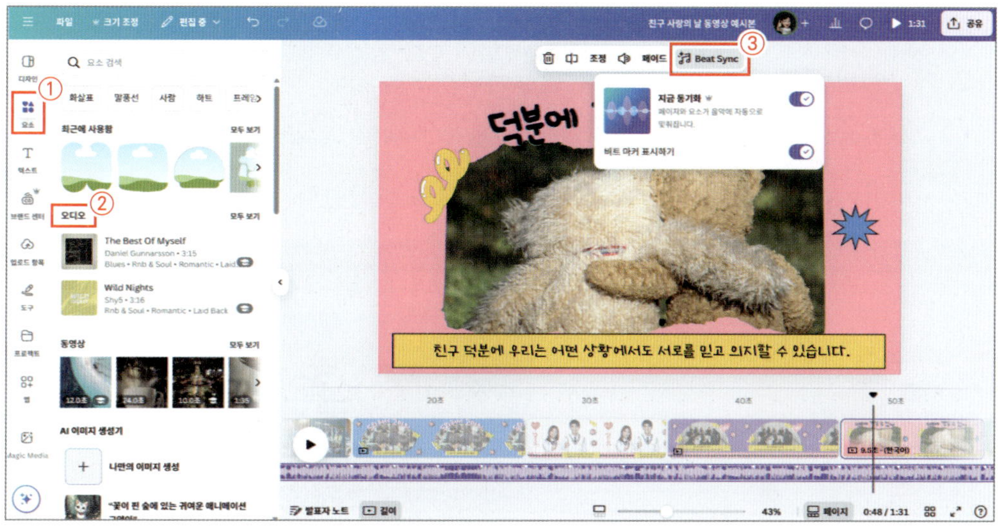

[오디오]-[Beat Sync]

[오디오]-[오디오 볼륨 균형 맞추기]

☑ 시각적 효과를 추가한다.

1. 전환 효과를 추가한다.

   · 슬라이드 사이에 페이드 인/아웃, 줌 인, 스핀 등의 효과를 적용한다.

2. 애니메이션과 시간 편집 기능을 활용한다.

   · 사진이나 텍스트에 애니메이션 효과를 추가해 더 동적인 느낌을 연출한다.

   · 사진이나 텍스트를 감상에 적절한 시간으로 편집한다.

[애니메이션]-[시간 편집]

☑ 최종 점검과 다운로드를 진행한다.

1. 미리보기를 재생하여 전체적인 흐름을 점검한다.

2. 수정이 필요한 부분(자막 싱크, 음악 볼륨, 화면 전환)을 조정한다.

3. 오른쪽 상단의 [공유] → [다운로드] → MP4 형식으로 저장한다.

4. 유튜브, SNS, 학교 행사에서 상영할 수 있다.

**마음껏 편집해서
사용하세요!**

joo.is/canva6203

1장

2장

3장

4장

5장

6장

7장

개성 넘치는 수업을 만드는 Canva 주요 기능 with AI

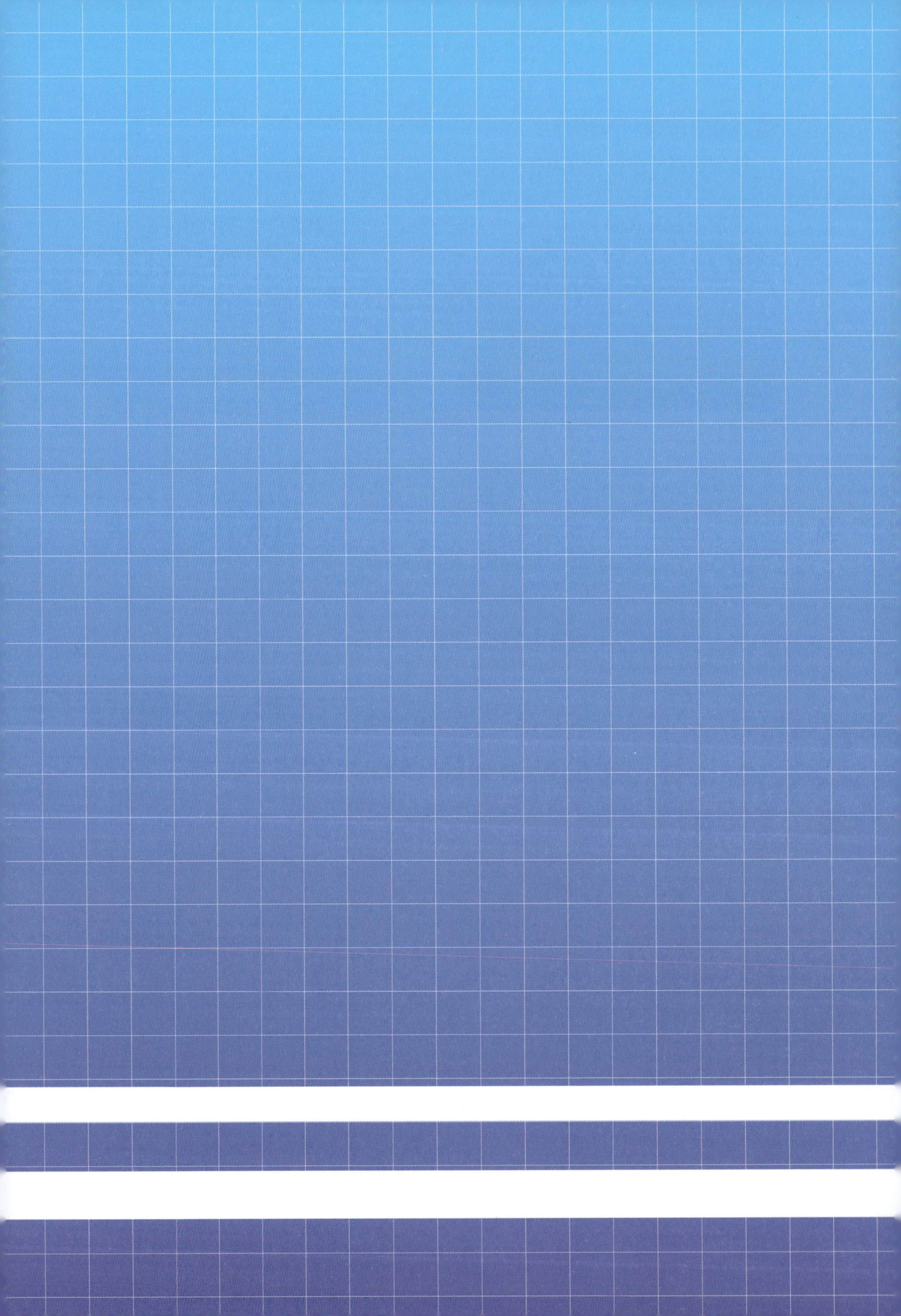

7장

Canva쌤 추천 꾸러미

Canva는 다양한 형식의 자료를 쉽고 빠르게 만들 수 있도록 매우 풍부한 기능을 제공한다. 그중에서도 화이트보드, 시트, 대량 제작 기능은 수업과 학급 운영, 행정 업무에 꼭 활용해 볼 만한 강력한 도구이다.

예를 들어, 수업 활동지나 학급 행사 계획서, 학생별 맞춤 학습 자료 등을 만들 때 이 기능들을 적절히 활용하면 작업 시간은 줄이고 효과는 높일 수 있다. 화이트보드는 브레인스토밍과 마인드맵, 계획서나 로드맵 등 확장이 가능하면서도 구조화된 디자인 제작에 유용하다. 시트는 단순한 표 작성을 넘어 직관적인 데이터 구성과 시각적 정보 전달이 가능하다. 대량 제작 기능은 반복적인 디자인 작업을 자동화해 교사의 시간을 절약해 준다.

이번 장에서는 이 세 가지 Canva 기능을 중심으로, 수업과 학급 운영에서 실제 어떻게 활용할 수 있는지 함께 알아보자.

☑ 진로 로드맵 화이트보드로 배우는 Canva

브레인스토밍과 마인드맵 기능을 활용해 학생 개별 진로 계획을 시각적으로 구성하는 방법을 배운다.

☑ 수학여행 일정 시트로 배우는 Canva

시트 기능과 Magic Charts를 활용하여 학급 행사 일정표를 감각적이고 직관적으로 제작하는 방법을 익힌다.

☑ 1일 1 영어 문장 대량 제작으로 배우는 Canva

데이터 업로드와 연결 기능을 통해 반복되는 학습 자료나 맞춤 자료를 대량으로 빠르게 제작하는 방법을 배운다.

7.1.
진로 로드맵 화이트보드로 배우는 Canva

브레인스토밍, 마인드맵, 계획서, 진로 로드맵

마음껏 활용하세요!

joo.is/canva7101

Canva를 활용해 창의적이고 재미

있는 화이트보드를 만들어 보자.

1 템플릿 선택

☑ 화이트보드 템플릿을 검색한다.

1. 홈 화면 상단 검색창 아래에서 [화이트보드] 바로가기를 클릭해 관련 템플릿을 검색한다.

2. [➕ 디자인 만들기]를 클릭하고 화이트보드를 클릭한 뒤, 관련 템플릿을 검색해 화이트보드를 새로 만든다.

[디자인 만들기]-[화이트보드]-[템플릿 선택]

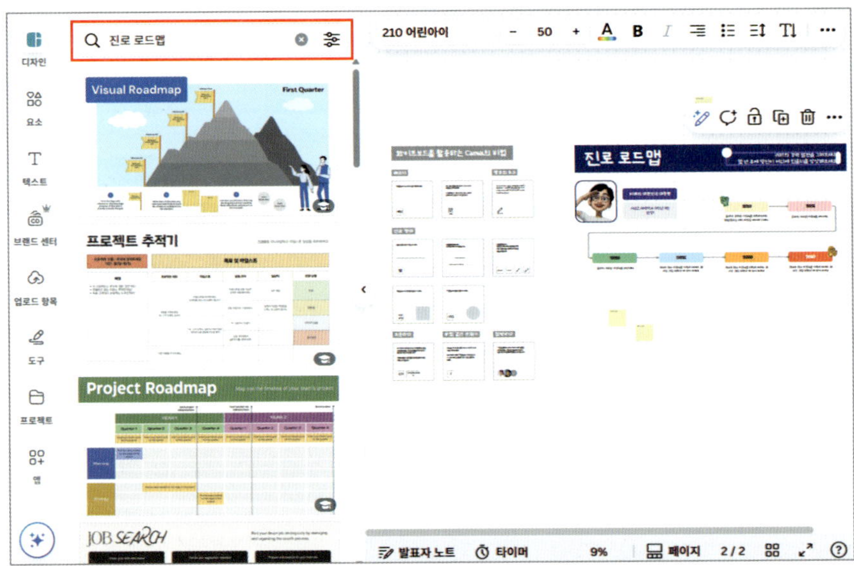

[화이트보드]-[템플릿 선택]

> ### 📣 Canva 쌤의 팁
>
> ★ 학생들이 자신의 관심 분야와 강점을 탐색하고, 희망 진로를 설정할 수 있도록 동기 유
>   발 활동을 먼저 진행한다.
> ★ 로드맵은 목표에 도달하기 위한 구체적인 계획을 시각적으로 표현한 것임을 설명한다.
> ★ Canva 화이트보드를 잘 사용할 수 있도록 여러 기능을 미리 시범 보인다. (스티키 노트, 도
>   형, 아이콘, 선, 그리기 도구, 단축키 등)
> ★ 로드맵의 배경은 심플한 격자 또는 도트 패턴을 추천한다. (너무 화려하면 글이 안 보일 수 있다.)
> ★ 진로를 이루기 위한 계획을 시각화된 로드맵 형태로 구성할 수 있도록 도와준다.
> ★ 친구들과 로드맵을 공유하고 피드백을 주고받을 수 있는 시간을 준다.

메모지(스티키노트)

"S"를 눌러 스티키 노트를 생성하세요.

또는 요소 탭을 클릭하여 스티키 노트 패널을 열어보세요.

이 탭에서는 선과 도형, 차트, 표 패널에 대한 접근이 가능합니다.

창작 도구

화이트보드에 그림을 그려보세요! 개체 패널에서 '그리기'를 클릭하면 화이트보드에서 여러가지 그리기 도구와 지우개가 활성화됩니다.

선과 도형

줄을 만들려면 "L"을 누르세요.

더블클릭해보세요.
추가할 텍스트의 줄입니다.

선을 클릭하여 편집기 막대에서 옵션을 선택하여 엘보선을 생성하고 화살촉을 더합니다.

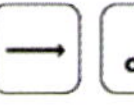
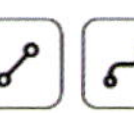

"R"을 눌러 사각형을 만들어 보세요.

"C"를 눌러 원을 만들어 보세요.

확장성

화이트보드에 비디오와 프레젠테이션을 추가해보세요. 링크를 템플릿에 간단히 붙여넣기만 하면 됩니다!

객체 패널의 앱 탭을 통해 임베드에 접근할 수 있습니다.

마법 같은 단축키

/Magic 단축키를 활용하여 디자인의 세계를 열어보세요.

화이트보드에서 "/"를 눌러 이모티콘, 차트, 타이머 등 필요한 모든 것을 찾아보세요!

협업방법

"+"를 클릭하여 화이트보드에 사람을 추가하세요. 링크를 공유하면 모두가 실시간으로 함께 작업할 수 있습니다!

[화이트보드]-[기능 팁]

1장 · 2장 · 3장 · 4장 · 5장 · 6장 · 7장 · Canva쌤 추천 꾸러미

2 진로 로드맵 제작을 위한 사전 활동

☑ 나에 대한 브레인스토밍을 한다.

1. 디자인의 검색 바에 "브레인스토밍", "브레인스토밍 프레젠테이션"을 검색한다.

2. 자기 탐색 활동을 준비한다.

3. 나의 흥미, 성격, 잘하는 것, 좋아하는 것 등을 브레인스토밍한다.

[디자인 검색]-[브레인스토밍]

☑ 사전 활동지를 작성한다.

1. 디자인의 검색 바에 "계획서"를 검색한다.

2. 사전 활동지를 준비한다.

3. "10년 후 나에게 편지 쓰기", "나의 롤모델 인터뷰 영상 시청", "나의 강점과 약점 정리 활동" 등을 구상하여 작성한다.

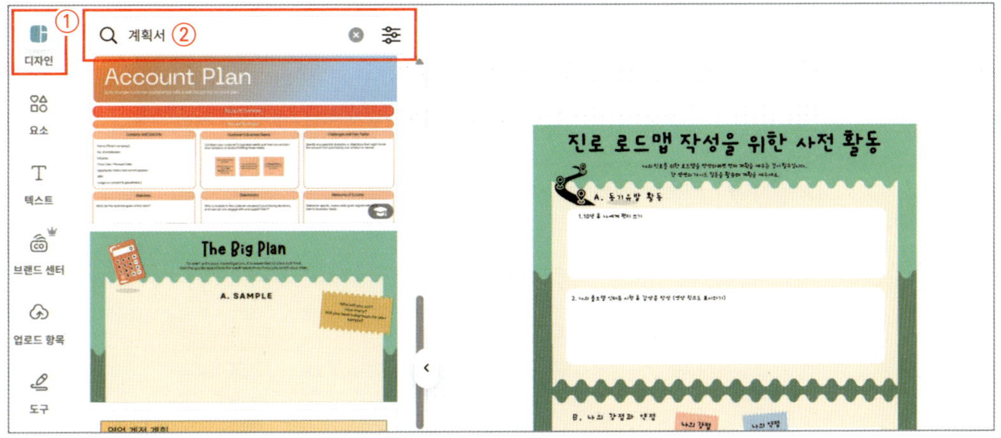

[디자인 검색]-["계획서" 검색]

☑ 진로에 대한 정보 조사 활동지를 작성한다.

1. 디자인의 검색 바에 "마인드맵"을 검색한다.

2. 흥미와 강점을 바탕으로 원하는 직업/진로를 정하고 중심에 배치한다.

3. 진로에 대한 정보 조사(하는 일, 필요한 능력, 자격증, 관련 학과 등)를 작성한다.

3 진로 로드맵 제작

☑ 진로 로드맵을 작성한다.

1. 중심 진로를 기준으로 시간 흐름에 따라 계획 정리한다.

예시*

★ 현재: 독서 습관 기르기, 발표력 키우기

★ 중·고등학교: 진로 체험 참가, 관련 동아리 활동

★ 대학교: 관련 과목 선택, 자격증 준비

★ 대학교 이후: 인턴 활동, 자격 취득, 목표 달성

📢 Canva 쌤의 팁

★ 시간 흐름에 따른 변화를 시각적으로 분명하게 드러나도록 작성한다.

★ 시간 흐름은 선으로 연결하고 색깔로 구분한다. (예: 준비, 실천, 도전 단계)

★ 아이콘으로 시각적 강조 (예: 책 아이콘, 마이크 아이콘 등)를 드러낸다.

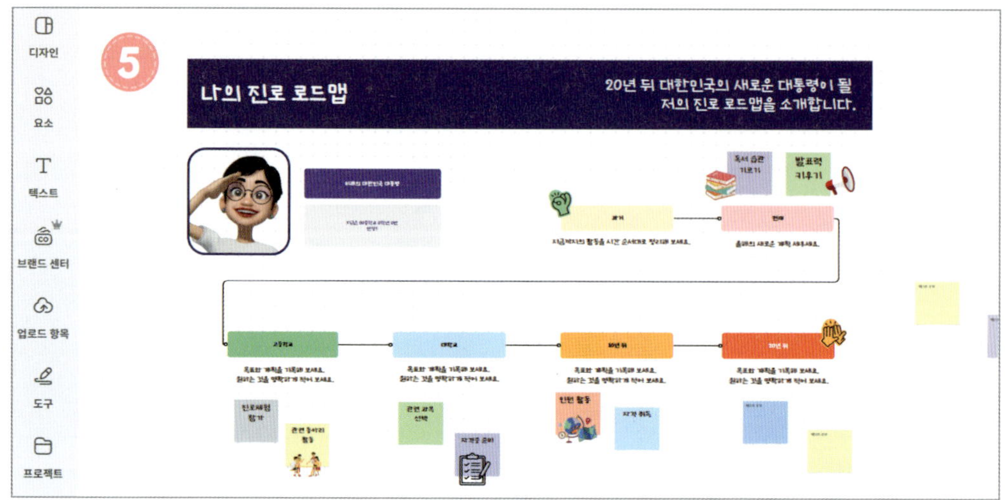

[시각화]-[선, 색깔, 메모지, 아이콘 활용]

> 📢 **Canva 쌤의 팁**
>
> ★ 나의 다짐 or 슬로건(화면 오른쪽 상단 또는 하단)으로 작성할 수 있게 한다.
>
> ★ 손 글씨 느낌의 텍스트나 밈 스타일로 자유롭게 꾸밀 수 있도록 도와준다.
>
> ★ 예시: "포기하지 않고 끝까지 도전하는 내가 될 거야!", "나의 꿈은 나만이 이룰 수 있어!"

4 최종 정리 및 공유

☑ 정리와 공유를 진행한다.

1. 배경과 글자 색 대비를 확인하면서 디자인을 점검하고 내용 오타를 체크한다.

2. 오른쪽 상단 [공유]에서 완성한 진로 로드맵을 친구들과 공유한다.

3. 친구들끼리 칭찬 스티커 또는 피드백을 적은 스티키 노트를 붙인다.

4. 느낀 점 나누기 및 최종 수정을 한다.

> 📢 **Canva 쌤의 팁**
>
> ★ 보호자에게 결과물을 공유(프린트 또는 링크)할 수 있게 도와준다.
>
> ★ 친구들이 피드백할 수 있는 '응원의 말' 구역을 제공한다.(스티커 붙이기, 짧은 한 마디 작성)

💡 화이트보드 활용 수업 팁

☑ 국어 수업
★ **활용 아이디어:** 이야기 구성도 만들기

○ 학생들과 함께 화이트보드에 도입-전개-위기-절정-결말 구조를 그려 놓고, 각 파트에 들어갈 내용을 브레인스토밍하며 채워가는 활동에 활용 가능하다.

○ 읽은 글이나 동화 줄거리 요약 활동에도 활용 가능하다.

★ **확장 활동:** 등장인물 관계도 그리기, 인물 성격 분석 차트 만들기

☑ 수학 수업
★ **활용 아이디어:** 문제 해결 과정 시각화

○ 문제를 제시하고, 그에 대한 해결 과정을 단계별로 나누어 정리한다.

○ 다양한 풀이 방법을 모둠별로 브레인스토밍을 통해 제시하고, 화이트보드에 정리하며 비교한다.

★ **확장 활동:** 수학 개념 정리 마인드맵 (예: 분수 → 뜻, 종류, 계산법 등), 수학 공식을 현실 상황에 활용하기 위한 브레인스토밍

☑ 사회 수업
★ **활용 아이디어:** 시사 토론 정리

○ 찬반 의견 정리, 근거 정리, 토론 흐름을 시각적으로 구성한다.

○ 지역 조사 활동 시 지도 이미지 위에 정보 태그를 붙인다.

★ **확장 활동:** 역사 연대표 만들기, 사회 문제 해결 아이디어 모으기

☑ 과학 수업
★ **활용 아이디어:** 실험 과정 정리

○ 실험 순서, 예측, 결과, 결론을 정리하는 템플릿을 만들어서 함께 기록한다.

○ 학생들의 추측과 결과를 비교하며 원인을 분석한다.

★ **확장 활동:** 생태계 구성도, 과학 개념 마인드맵, 관찰 일지 시각화

☑ **미술 수업**

★ **활용 아이디어:** 작품 기획 보드

　○ 주제, 색감, 형식, 참고 이미지 등을 시각적으로 활용하여 기획 브레인스토밍 보드를 활용한다.

　○ 다른 친구들과 아이디어를 공유하면서 피드백 주고받기를 한다.

★ **확장 활동:** 화가의 생애 및 작품 스타일 정리 보드 만들기

☑ **음악 수업**

★ **활용 아이디어:** 작곡 아이디어 보드

　○ 가사 아이디어, 감정 표현, 리듬 구조 등을 시각적으로 기획한다.

　○ 음악 장르 비교표, 악기 분류도를 제작한다.

★ **확장 활동:** 작곡가의 생애 및 작품 스타일 정리 보드 만들기

🛠 Canva 쌤 Skill up! 3D 요소 추가

이제 캔바 디자인에서는 3D 요소를 추가할 수 있다. 누구나 손쉽게 3D를 활용하여 입체감 있는 시각 자료를 제작할 수 있다. 3D 요소를 회전하거나 그림자와 조명을 조절하여 보다 생동감 있는 디자인을 완성할 수 있다.

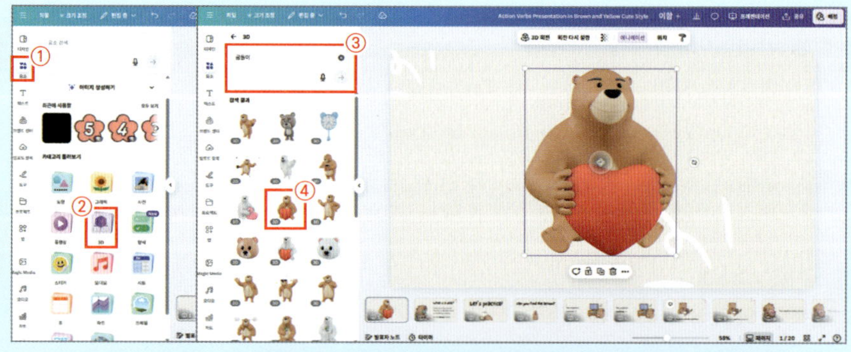

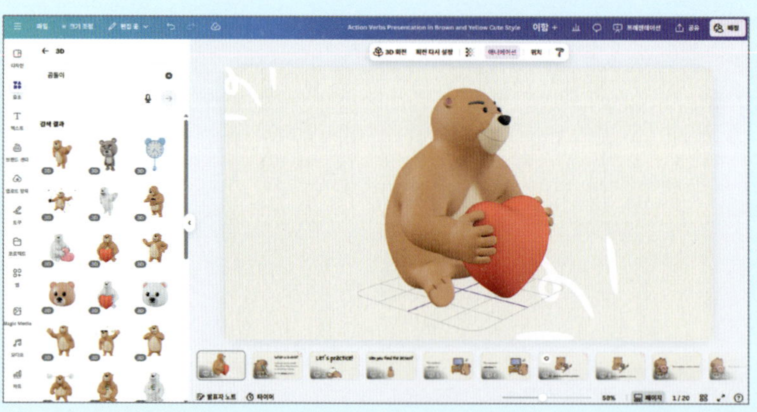

7.2.
수학여행 일정 시트로
배우는 Canva

시트 형식, 데이터 구성/관리, Magic Charts

마음껏 활용하세요!

joo.is/canva7201

Canva로 단순한 표를 넘어서 감각적인 디자인과 직관적인 정보 전달이 가능한 시트를 만들어 보자.

1 템플릿 선택하기

☑ ➕ 디자인 만들기를 클릭한다.

1. [시트]를 선택한다.

2. 왼쪽 **사이드 패널**에서 "여행"을 검색하고 원하는 디자인을 선택한 후, [모든 4개 페이지에 적용]을 클릭한다.

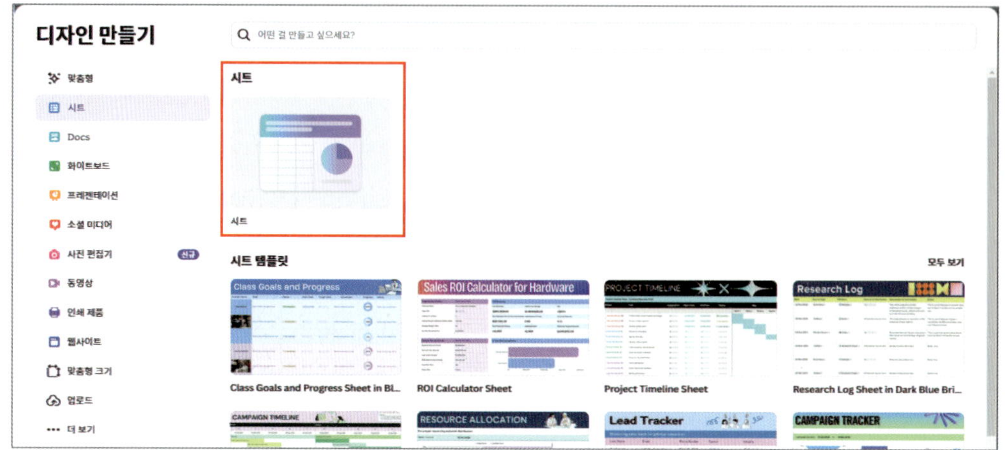

[디자인 만들기]-[시트] 선택

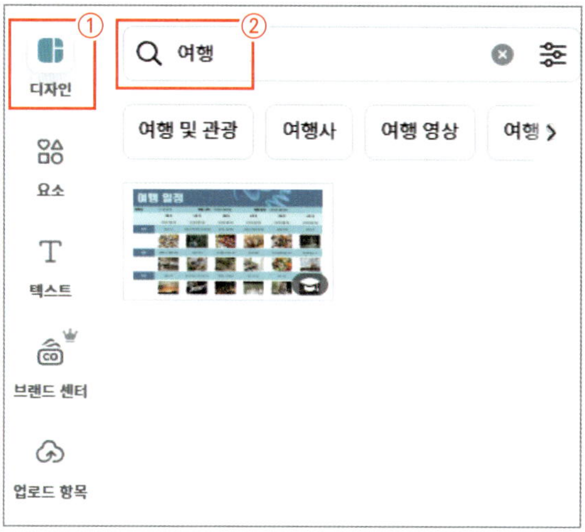

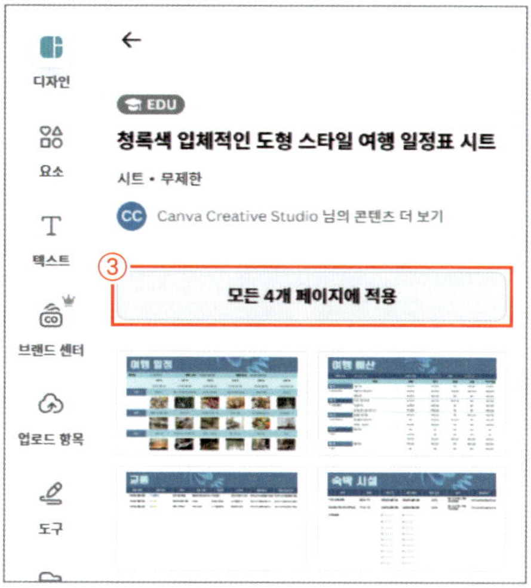

[디자인]-["여행" 검색]

2 시트 형식 지정하기

☑ 시트를 전체 선택하여 형식을 일괄 적용한다.

1. 시트 좌상단에 있는 [○ **모양**]을 클릭한 상태에서 상단 **에디터 툴바**에서 [글씨체]를 변경한다.

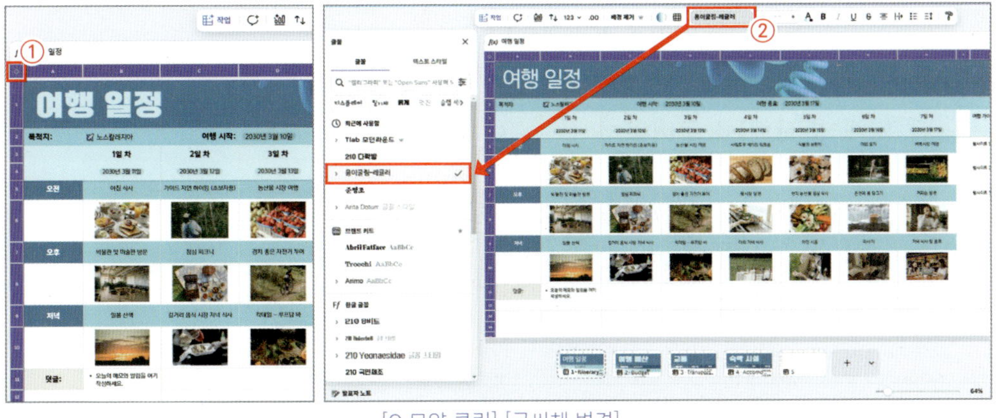

[O 모양 클릭]-[글씨체 변경]

✅ 시트 행, 열을 고정한다.

타임테이블은 항상 동일하므로 1~7일 차가 있는 행과 오전, 오후, 저녁이 삽입된 열을 고정한다.

1. 4번째 행에서 마우스 오른쪽 버튼을 클릭한 뒤, **[고정] → [4번째 행까지 고정]**을 선택한다.

2. A번째 열에서 마우스 오른쪽 버튼을 클릭한 뒤, **[고정] → [A번째 열까지 고정]**을 클릭한다.

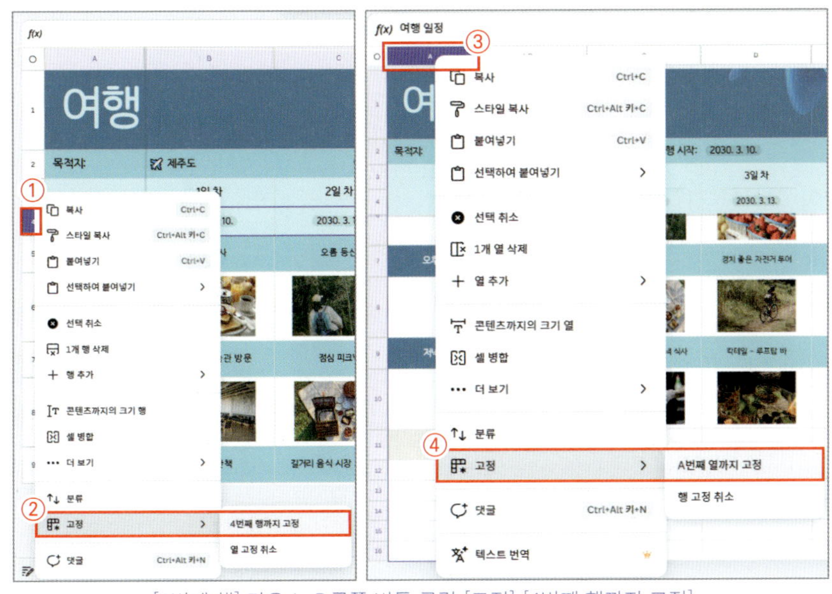

[4번째 행] 마우스 오른쪽 버튼 클릭-[고정]-[4번째 행까지 고정]
[A번째 열] 마우스 오른쪽 버튼 클릭-[고정]-[A번째 열까지 고정]

☑ 열을 삭제한다.

1. 4~7일 차에 해당하는 **[E~H번째 열]**을 선택하고 마우스 오른쪽 버튼을 클릭한
   뒤, **[4개 열 삭제]**를 클릭한다.

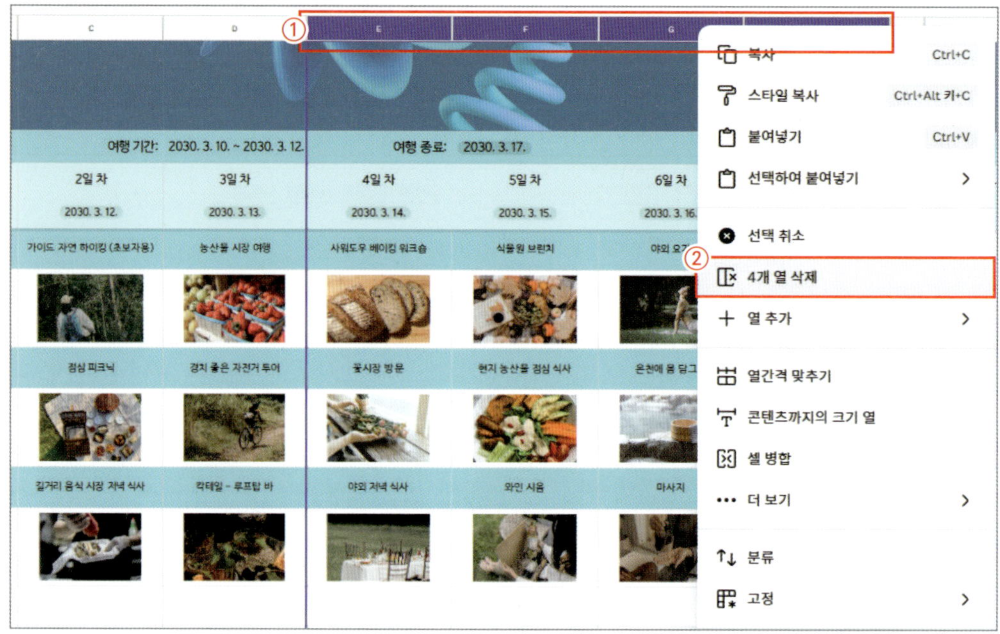

[E~H번째 열 선택]-[마우스 오른쪽 버튼]-[4개 열 삭제]

☑ 날짜 형식을 지정한다.

1. 날짜를 클릭한 후 일자에 해당하는 날짜를 선택한다.

2. 상단 **에디터 툴바**에서 캘린더 📅 모양 아이콘을 클릭하고, **[형식 더 보기]**를 선
   택한다.

3. 왼쪽 **사이드 패널**에서 **[날짜 형식]**을 클릭하고, 원하는 형식을 선택한다.

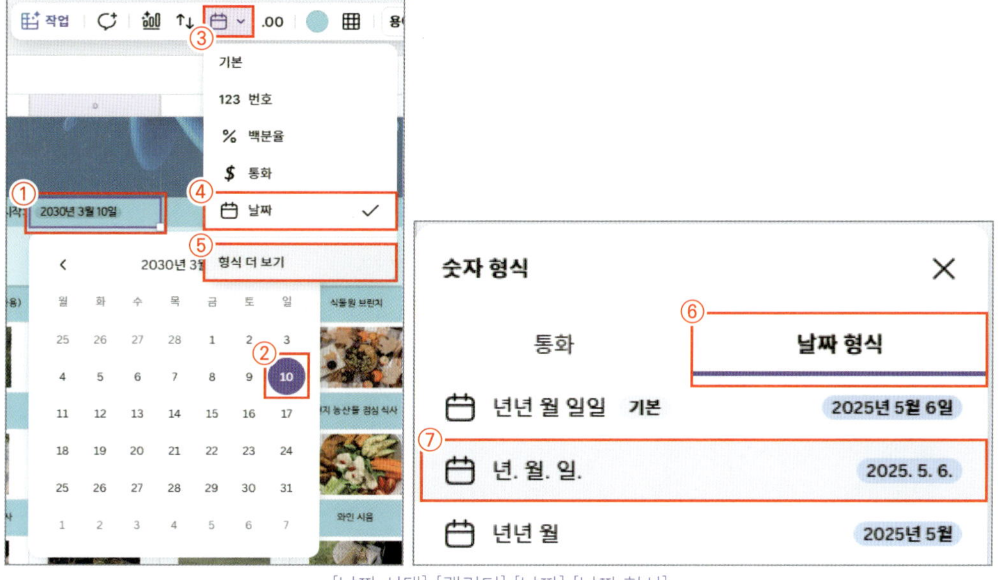

[날짜 선택]-[캘린더]-[날짜]-[날짜 형식]

☑ 드롭다운 형식을 지정한다.

1. 여행 가이드 리소스에서 빈 셀을 선택한 후, 상단 **에디터 툴바**에서 [작업]을 클릭한다.

2. 스크롤을 내려 [삽입]의 [드롭다운]을 선택한다.

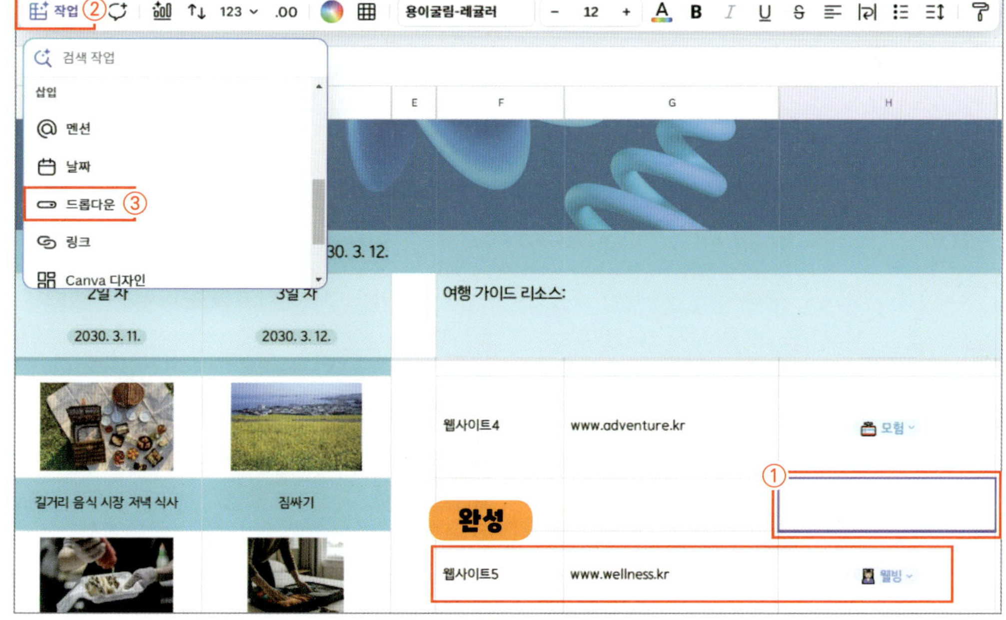

[빈 셀 선택]-[작업]-[드롭다운]

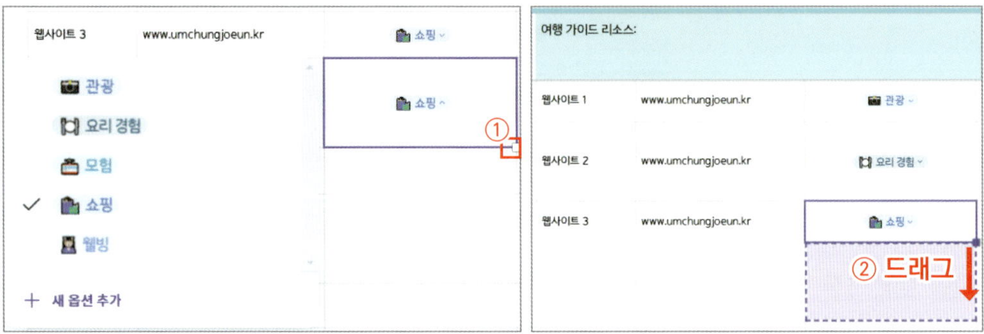

[셀 우하단 네모 모양 선택]-[아래로 드래그]

3 다양한 데이터 삽입하기

☑ 텍스트를 삽입한다.

1. 여행 일정을 변경하려면 셀을 더블클릭한 후, 원하는 문구로 수정한다.

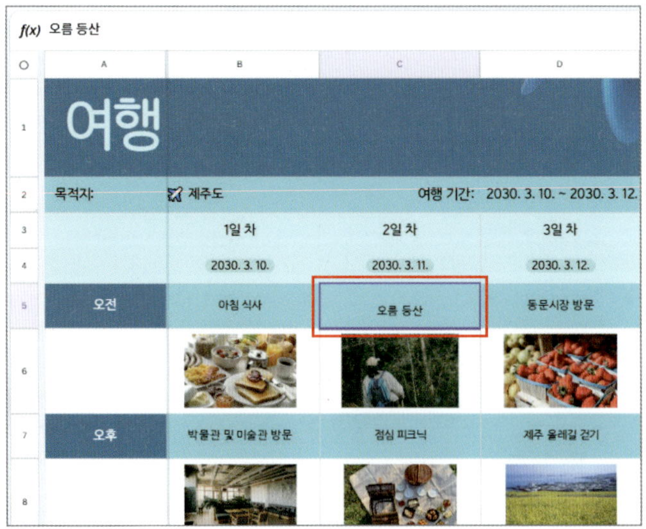

[셀 더블클릭]

☑ 사진을 삽입한다.

1. 갖고 있는 사진을 선택한 후, 원하는 위치로 드래그하여 셀에 삽입한다.

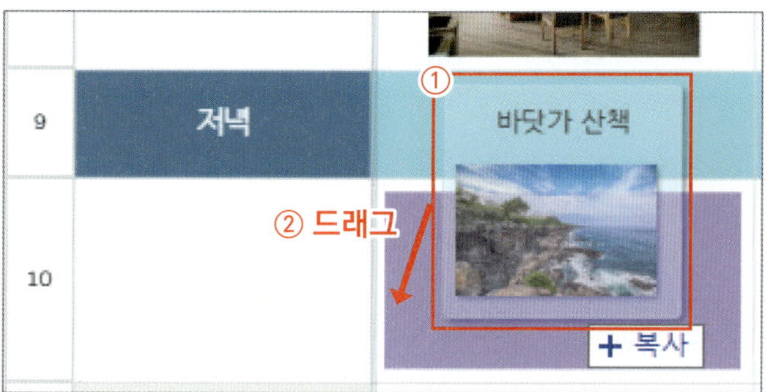

[사진 선택]-[원하는 셀로 드래그]

☑ 셀을 병합한다.

1. 병합하길 원하는 여러 개의 셀을 블록 지정한 후 마우스 오른쪽 버튼을 클릭하고, **[셀 병합]**을 선택한다.

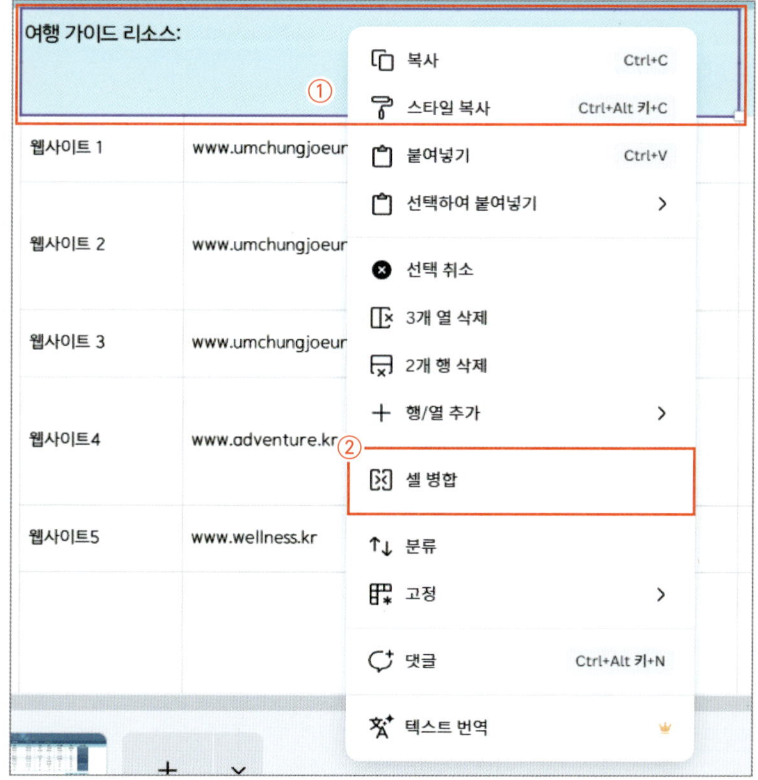

[셀 선택]-[셀 병합]

☑ 시트 1을 완성한다.

시트 1 완성

4 시트 2 - 표 구성하기

☑ 표 테두리를 설정한다.

1. 2번째 시트를 클릭한다.

2. 테두리를 지정하려는 셀을 블록 지정한 후, 상단 **에디터 툴바**에서 표 모양 아이콘을 클릭한다.

3. 원하는 테두리 스타일과 색상을 선택하여 적용한다.

[셀 선택]-[표 모양]-[테두리 선택]-[색 선택]

☑ 데이터 형식을 통화로 설정한다.

1. 통화 형식으로 설정할 셀을 선택한 후, 상단 **에디터 툴바**에서 **[숫자 서식]**인 $ 모양을 클릭하고 **[통화]**를 선택한다.

   * 현재는 데이터가 **[$(통화)]** 형식이라 $ 모양으로 표시되지만, 입력된 데이터나 선택한 통화에 따라 다른 기호로 나타날 수 있다.

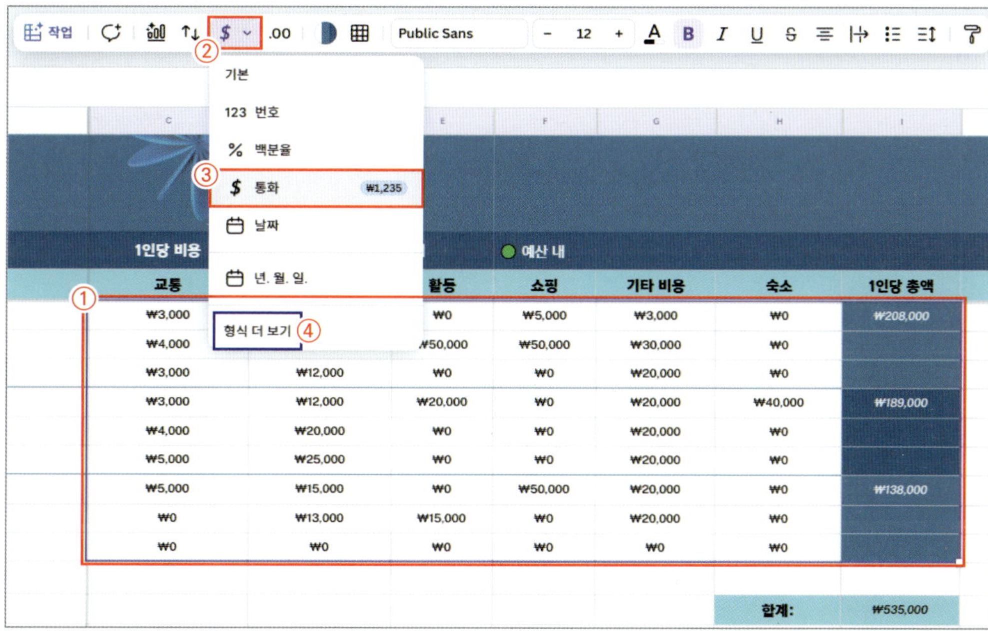

[숫자 서식]-[통화]

> **📢 Canva 쌤의 팁**
>
> ★ 나라별 통화를 지정할 수도 있다. **[통화]**에서 **[형식 더 보기]**를 선택하면, 왼쪽에 나라별 통화 목록이 표시되어 원하는 국가의 통화를 선택할 수 있다.

☑ 시트 '수식'을 사용하여 스마트한 시트를 만든다.

1. 1인당 비용([D2])이 1인당 예산([B2])을 초과하지 않는지 확인하려면 **[수식]**을 사용한다.

2. 기존 시트 템플릿의 **[F2]** 셀을 클릭한 후, 시트 상단에 있는 **[f(x)~]** 표시된 수식 입력창을 더블클릭한다. 사용 예시를 확인하여 다음과 같은 수식을 작성할 수 있다.

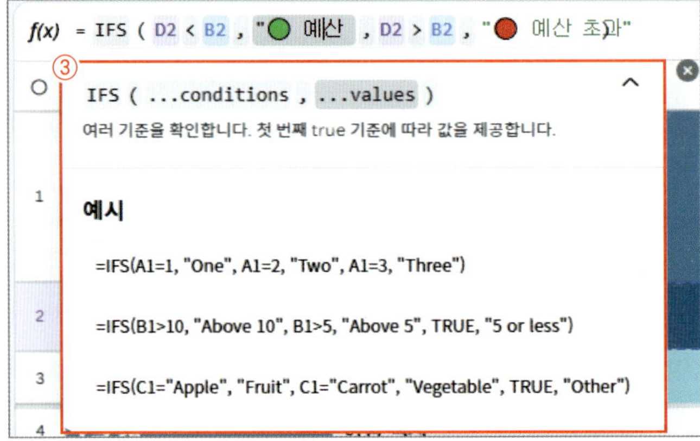

[F2셀 클릭]-[상단에 f(x)~ 위치 더블클릭]-[예시 확인]

✅ 자동 채우기

1. 4번째 행에 있는 "1일 차" 셀을 클릭한 후, 셀 우 하단에 있는 흰색 네모 모양에 마우스를 갖다 대면 마우스 커서가 [+] 모양으로 바뀐다. 그 상태에서 6번째 행까지 드래그한다.

2. "2일 차", "3일 차"도 동일하게 적용한다.

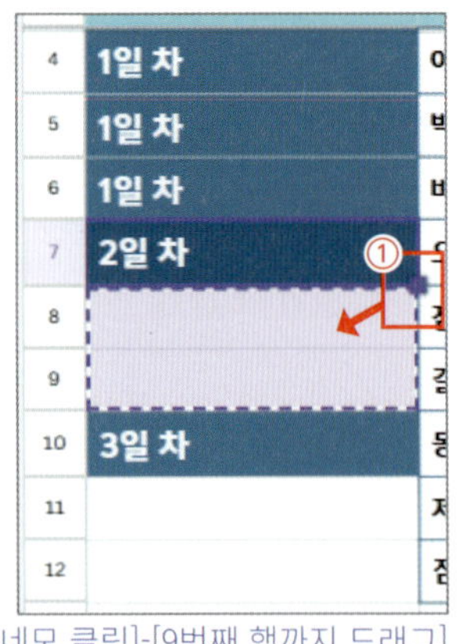

[7번째 행의 우하단 흰색 네모 클릭]-[9번째 행까지 드래그]

5 데이터를 차트로 시각화해 주는 **Magic Charts**

☑ Magic Charts를 삽입한다.

1. 차트로 만들 데이터를 블록 지정한 후, 상단 **에디터 툴바**에서 **[작업]**을 클릭한다.

2. **[시트 작업]** 섹션에서 **[Magic Charts]**를 선택하여 데이터를 기반으로 차트를 생성한다.

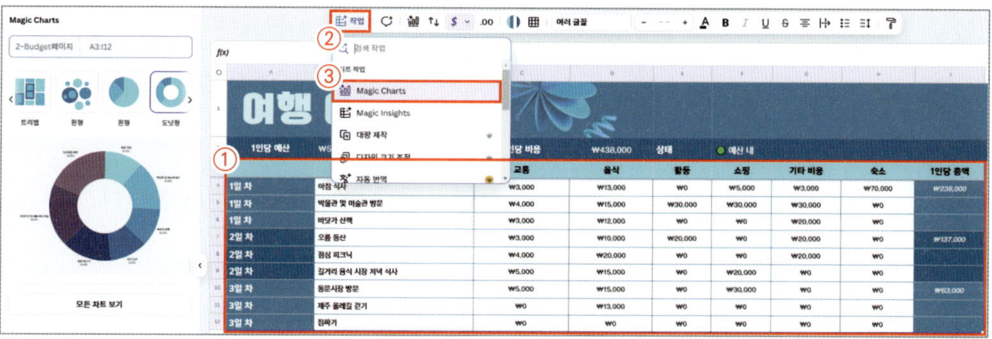

[셀 블록 지정]-[작업]-[Magic Charts]

☑ Magic Charts에서 데이터를 설정한다.

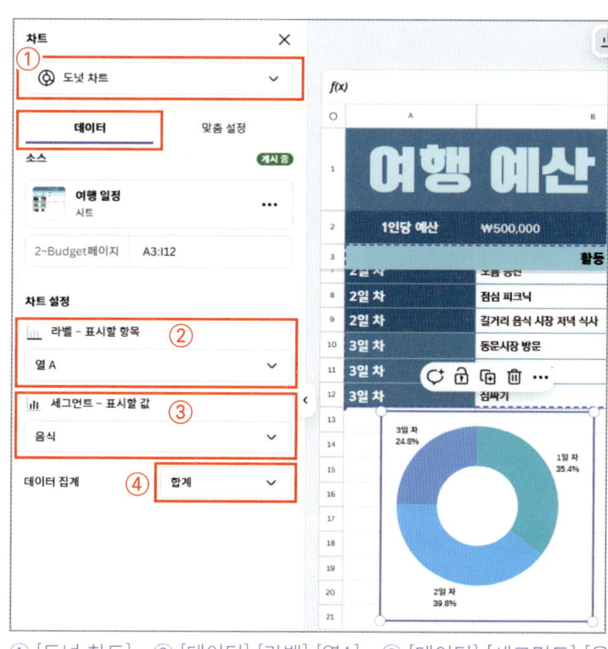

1. 일자별 카테고리별 총금액을 차트로 변경한다. 차트 모양은 **[도넛 차트]**를 선택한다.

2. **[데이터]** → **[차트 설정]**에서 **[라벨]**은 **[열A]**로 설정한다.

3. **[세그먼트]**는 **[음식]**으로 설정하고, **[데이터 집계]**는 **[합계]**로 설정한다.

① [도넛 차트]   ② [데이터]-[라벨]-[열A]   ③ [데이터]-[세그먼트]-[음식]   ④ [데이터]-[데이터 집계]-[합계]

☑ Magic Charts에서 맞춤 설정으로 옵션을 추가한다.

① [맞춤 설정]   ②[텍스트]-[라벨 ON]-[숫자]   ③ [설정]-[필터 추가]

1. 차트를 클릭하고 [**맞춤 설정**]을 선택한다.

2. [**텍스트**] 항목에서 [**라벨**]을 On으로 설정하면 차트에 "1일 차 ₩40,000"처럼 항목별 금액이 표시된다. [**값을 다음 형식으로 지정**]을 [**숫자**]로 선택하여 일자별 총금액을 확인한다.

3. [**설정**] 항목에서 [**필터 추가**]를 선택해 필요한 데이터만 표시되도록 조정한다.

☑ Magic Charts에서 맞춤 설정에서 필터를 설정한다.

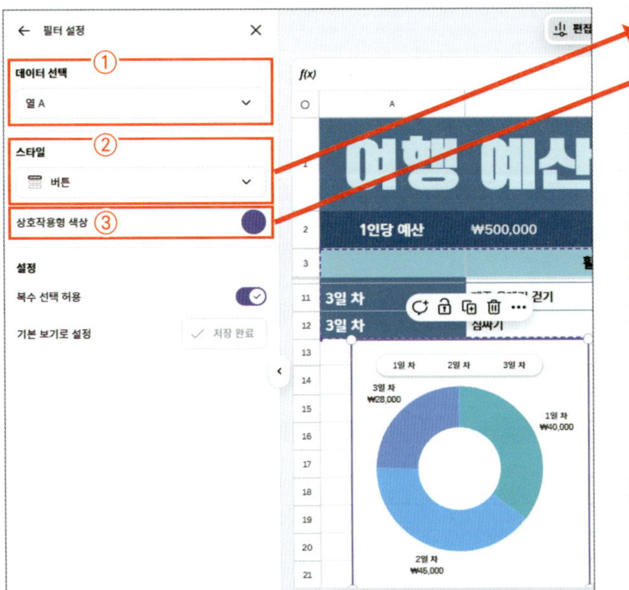

[필터 설정]-[데이터 선택 열A]-[스타일 버튼]-[상호 작용형 색상]

1. [**데이터 선택**]에서 [**열A**]를 선택하여 일자별로 필터를 설정한다.

2. [**스타일**]에서 [**버튼**]을 선택하여 일자가 버튼 형식으로 나타나도록 설정한다.

3. [**상호 작용형 색상**]에서 원하는 색상을 선택하여 특정 일자 버튼을 눌렀을 때 표시될 색상을 설정한다.

💡 시트 활용 수업 팁

☑ 국어 수업

★ **활용 아이디어:** 독서 감상 기록 시트 만들기

○ 책을 읽고 줄거리, 인상 깊은 문장, 작가에게 쓰는 편지, 느낀 점 등을 정리하는 감상 시트를 작성한다.

○ 여러 작품의 감상 기록을 포트폴리오처럼 누적 관리할 수 있어 독서 활동을 체계적으로 정리할 수 있다.

★ **확장 활동:** 인상 깊은 문장 랭킹 시트 만들기, 감정 키워드별 책 정리표 만들기

☑ 수학 수업

★ **활용 아이디어:** 학습 진단 체크리스트 만들기

○ 단원별 성취 기준에 따라 스스로 학습 내용을 점검할 수 있는 자가 진단 시트를 제작한다.

○ 직관적이고 시각적인 체크 항목 구성이 가능하다.

○ 예시: '분수의 덧셈과 뺄셈' 단원의 이해도를 ① 잘 알겠다 ② 조금 헷갈린다 ③ 모르겠다 등으로 표시하는 체크리스트를 만들 수 있다.

★ **확장 활동:** 수학 오답 유형 분류표 만들기, 나만의 문제집을 만들어 시트별로 정리하기

☑ 사회/역사 수업

★ **활용 아이디어:** 지역 조사 학습 시트 제작하기

○ 지역별 지형, 산업, 인구, 문화 등의 특성을 조사하여 Canva 시트에 항목별로 정리한다. 자료 수집부터 정리, 표현까지 한눈에 관리할 수 있다.

○ 예시: '우리 고장의 특징 알아보기 시트'를 통해 표 형식으로 조사 내용을 정리하고, 사진, 지도, 통계 차트 등을 함께 삽입해 시각적으로 구성한다.

★ **확장 활동:** 지역 특산물 비교 차트 만들기, 우리 고장 카드뉴스 제작하기

☑ 과학 수업

★ **활용 아이디어:** 과학 실험 관찰 기록 시트 제작하기

○ 실험의 목적, 가설, 절차, 관찰 결과, 결론을 체계적으로 정리할 수 있는 시트를 제작한다. 표, 이미지, 그래프 삽입 등을 통해 더 풍부한 실험 기록이 가능하다.

○ 예시: '식물의 광합성 실험 결과 시트'를 통해 실험 과정을 단계별로 기록하고, 관찰 내용을 시각적으로 정리할 수 있다.

★ **확장 활동:** 실험 결과 인포그래픽 시트 만들기

☑ **정보 수업**

★ **활용 아이디어:** 데이터 수집 시트 제작하기

○ 정보 수업에서 학생들이 직접 조사 주제를 정하고 데이터를 수집·정리할 수 있도록 시트를 제작한다. 설문 결과를 표로 정리하거나 시각화 자료로 확장하기에도 용이하다.

○ 예시: '우리 반 스마트폰 사용 시간 조사표', '좋아하는 앱 종류 설문' 등 데이터를 수집한다. 스마트폰 사용 시간 데이터를 막대그래프로 정리하고, 앱 선호도 결과를 도넛 차트로 시각화하고, 학습 시간과 성적 관계를 꺾은선형그래프로 시각화하여 데이터를 분석할 수 있다.

★ **확장 활동:** 시간 흐름에 따른 데이터 기록 시트 만들기

☑ **창의적 체험활동 & 진로 교육**

★ **활용 아이디어:** 나의 강점 찾기 시트 제작하기

○ 자기 분석, 강점과 약점 파악, 친구 피드백 등을 정리하는 자기 이해 시트를 작성한다.

○ 진로 탐색 수업에서 활용할 수 있는 '자기 이해 체크 시트'를 통해 성격, 흥미, 학습 습관 등을 항목별로 정리한다.

★ **확장 활동:** 나의 성장 변화 시트 누적 관리하기

7.3.
1일 1 영어 문장 대량 제작으로 배우는 Canva

데이터 업로드(csv/시트), 동적 텍스트 삽입, 디자인 일괄 생성

마음껏 편집해서 사용하세요!

joo.is/canva7301

하나씩 만들던 디자인을 Canva의 대량 제작 기능을 활용해 한 번에 완성해 보자.

1 템플릿 선택하기

☑ ➕ 디자인 만들기를 클릭한다.

1. [카드뉴스]를 검색한 후, [카드뉴스(정사각형)]을 선택한다.

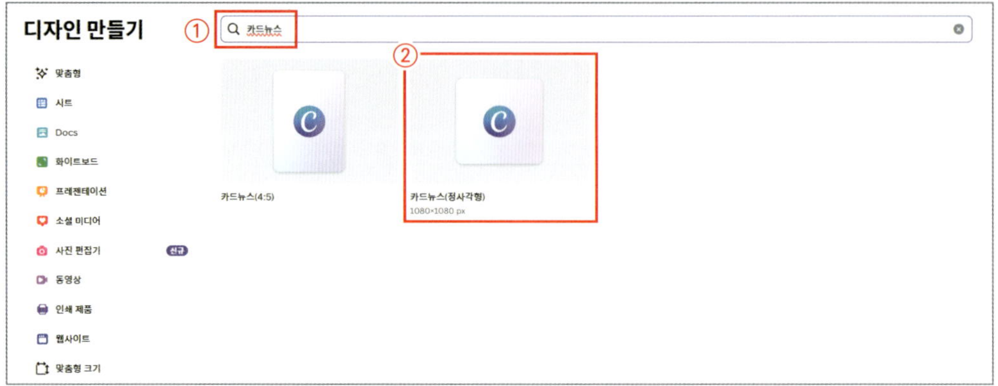

[디자인 만들기]-["카드뉴스" 검색]-[카드뉴스(정사각형)]

> 📣 **Canva 쌤의 팁**
>
> ★ 카드뉴스(정사각형) 형식이 아니라 다른 디자인 형태를 선택해도 된다.

2 템플릿 제작하기

☑ 학습용으로 적절한 템플릿 디자인을 선택한다.

1. 왼쪽 **사이드 패널**에서 **[디자인]**을 클릭하고 "영단어"를 검색한 후, 원하는 템플릿을 선택한다.

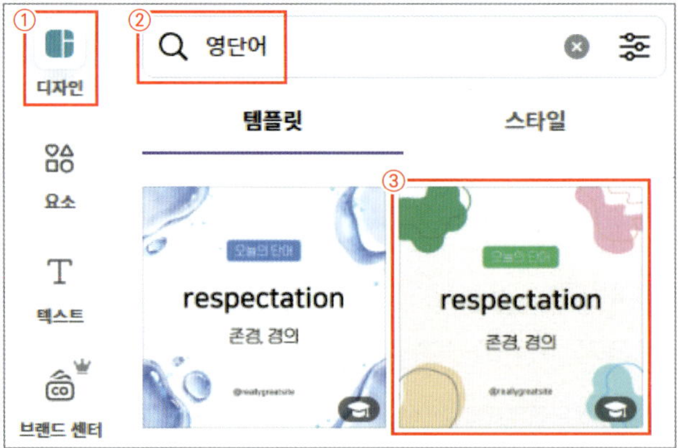

[디자인]-["영단어" 검색]-[원하는 템플릿 선택]

☑ 대량 제작할 학습 요소를 배치한다.

1. 학습 요소가 들어갈 위치를 지정한다.

2. 동일한 글자 형식을 적용할 두 가지의 텍스트를 Shift 키 또는 드래그로 함께 선택한 후, 상단 **에디터 툴바**에서 [간격] → [가운데 맞춤]을 선택한다.

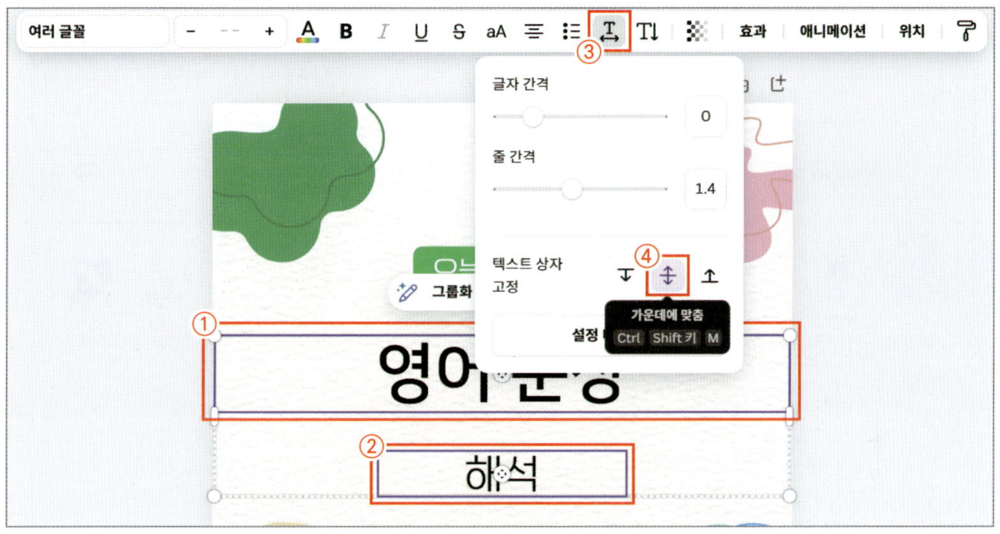

[수정할 텍스트 클릭]-[에디터툴바]-[간격]-[가운데에 맞춤]

📢 Canva 쌤의 팁

★ [간격] - [가운데 맞춤]을 설정하면, 영어 문장의 길이에 상관없이 처음 지정한 위치를 기준으로 텍스트가 위아래로 균형 있게 늘어난다. 이를 통해 긴 문장이 들어가도 레이아웃이 흐트러지지 않고 깔끔하게 정렬된다.

3 대량 제작하기

☑ 대량 제작하기 위한 데이터를 불러온다.

1. 왼쪽 **사이드 패널**에서 [앱]을 클릭한 후 [대량 제작]을 선택한다.

2. 대량 제작에 사용할 데이터 소스는 QR로 배포된 시트를 불러온다.

　· 다음 [시트 QR코드]를 스캔하여 31개의 영어 문장이 입력된 시트를 자신의 워크스페이스에 복제한다.

　· [대량 제작] → [시트]를 선택하고, QR코드로 복제한 시트([배포] 대량 제작용 시트)를 선택한 뒤 [완료]를 클릭한다.

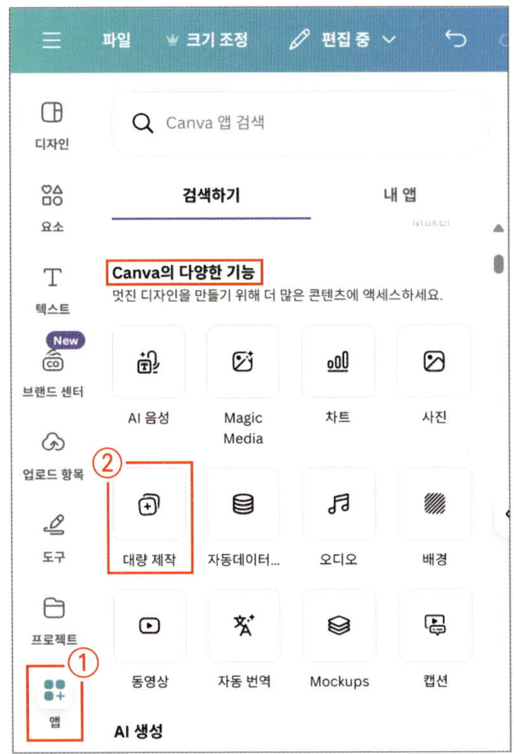

[앱]-[대량 제작]

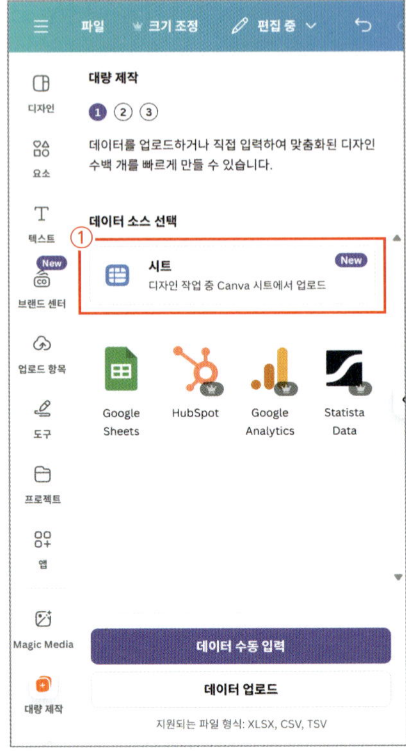

[대량 제작]-[시트]

	A	B	C
1	주제	영어 문장	해석
2	자기소개	My name is Jiyoon.	내 이름은 지윤입니다.
3	가족	I have one younger brother.	나는 남동생이 한 명 있습니다.
4	취미	My hobby is drawing.	내 취미는 그림 그리기입니다.
5	아하는 음	My favorite food is pizza.	내가 가장 좋아하는 음식은 피자입니다.
6	학교 생활	I go to school by bus.	나는 버스를 타고 학교에 갑니다.
7	날씨	It is sunny today.	오늘은 맑은 날씨입니다.
8	친구	This is my best friend, Minho.	이 친구는 내 가장 친한 친구 민호입니다.
9	시간	It is three o'clock now.	지금은 세 시입니다.
10	장소	The library is next to the cafeteria.	도서관은 식당 옆에 있습니다.

시트 내용(영어 문장 31개)

joo.is/canva7302

시트 QR코드-복제

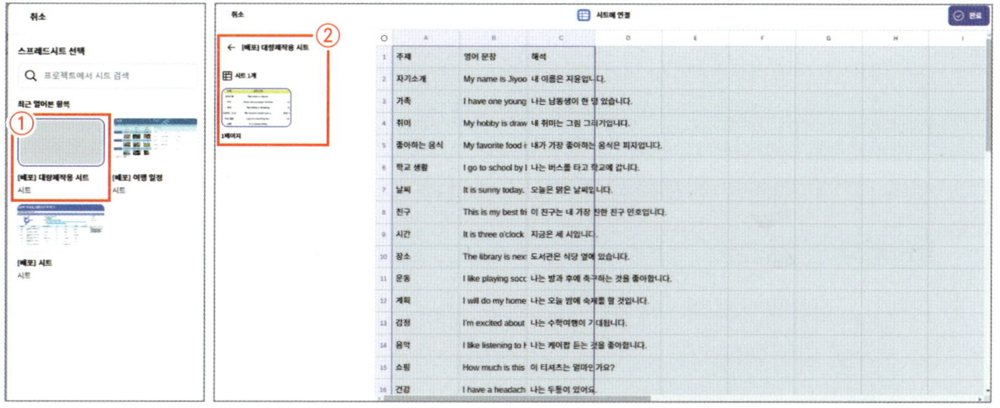

QR코드로 복제한 시트([배포] 대량 제작용 시트) 선택 - [완료]

> ### 📣 Canva 쌤의 팁
>
> ★ Canva에서 제공하는 '시트'가 아닌 XLSX(엑셀) 파일, CSV 파일, 수동 입력도 모두 사용할 수 있다.
>
> ★ 데이터를 수동으로 입력할 경우
> - [대량 제작]에서 [데이터 수동 입력]을 선택하면 입력 화면이 나타난다.
> - 이때 [텍스트 추가]를 클릭하면 텍스트를 입력할 수 있는 행이 추가되고, [이미지 추가]를 클릭하면 이미지 데이터를 입력할 수 있는 행이 생성된다.
> - 모든 데이터를 입력한 후 [완료]를 클릭하여 입력을 마친다.

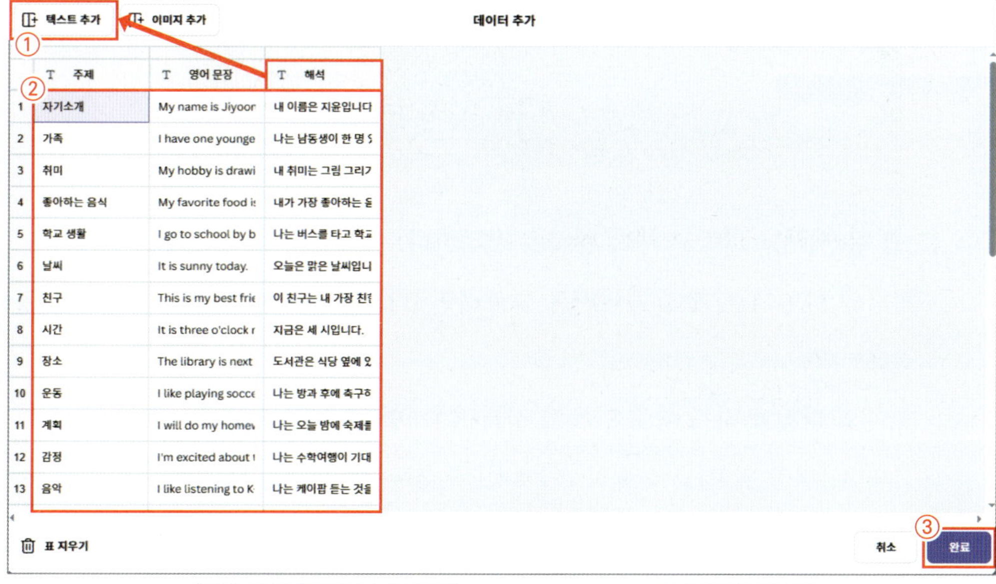

[대량 제작]-[데이터 수동 입력]-(텍스트 추가/이미지 추가)-데이터 입력-[완료]

☑ 요소를 데이터에 연결한다.

1. 연결할 요소인 텍스트 상자([주제], [영어 문장], [해석])를 하나씩 클릭하며 데이터와 연결한다.

2. 먼저 [주제] 텍스트를 선택한 후, 상단 **에디터 툴바**에서 [데이터 연결]을 클릭하고 [주제]와 연결한다.

3. [영어 문장] 텍스트와 [해석] 텍스트도 동일한 순서로 각각 [영어 문장], [해석] 데이터와 연결한다.

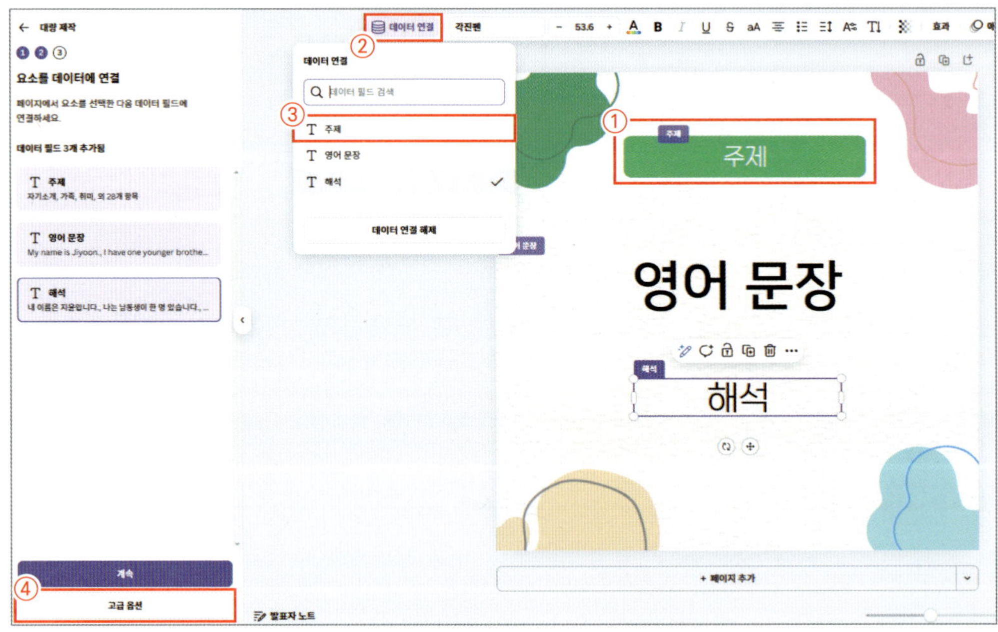

연결할 요소 텍스트 상자 클릭(주제)-[데이터 연결]-[주제]

4. [고급 옵션]에서 원하는 제작 방식을 설정한다.
   - 하나의 파일에 31개의 페이지를 넣으려면 [디자인 1개에 여러 페이지 포함]을 선택한다.
   - 31개의 파일을 각각 따로 만들고 싶다면 [개별 디자인 31개]를 선택한다.
   - 그다음 [저장 위치]를 선택하고 [계속]을 클릭한다.

5. 생성된 데이터를 확인한 후, [디자인 31개 생성]을 클릭하여 최종 디자인을 제작한다.

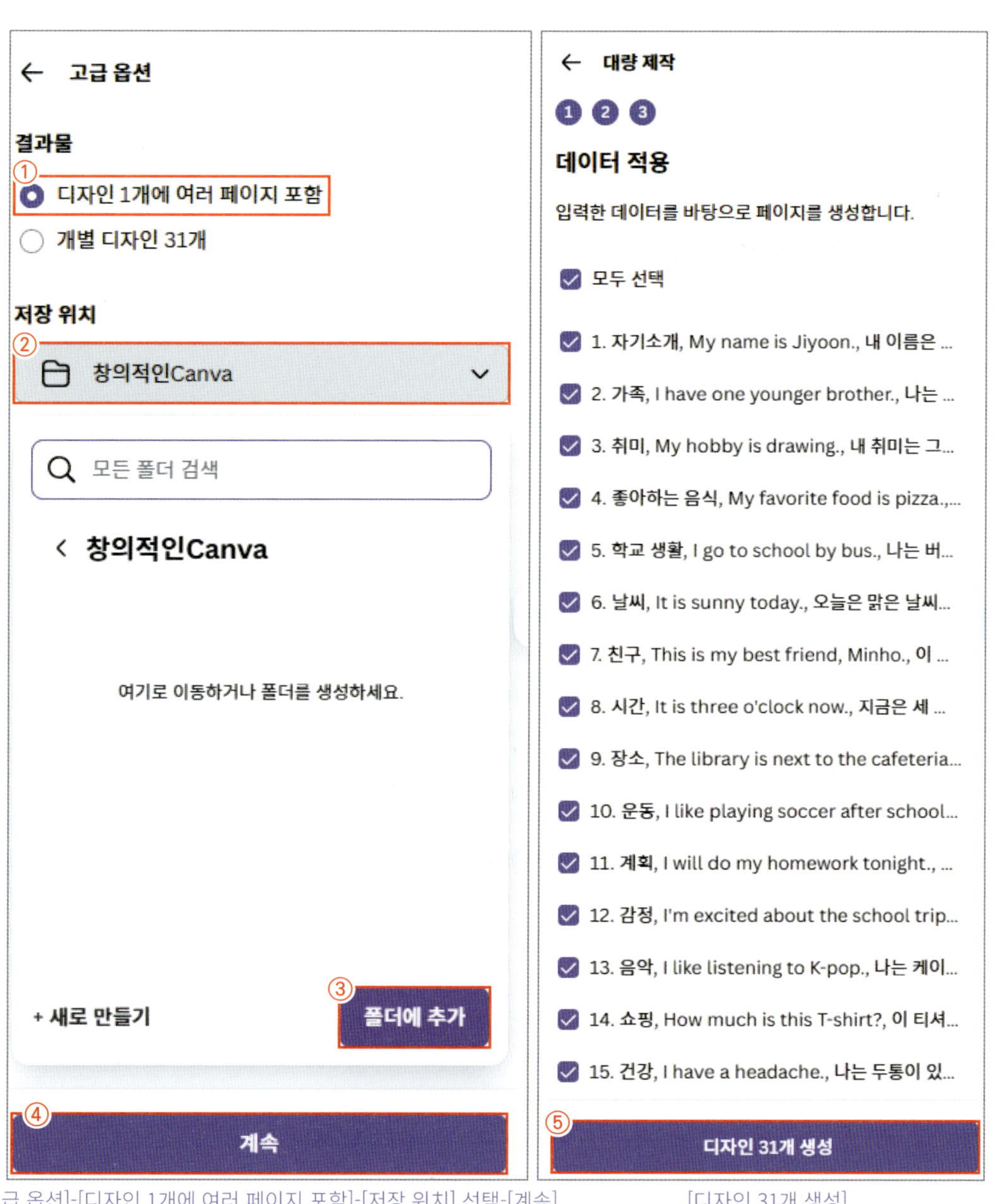

[고급 옵션]-[디자인 1개에 여러 페이지 포함]-[저장 위치] 선택-[계속]   [디자인 31개 생성]

4 **완성된 디자인 확인하기**

위에서 선택한 폴더에서 확인한다.

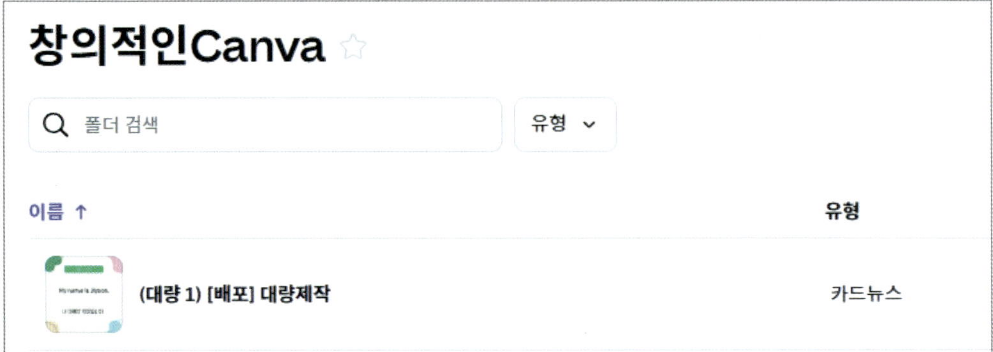

[폴더로 이동]

[대량 제작]-[완성본 확인하기]

💡 대량 제작 활용 수업 팁

☑ 국어 수업
★ **활용 아이디어:** 문학 작품 어휘 학습 카드 제작하기

- ○ 작품 속 낯선 어휘, 뜻, 문장 예시, 출처 작품명 등을 Canva 시트에 정리한 후, 대량 제작 기능을 활용해 어휘 학습 카드를 자동 생성한다.
- ○ 예시: 하릴없이 / 달리 마땅한 방법이 없어 어쩔 수 없이 / 『메밀꽃 필 무렵』中

★ **확장 활동:** 받아쓰기/맞춤법 오류 유형 예시 카드, 속담·관용어 카드

☑ 수학 수업
★ **활용 아이디어:** 기초 연산 문제 카드 대량 제작하기

- ○ 덧셈, 뺄셈, 곱셈, 나눗셈 문제를 Canva 시트로 입력하여 활동지를 제작한다.
- ○ 예시: '100문제 연산 훈련지', '5분 계산 문제' 등의 활동지를 제작한다.

★ **확장 활동:** 틀린 문제 복습 카드 만들기, 실생활 문제 유형 카드 만들기

☑ 과학 수업
★ **활용 아이디어:** 과학 개념 정리 카드 제작하기

- ○ 과학 단원별 핵심 개념, 정의, 예시, 관련 이미지 설명 등을 Canva 시트에 정리한 후, 대량 제작 기능을 활용해 개념 카드 시리즈를 자동으로 생성한다.
- ○ 예시: [주제] 물의 상태 변화, [개념] 증발/응축/기화, [설명] 고체-액체-기체로 변하는 과정

★ **확장 활동:** 개념 퀴즈 문제 만들기, 실험 도구 설명 카드 만들기

☑ 사회/역사 수업
★ **활용 아이디어:** 연도별 역사 사건 카드 대량 제작

- ○ 연도, 사건명, 설명, 관련 이미지 링크를 Canva 시트에 입력한 후, 대량 제작 기능을 통해 연표 카드를 자동으로 생성한다.
- ○ 연도별 흐름을 시각화하여 역사 연대표 학습 자료로 활용할 수 있다.
- ○ 예시: [연도] 1919, [사건] 3·1운동, [설명] 전국적인 비폭력 독립운동

★ **확장 활동:** 시대별 키워드 카드 만들기, 국가별 문화 비교 카드 만들기

★ **활용 아이디어:** 감정 조절 및 SEL 카드 대량 제작하기

○ 학생들이 자주 겪는 감정을 중심으로 감정/원인/대처 방법을 Canva 시트에 정리한 뒤, 대량 제작 기능을 활용해 정서 조절 학습 카드를 제작한다.

○ 일상 속 감정을 스스로 인식하고 조절하는 SEL(사회정서학습) 자료로 활용할 수 있다.

○ 예시: [감정] 불안, [원인] 발표 전 긴장감, [대처 방법] 깊은 호흡, 준비된 멘트 떠올리기

★ **확장 활동:** 자기 이해 성격 유형(MBTI) 카드 대량 제작하기, 직업 소개 카드 대량 제작하기

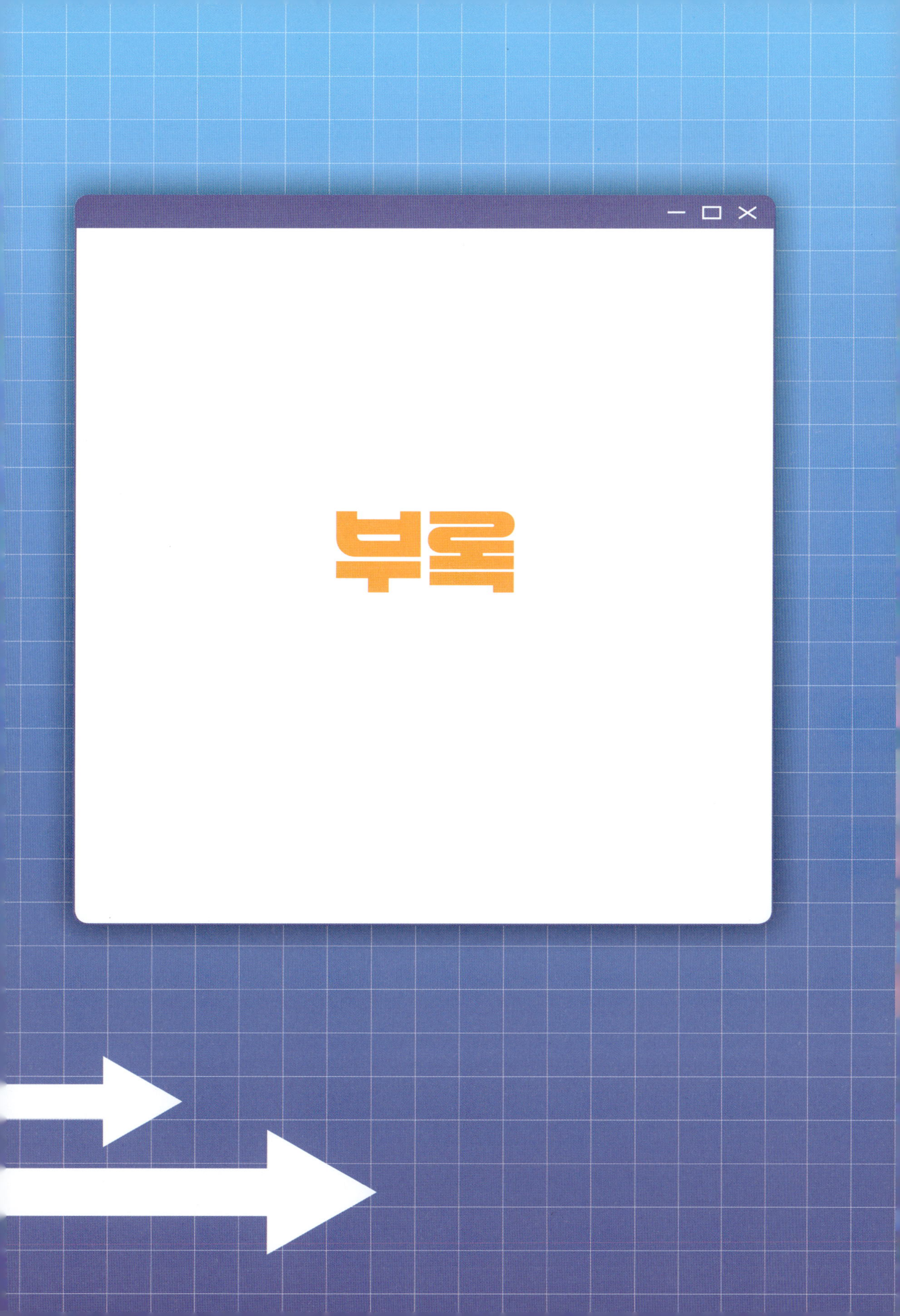
부록

[부록1] Canva랑 약속하기

모든 플랫폼, 프로그램을 이용할 때는 꼭 이용 약관을 확인하여야 한다. 학교에서 Canva를 사용할 때 꼭 알고 있어야 할 내용을 소개한다. Canva의 이용 약관은 새로운 기능이 추가되거나 필요시 내용이 상시 추가되거나 개정되고 있다. 이 책에 기술된 내용은 2025년 11월을 기준으로 작성되었다.

1 Canva의 이용 가능 연령

joo.is/canva1901

[Canva 이용 약관(기계변역화면)]

- Canva는 이용 약관에 따라 만 13세 미만 아동은 교육용 Canva(Canva Education)로만 사용이 가능하다. 따라서 만 13세 미만의 학생이 혼자서 Canva에 가입하여 사용하는 것은 이용 약관 위반에 해당한다. 학생이 Canva를 이용하기 위해선, 교사의 지도를 받아 교육용 Canva를 사용하는 것이 바람직하다.
- Canva AI 기능(Dream Lab, Magic Write, Magic Media 등)은 만 13세 미만 사용자가 단독으로 이용할 수 없다. 이 정책은 사용자의 안전과 개인정보 보호를 위해 마련되어 있다. 교육용 Canva에서 학생용 계정이 AI 기능을 활용하고자 할 경우 교사의 팀 설정과 역할 설정에 따른 권한 부여가 필요하다.
- 교육용 Canva(Canva Education)의 경우 Canva AI 기능이 제한적으로 제공된다. 학생들과 AI 기능을 활용하고자 한다면, [설정] - 제어 및 권한의 [사용 권한] - [Magic 및 AI]에서 기능별로 학생들의 사용 가능한 범위와 권한을 설정할 수 있다.

이 Canva for Education 추가 약관은 Canva의 이용 약관을 보완합니다. Canva for Education 자격 지침을 충족 하는 경우 Canva for Education("교육 기관")을 사용하고 있습니다.

1. '귀하의 면책 의무'라는 제목의 섹션은 해당 법률에서 허용하는 범위 내에서만 적용됩니다.

2. "책임의 한계"라는 제목의 섹션은 다음과 같이 대체됩니다. 어떠한 경우에도 어느 당사자도 결과적, 우발적, 간접적, 특별, 징계적 또는 징벌적 손해, 손실 또는 비용(영업 중단, 영업 손실 또는 이익 손실을 포함하되 이에 국한되지 않음)에 대해 책임을 지지 않습니다. 이는 그러한 손해의 가능성에 대해 통보를 받았거나 구제책의 본질적인 목적이 달성되지 않았더라도 마찬가지입니다. 어떠한 경우에도 본 약관에 따른 CANVA의 누적 책임(계약, 불법행위, 과실, 불법행위에 대한 엄격책임 또는 법령 또는 기타에 의함)은 100달러를 초과할 수 없습니다.

3. "준거법 및 관할권"이라는 제목의 섹션이 삭제되고 "이 약관은 교육 기관이 위치한 주, 지방 또는 지역의 법률에 따라 지배되고 해석됩니다."라는 내용으로 대체됩니다.

4. 해당되는 범위 내에서, 귀하는 아동 온라인 개인정보 보호법(COPPA)을 포함하되 이에 국한되지 않는 해당 법률에 따라 Canva 교실에 학생을 초대하기 전에 학생이 Canva for Education을 사용하는 데 필요한 부모 또는 보호자의 동의를 얻어야 합니다.

joo.is/canva1902

[교육용 Canva 추가 약관(기계번역화면)]

만 13세 미만의 아동과 함께 교육용 Canva를 수업에 이용하기 위해선, 사전에 부모 또는 보호자의 동의를 얻어야 한다. 아동의 Canva 이용을 위하여 개인정보 수집/이용 및 제3자 제공에 대해 법정대리인에게 사전 동의받는 것이 바람직하다.

7. 학생은 교사의 초대를 받아 Canva for Education을 사용할 수 있으며, 교육 기관의 학생으로서 교사의 감독을 받는 경우에만 Canva for Education을 사용할 수 있습니다.

8. Canva for Education 추가 약관의 목적을 위해 "교사"는 교육 기관에서 근무하고 주요 역할이 등록된 학생을 가르치는 개인을 의미하거나 자격 지침 에 달리 정의된 대로 의미합니다..

9. Canva for Education의 목적을 위해 "학생 데이터"는 이름, 이메일, 비밀번호, 학교 등록, 교사 이름, 과정 등록과 같이 사용자의 Canva 계정을 설정하고 운영하는 데 필요한 정보로 제한되며, 이용 약관에 정의된 "사용자 콘텐츠"는 포함되지 않습니다.

[교육용 Canva 추가 약관(기계번역화면, joo.is/canva1902)]

Canva에서는 학생의 이름, 이메일, 비밀번호, 학교, 교사 이름 등 Canva 계정을 위한 개인정보를 수집하며, 사용자 콘텐츠는 수집하지 않는다. 교육용 Canva를 만 13세 미만의 아동과 이용하는 경우 위의 항목을 개인정보 수집 및 이용 동의서에 포함해 동의받는 것이 권장된다.

Canva의 이용 약관과 다양한 관련 정책은 끊임없이 바뀌고 있다. 2025년 11월 기준 디자인의 이용 가능 범위와 AI 기능의 정책은 다음과 같으나, 다양한 기술이 빠르게 변화하는 만큼 기능과 기능에 대한 가이드라인도 끊임없이 변하고 있어 주기적인 관심과 확인이 필요하다. Canva를 사용할 때는 디자인을 어디까지 사용할 수 있는지 알고 사용하는 것이 매우 중요하다.

Canva로 만든 디자인은 기본적으로 원본 그대로를 사용하는 것이 아니면 상업적으로 이용이 가능하다. 무료 사용자, Canva Pro 사용자는 요금제와 관계없이 Canva에서 만든 디자인은 상업적 이용이 가능하며 별도의 출처 표시도 필요하지 않다.

> 5 귀하는 Canva for Education(및 여기에 포함된 모든 라이선스 콘텐츠)을 비상업적 교육 목적으로만 사용하고, 귀하의 학생들도 사용하도록 허용해야 합니다.
>
> 6 Canva for Education은 교육 기관의 학생, 직원, 교수진만 사용할 수 있습니다.
>
> 7 학생은 교사의 초대를 받아 Canva for Education을 사용할 수 있으며, 교육 기관의 학생으로서 교사의 감독을 받는 경우에만 Canva for Education을 사용할 수 있습니다.

[교육용 Canva 추가 약관(기계번역화면, joo.is/canva1902)]

하지만 교육용 Canva의 경우 추가 약관에 따라 비상업적 교육 목적으로만 이용할 수 있다. 따라서 Canva에서 제공하고 있는 디자인을 상업적으로 이용할 때 주의해야 할 부분을 지켜 활용하는 것이 필요하다. 캔바에서 디자인을 상업적으로 이용할 때 주의해야 할 것은 크게 4가지로 자세한 내용은 아래 링크에서 확인할 수 있다.

> **[Canva(캔바)로 만든 디자인을 상업적으로 이용할 때 주의해야 할 4가지 포인트]**
>
> 1 Canva(캔바)에 있는 디자인 콘텐츠(디자인 템플릿을 포함한 디자인 요소를 통칭)를 변형 하지 않은 원본 그대로 판매, 재배포하거나 크레딧을 취득할 수 없습니다.
>
> 2 Canva(캔바)에서 만든 디자인을 사용하여 상표를 등록할 수 없습니다. 로고 등에 사용할 때는 주의하시기 바랍니다.
>
> 3 Canva(캔바)의 디자인 콘텐츠(디자인 템플릿을 포함한 디자인 요소를 통칭)를 스톡 사진 서비스와 같은 사이트에서 판매할 수 없습니다.
>
> 4 Canva(캔바) 이외의 다른 사이트의 디자인 콘텐츠(디자인 템플릿을 포함한 디자인 요소를 통칭)를 추가로 사용할 때는, 각 사이트에서 이용 규약이나 저작권을 직접 확인해야 합니다.

joo.is/canva1903

[Canva에서 만든 디자인은 상업적 이용이 가능할까?]

특히, Canva 이외의 다른 사이트의 콘텐츠를 가져와 새로운 디자인을 만들 때 저작권 분쟁의 발생 위험이 크기 때문에 주의해야 한다. 예를 들면, 수업 시간에 어떠한 주제와 관련된 사진을 검색 후 다운로드받아 캔바에 업로드한 후, 디자인을 만들게 되는 경우이다. 이때는 Canva와는 별도로 업로드한 사진의 저작권과 이용 범위를 사전에 확인하여 사용하는 것이 꼭 필요하다. 저작권법의 학교 교육 목적 등에의 이용(제25조)과 저작물의 공정한 이용(제35조의5) 등에 따라 수업 목적으로는 대부분의 콘텐츠(사진, 영상 등)의 일부분을 자유롭게 이용할 수 있지만, 만든 디자인을 외부에 공유하거나 공개된 온라인 웹사이트 등에 업로드할 때는 각별한 주의가 필요하다.

[부록2] 교육용 Canva 다시 인증하기

인증이 실패한 경우 대처 방법은 다음과 같다. 제출한 서류가 승인되지 않을 경우 홈 화면 상단에 알림이 나타나며, 계정에 등록된 이메일로 미승인 결과가 발송된다.

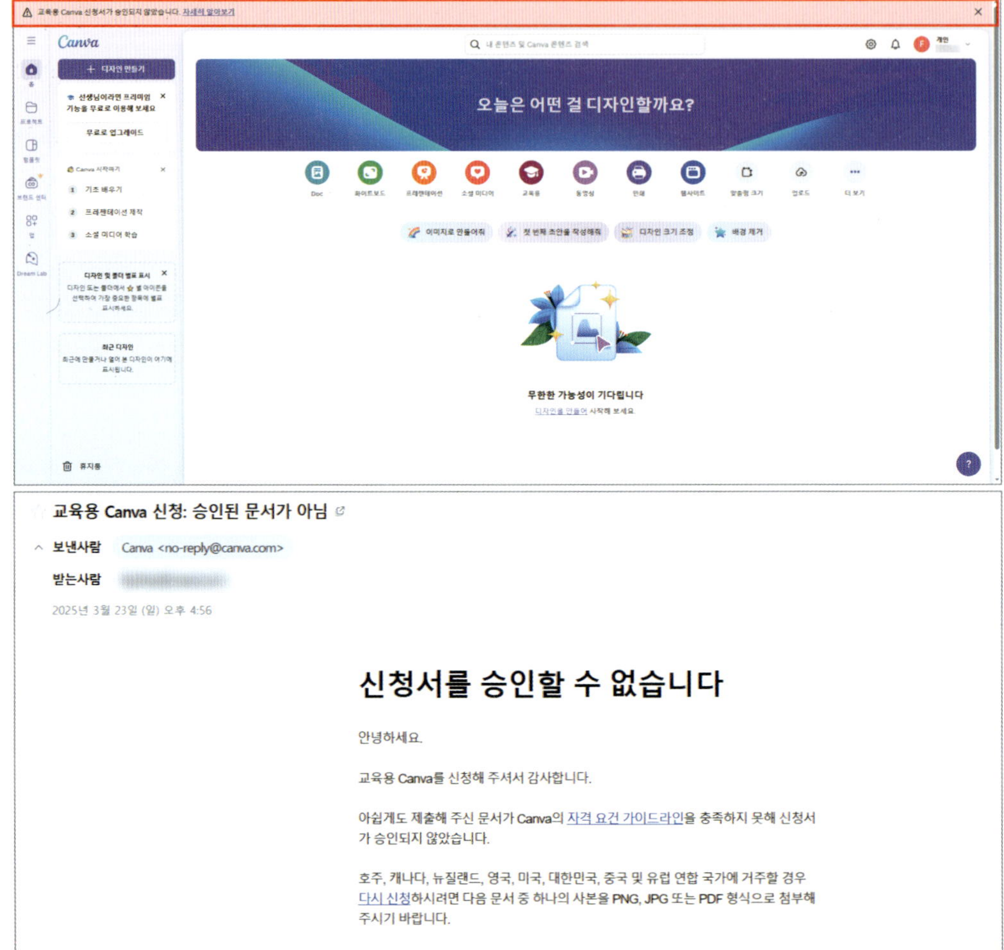

교육용 Canva 인증에 실패했다면 같은 방법으로 다시 신청하는 것이 가능하다. 만약 다른 증빙 서류가 있다면 바로 다시 신청할 수 있다. 하지만 증빙 서류를 올바르게 제출했음에도 교육용 Canva 인증에 어려움이 있다면 고객센터에서 도움받을 수 있다.

1. 우측 하단의 물음표 모양 [Canva에 질문하기]를 클릭한다.

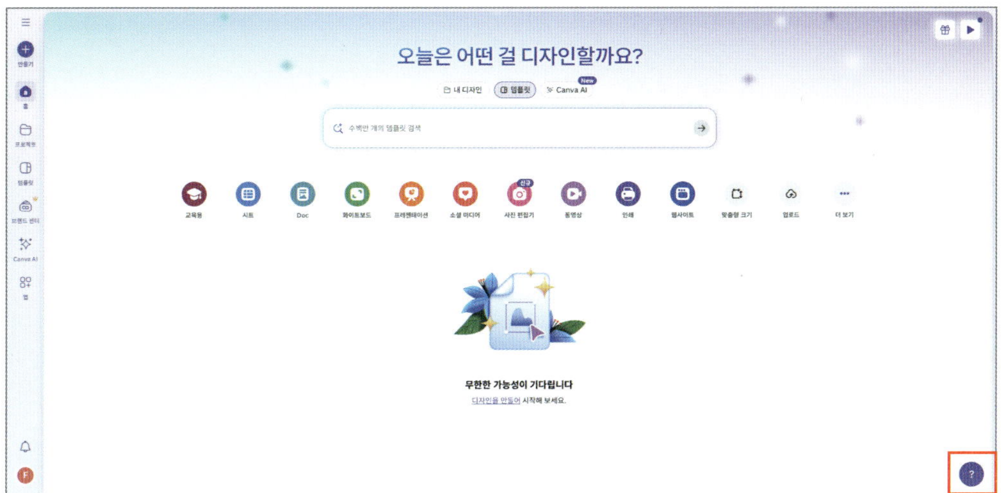

2. "고객센터"를 입력하고, 밑줄로 표시된 고객센터 페이지 링크를 클릭한다.

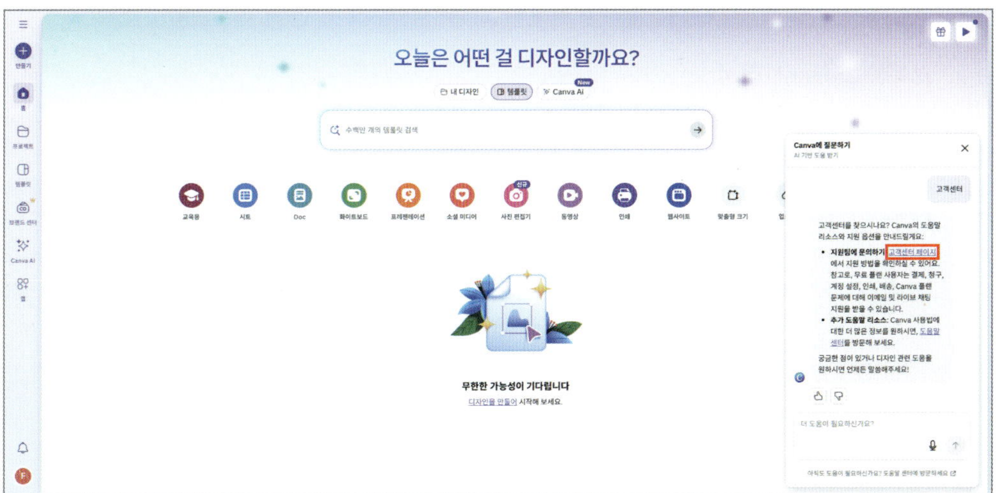

3. [지원 팀에 문의하기]를 선택한다.

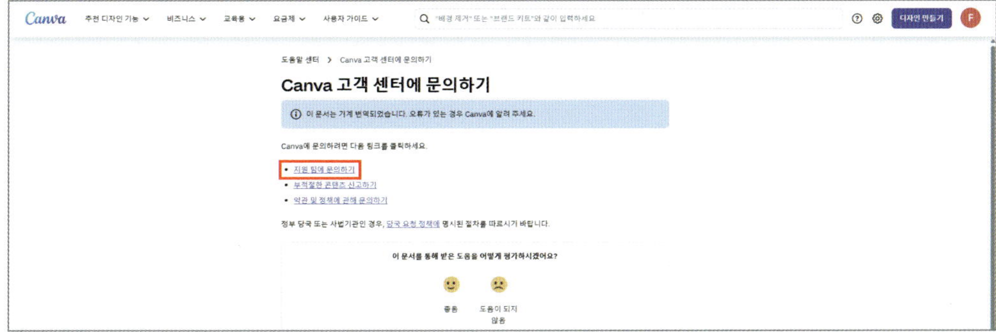

4. 교육용 Canva 신청 확인의 [신청 확인]을 클릭한다.

5. 하단의 [재신청 방법]을 클릭한다.

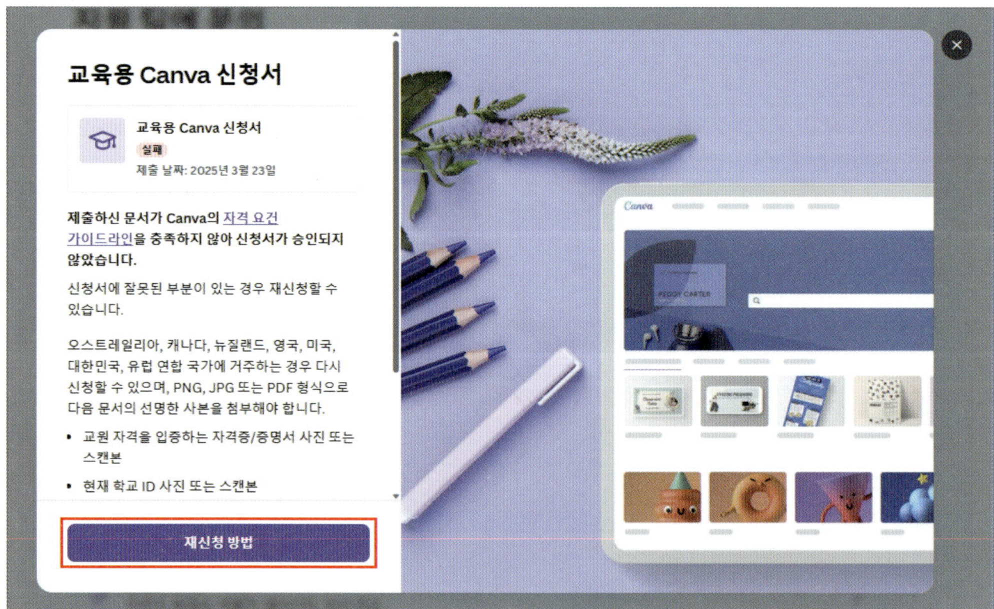

6. 다른 증빙 자료가 있다면 [교육용 Canva 재신청하기]를, 만약 재신청이 안 된다
면 [여전히 도움이 필요합니다]를 선택한다.

7. 지원 팀에 문의에 신청 내용을 상세하게 작성한다.

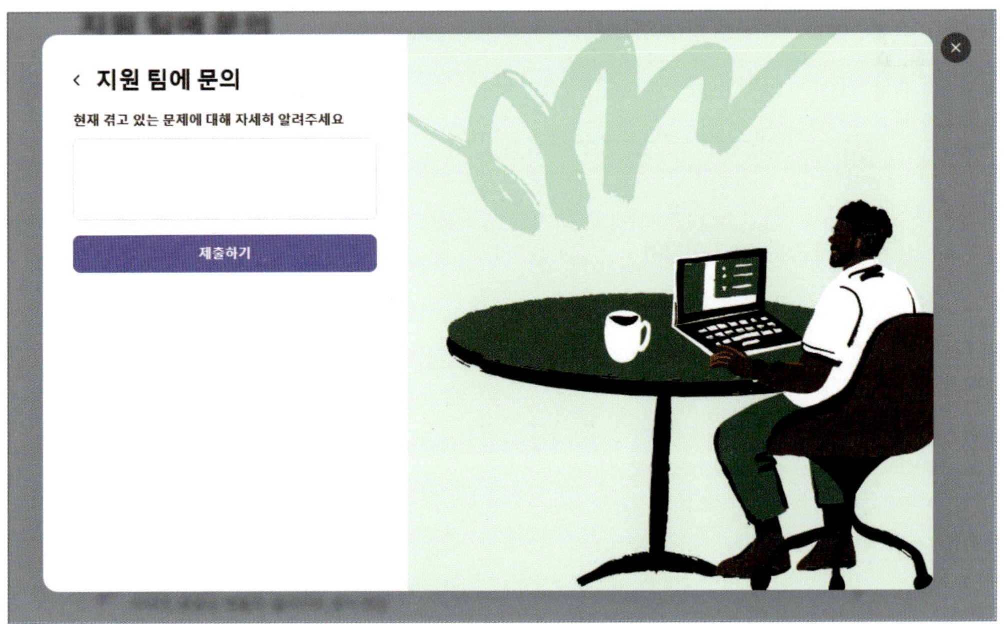

현직교사가 만든
가장 쉬운 캔바 수업 활용!

Canva

무엇이든 만들 수 있다

교사를 위한 캔바 수업 활용

2025년 11월 11일   1판   1쇄   인 쇄
2025년 11월 25일   1판   1쇄   발 행

지 은 이 : 이서영·유상숙·양지현·이상현 공저

펴 낸 이 : 박   정   태

펴 낸 곳 : **주식회사 광문각출판미디어**

10881
파주시 파주출판문화도시 광인사길 161
광문각 B/D 3층
등   록 : 2022. 9. 2 제2022-000102호
전 화(代) : 031-955-8787
팩   스 : 031-955-3730
E - mail : kwangmk7@hanmail.net
홈페이지 : www.kwangmoonkag.co.kr

ISBN : 979-11-93205-76-1   13000

값 : 19,000원